Die Rechtsprechung des Oberschiedsgerichts für Angestelltenversicherung

Grundsätzliche Entscheidungen
vom 1. Januar 1913 bis zum 15. Juli 1921

Bearbeitet von

Prof. Dr. Ludwig Lass

Geh. Oberregierungsrat, Präsident des Oberschiedsgerichts
für Angestelltenversicherung

Springer-Verlag Berlin Heidelberg GmbH

1921

ISBN 978-3-662-27435-4   ISBN 978-3-662-28922-8 (eBook)
DOI 10.1007/978-3-662-28922-8

Erweiterter Sonderabdruck aus der Monatsschrift für
Arbeiter- und Angestelltenversicherung.
Jahrgang 1921. Heft 1—7.

Vorwort.

Das Oberschiedsgericht für Angestelltenversicherung hat die bedeutungsvolle Aufgabe eines obersten Gerichtshofs, die *Rechtseinheit* auf dem ihm anvertrauten Gebiete der Angestelltenversicherung zu verwirklichen. Es hat nicht nur als Revisionsinstanz die Vorentscheidungen daraufhin nachzuprüfen, ob das geltende Recht richtig angewendet ist, sondern es ist auch berufen, bei der Unvollkommenheit der neuen Gesetze befreit von dem bloßen Buchstaben des Gesetzes praeter legem Lücken des Gesetzes auszufüllen und Grundsätze aufzustellen, die bei der Durchführung der Angestelltenversicherung zur Richtschnur dienen sollen (zu vgl. § 294 AVG.). Die Angestelltenversicherung ist am 1. Januar 1913 ins Leben getreten, über 8 Jahre der Rechtsprechung liegen hinter uns. Danach ist es an der Zeit, einmal eine kurze übersichtliche Darstellung dieser Rechtsprechung zu geben. Die Übersicht zeigt, wie mannigfaltig die wirtschaftlichen und sozialen Verhältnisse sind, über die das Oberschiedsgericht zu entscheiden hat.

Die vorliegende Arbeit ist aus einer systematisch geordneten Zusammenstellung der grundsätzlichen Entscheidungen des Oberschiedsgerichts für Angestelltenversicherung entstanden, die der Unterzeichnete Ende 1918 für den inneren Gebrauch des Oberschiedsgerichts bearbeitet hatte. In der Folgezeit ist auch der Reichsversicherungsanstalt für Angestellte gestattet worden, Abdrucke für ihren inneren

Betrieb zu veranstalten. Es hat sich aber im Laufe der Zeit herausgestellt, daß die Sammlung auch für weitere Kreise, z. B. Angestellte, ihre Arbeitgeber, die Ortsausschüsse der Vertrauensmänner der Angestelltenversicherung, industrielle Kreise und Behörden von Bedeutung ist. Dies gilt namentlich von dem Teile der Arbeit, der sich mit der Feststellung des Kreises der nach dem Angestelltenversicherungsgesetze versicherten Angestellten im Gegensatz zu den Arbeitern und Vorarbeitern befaßt. Auch für die Durchführung des Betriebsrätegesetzes und bei Aufstellung der Tarifverträge dürfte die Sammlung mit Nutzen zu verwenden sein.

Deshalb übergebe ich die Arbeit nach Einfügung der bis zum 15. Juli 1921 getroffenen grundsätzlichen Entscheidungen des Oberschiedsgerichts der Öffentlichkeit. Die Sammlung enthält hiernach die sämtlichen Grundsätze, die das Oberschiedsgericht seit seinem Entstehen bis zum 15. Juli 1921 aufgestellt hat. Daneben sind an geeigneter Stelle aus den nur für den inneren Betrieb bestimmten kollegialen Vereinbarungen des Oberschiedsgerichts einige aufgenommen, die auch für die oben bezeichneten beteiligten Kreise von Bedeutung sind. Wegen der näheren Begründung der einzelnen Grundsätze wird auf die Amtlichen Nachrichten der Reichsversicherungsanstalt und der Spruchbehörden der Angestelltenversicherung verwiesen. Soweit die Entscheidungen veröffentlicht sind, ist die Stelle, wo die Begründung zu finden ist, jedesmal angegeben.

Möchte die Arbeit auch in ihrer neuen Form ihre Aufgabe erfüllen.

Neu-Babelsberg, Augustastr. 19, den 15. Aug. 1921.

Prof. Dr. Ludwig Lass.

Inhaltsverzeichnis.

Kap. 1.

Allgemeine Grundsätze.

Seite

§ 1. Grundlegende Fragen 1
§ 2. Inland und Ausland 2

Kap. 2.

Die Versicherungspflicht.

§ 3. Vorbemerkung 3

I. Allgemeiner Teil.

§ 4. Angestellte und selbständige Personen 4
§ 5. Jahresarbeitsverdienst, Entgelt, freier Unterhalt, nebensächliche Geldleistungen, Gehaltsklassen 12
§ 6. Lebensalter 17
§ 7. Ehe und Verwandtschaft 18
§ 8. Unfreiheit (Gefangenschaft) 19
§ 9. Ehrenamt 20
§ 10. Hauptberuf 20
§ 11. Sonstige allgemeine Grundsätze 23

II. Besonderer Teil.

A. Die einzelnen Gruppen der versicherten Angestellten.

§ 12. Angestellte in leitender Stellung 24
§ 13. Betriebsbeamte, Werkmeister und andere Angestellte in einer ähnlich gehobenen oder höheren Stellung 25
§ 14. Büroangestellte 63
§ 15. Handlungsgehilfen 68

Seite
§ 16. Bühnen- und Orchestermitglieder 76
§ 17. Lehrer und Erzieher 78
§ 18. Kapitäne und Angestellte aus der Schiffsbesatzung 82

B. Die einzelnen Erwerbs und Berufszweige.

§ 19. Land- und Forstwirtschaft und verwandte Berufe 84
§ 20. Handel 87
§ 21. Bauwesen 92
§ 22. Verkehrswesen 94
§ 23. Bergbau, Hüttenwesen, Industrie und verwandte Gewerbszweige 97
§ 24. Öffentlicher Dienst und freie Berufsarten . . 119
1. Allgemeines 119
2. Gesundheitspflege und Krankendienst . 127
3. Wohlfahrtsdienst 131
4. Kunst und Wissenschaft 133
5. Kirchendienst 137
§ 25. Häuslicher Dienst 137

C. Ausnahmen von der Versicherungspflicht. Versicherungsfreiheit und Befreiungen von der Versicherungspflicht.

§ 26. Vorübergehende Dienstleistungen 139
§ 27. Sonstige Fälle der Versicherungsfreiheit kraft Gesetzes 141
§ 28. Befreiungen von der Versicherungspflicht auf Antrag (§§ 11, 397 AVG.) 143

D. Versicherungspflicht nach einzelnen Verordnungen.

§ 29. Bekanntmachung vom 26. August 1915 . . . 145
§ 30. Bekanntmachung vom 30. September 1916 . 148
§ 31. Bekanntmachung vom 28. August 1918 . . . 153

Kap. 3.

Freiwillige Versicherung.

§ 32. Freiwillige Selbstversicherung 154
§ 33. Freiwillige Weiterversicherung 155
§ 34. Gemeinsame Grundsätze 157

Kap. 4. Seite

Die Leistungen der Angestelltenversicherung.

§ 35. Allgemeines 158
§ 36. Ruhegeld 164
§ 37. Hinterbliebenenrenten 165
§ 38. Leibrente (§ 63 AVG.) 166
§ 39. Erstattung von Beiträgen 166
1. Bei Todesfällen weiblicher Angestellten (§ 60 AVG.) 166
2. Bei Verheiratung weiblicher Versicherter (§ 62 AVG.) 168
3. Bei vorzeitigen Todesfällen Versicherter (§ 398 AVG.) 172
4. Beitragserstattung an berufsunfähige Kriegsteilnehmer 174

Kap. 5.

Beitragsstreitigkeiten besonderer Art.

§ 40. Allgemeines 175
§ 41. Beitragspflicht des Arbeitgebers 176
§ 42. Unwirksame Beiträge 179
§ 43. Irrtümlich geleistete Beiträge 180
§ 44. Rückerstattung von Beiträgen nach Bek. vom 26. August 1915 181
§ 45. Verjährung 181

Kap. 6.

Zuschuß- und Ersatzkassen.

§ 46. Zuschußkassen (§§ 365 ff. AVG.) 183
§ 47. Ersatzkassen (§§ 372 ff. AVG.) 184

Kap. 7.

Versicherungsverträge mit Lebensversicherungsunternehmungen.

§ 48. Befreiung der Versicherten von der eigenen Beitragsleistung 188
§ 49. Wegfall der Befreiung 193
§ 50. Fälle des § 392 AVG. 195

Kap. 8.

Ordnungsstrafrecht. Seite

§ 51. Allgemeines 196
§ 52. Auferlegung eines Prozentsatzes der Rückstände 197

Kap. 9.

Verfahren.

§ 53. Allgemeines 197
§ 54. Spruchverfahren 200
§ 55. Beschlußverfahren 201

Kap. 10.

§ 56. Gerichtliche Kosten 205
§ 57. Außergerichtliche Kosten 205

Abkürzungen.

AVG. = Versicherungsgesetz für Angestellte vom 20. Dezember 1911 (Reichs-Gesetzbl. S. 989 ff.).
AVN. = Amtliche Nachrichten der Reichsversicherungsanstalt für Angestellte und der Spruchbehörden der Angestelltenversicherung.
Bek. = Bekanntmachung.
E. = Grundsätzliche Entscheidung des Oberschiedsgerichts für Angestelltenversicherung.
VO. = Verordnung.

Kap. 1.

Allgemeine Grundsätze.

§ 1.

Grundlegende Fragen.

1. Formal-juristische oder materiellwirtschaftliche Beurteilung? Der in der Rechtsprechung des Reichsversicherungsamts anerkannte Grundsatz, daß bei Prüfung der Frage der Versicherungspflicht nicht so sehr die rechtliche Gestaltung als die tatsächlichen Verhältnisse entscheidend sind, gilt auch für die Angestelltenversicherung. E. v. 7. XII. 17 — P 161/17 —, AVN. 18 S. 97 Nr. 282.

2. Grundsatz von Treu und Glauben. Im Anschluß an die Rechtsprechung des Reichsversicherungsamts (zu vgl. E. 2327, AN. des RVA. 17 S. 396) hat das Oberschiedsgericht die in erster Reihe dem Zivilrecht eigentümlichen und dort näher entwickelten Grundsätze über Treu und Glauben im Verkehr bei Erfüllung von Zahlungsverbindlichkeiten auch auf dem Gebiete des sozialen Rechts für anwendbar erklärt. Aus diesem Grunde ist ein Arbeitgeber nicht für verpflichtet erachtet, Beitragsteile eines früher von ihm beschäftigten Angestellten nachzuzahlen, wenn der nicht rechtzeitige Abzug dieser Beitragsteile vom Barlohn des Versichterungspflichtigen auf ein Versehen der Reichsversicherungsanstalt zurückzuführen ist. E. v. 25. XI. 20 — P 41/20 —, AVN. 21 S. 68 Nr. 460.

3. Behandlung von Gesetzeslücken. Das Oberschiedsgericht erkennt eine Lücke in dem Gesetz, die durch die allgemeinen Vorschriften des bürgerlichen oder sonstigen Rechts auszufüllen wäre, nur dann an, wenn Sinn und Zweck des Gesetzes dies zulassen. So hat das Oberschiedsgericht anerkannt, daß daß bei der Geltendmachung von Ansprüchen einer Ehefrau auf Leistungen aus der Angestelltenversicherung die bürgerlich-rechtlichen Vorschriften über Eingebrachtes und Vorbehaltsgut (§§ 1366 ff. BGB.) nicht gelten, die Ehefrau also der Zustimmung ihres Ehemanns nicht bedarf. E.v.30.XI.18 — P 197/17 —, AVN. 19 S. 42 Nr. 330. Dagegen hat das Oberschiedsgericht in den Fällen des § 67 AVG. angenommen, daß, falls Bezugsberechtigte der dort bezeichneten Art (Ehegatte, Kinder, Vater, Mutter, Geschwister) nicht vorhanden sind, die Erbfolge nach bürgerlichem Rechte eintritt. E. v. 9. XI. 18 — P 38/18 —, AVN. 19 S. 39 Nr. 328.

§ 2.

Inland und Ausland.

Deutsche Schutzgebiete gelten für die Frage der Versicherungspflicht als Ausland. Demzufolge ist eine Krankenschwester des „Deutschen Frauenvereins vom Roten Kreuz für die Kolonien“ während ihrer Beschäftigung in den deutschen Schutzgebieten nicht versicherungspflichtig nach dem AVG. E. v. 9. I. 18 — P 120/17 —, AVN. 18 S. 187 Nr. 289.

Ein Angestellter, der gleichzeitig in dem im Ausland belegenen Betriebssitz und in der in Deutschland befindlichen Zweigniederlassung seines Arbeitgebers beschäftigt wird, ist hinsichtlich des inländischen Teiles seiner Tätigkeit versicherungspflichtig nach dem AVG., auch wenn der Hauptteil seiner Beschäftigung auf das Ausland entfällt. E. v. 5. X. 18 — P 69/18 —, AVN. 19 S. 15 Nr. 321. Dagegen unterliegen Angestellte, die in einer ausländischen Zweigniederlassung eines inländischen Unternehmens beschäftigt sind, nicht der Versicherungspflicht nach dem AVG. E. v. 16. VI. 16 — P 186/15 —, AVN. 16 S. 267 Nr. 162.

Amtliche Vertretungen des Reichs oder eines Bundesstaats im Ausland (§ 3 AVG.) sind nur solche Stellen, welche das Reich oder einen Bundesstaat im Ausland völkerrechtlich zu vertreten haben. E. v. 9. I. 18 — P 120/17 —, AVN. 18 S. 187 Nr. 289.

Kap. 2.

Die Versicherungspflicht.

§ 3.

Vorbemerkung.

Das AVG. hat den Begriff des „Angestellten" nicht näher bestimmt, vielmehr nur dadurch umschrieben, daß es im Anschluß an § 1226 der Reichsversicherungsordnung die verschiedenen Gruppen der der Angestelltenversicherung unterliegenden Personen aufführt. Nach dieser Stellungnahme des Gesetzes sollen nach unten hin alle Personen, die der handarbeitenden Klasse angehören (Arbeiter, Gehilfen, Gesellen, Lehrlinge, Dienstboten usw.), und nach oben hin alle selbständigen Personen von der Angestelltenversicherung ausgeschlossen werden. Der Rechtsprechung der Instanzen der Angestelltenversicherung ist es zu überlassen, an der Hand der Vorschriften im § 1 AVG. den Kreis der nach dem Angestelltenversicherungsgesetze Versicherten näher zu bestimmen. Hierbei kommt ihr die langjährige Praxis des RVA. auf dem Gebiete der Invalidenversicherung zu statten, wie sie in der Anleitung über den Kreis der nach der RVO. gegen Invalidität und gegen Krankheit versicherten Personen vom 26. IV. 12 (AN. S. 720ff.) niedergelegt worden ist(Begr. S. 92, 93; KommBer.

S. 7, 8, 69; Sten. Berichte des Reichstags 12. Leg-Per. II. Sess. 1909/11 S. 8181, 8184).

In diesem Kapitel werden die grundsätzlichen Entscheidungen zusammengestellt, die das Oberschiedsgericht in der Zeit vom 1. I. 1913 bis zum 15. VII. 1921 über den Kreis der nach dem AVG. versicherten Personen erlassen hat. Auch hierbei hat, was die systematische Anordnung anlangt, die erwähnte Anleitung des RVA. vom 26. IV. 12 als Anhalt gedient.

I. Allgemeiner Teil.

§ 4.

Angestellte und selbständige Personen.

Die Versicherungspflicht nach § 1 AVG. erstreckt sich nur auf Personen, die als „Angestellte" beschäftigt werden, nicht auf selbständige Personen*). Die Grenze zwischen Angestellten und selbständigen Personen ist nicht immer leicht festzustellen. Das Oberschiedsgericht hat in dieser Beziehung folgende grundsätzlichen Entscheidungen getroffen:

Inhaber einer Lehranstalt sind als selbständige Personen nicht versicherungspflichtig. Dagegen unterliegen nach § 1 Abs. 1 Nr. 5 AVG. solche Privatlehrer der Versicherungspflicht, welche — ohne Inhaber einer Lehranstalt zu sein — in ihrer Wohnung gegen Entgelt Privatunterricht erteilen. E. v. 18. VI. 15 — P 44/15 —, AVN. 15 S. 187 Nr. 47. Die Industrielehrerin (Handarbeitslehrerin), die in ihrer Wohnung jungen Mädchen gegen Entgelt gemeinsam Unterricht erteilt und sie dabei je nach dem Stande ihrer Vorkenntnisse und Fertigkeiten in ver-

---

*) Der Reichsrat kann die Versicherungspflicht auf Personen erstrecken, die eine ähnliche Tätigkeit wie die im § 1 AVG. genannten Personen auf eigene Rechnung ausüben, ohne in ihrem Betriebe Angestellte zu beschäftigen (§ 4 des Gesetzes).

schiedenen Arbeiten unterrichtet, ist nicht Inhaberin einer Lehranstalt, sondern nach § 1 Abs. 1 Nr. 5 AVG. versicherungspflichtig. E. v. 22. VII. 15 — P 73/15—, AVN. 15 S. 195 Nr. 55.

Als selbständige freie Person, die der Versicherungspflicht nach dem AVG. nicht unterliegt, ist ein Assistent an einem Hochschulinstitut angesehen, der die Studierenden bei ihren Arbeiten unter Aufsicht des Institutsleiters unterweist und Gelegenheit zu selbständiger wissenschaftlicher Arbeit und Forschung hat, auch wenn er Vorlesungen nicht abhält. E. v. 19. II. 16 — P 181/15 —, AVN. 16 S. 142 Nr. 105. Das gleiche gilt von einem Assistenten eines einer Hochschule angegliederten Instituts, der eine wissenschaftliche Tätigkeit ausübt, auch wenn er an bestimmte Dienststunden gebunden ist und bestimmte, ihm zugewiesene Arbeiten zu erledigen hat. E. v. 5. X. 17 — P 88/17 —, AVN. 18 S. 62 Nr. 271; ferner von einem akademisch vorgebildeten Hilfsarbeiter an einer Universitätsbibliothek, der den Bibliothekaren bei ihren wissenschaftlichen Arbeiten Hilfe leistet und ausreichende Zeit und Gelegenheit zu eigener wissenschaftlicher Tätigkeit hat. E. v. 29. VI. 18 — P 61/18 —, AVN. 18 S. 241 Nr. 315. Aus einem ähnlichen Grunde sind Künstler, die als außerordentliche Lehrer an einer staatlichen Kunstschule angestellt sind, für nichtversicherungspflichtig nach dem AVG. erachtet, wenn ihre Lehrtätigkeit ihnen ausreichend Zeit zur freien künstlerischen Tätigkeit läßt und sie eine solche auch tatsächlich ausüben. E. v. 9. XII. 19 — P 97/19 —, AVN. 20 S. 31 Nr. 380.

Von Personen, die bei Theaterunternehmungen mitwirken, sind als selbständig und nicht als versicherungspflichtig nach dem AVG. erachtet: ein Artist, der von Spezialitätentheatern für kürzere Zeiträume zur Darbietung einer bestimmten Vorführung (für bestimmte Nummern des Programms) angenommen ist. E. v. 9. XI. 17 — P 127/17 —, AVN. 18 S. 90 Nr. 278; ferner die Mitglieder einer geschlossenen Artistengruppe, die in einem Variete- Theaterunternehmen auf Grund eines einheitlichen Vertrags gegen eine Gesamtvergütung Vorstellungen veranstaltet; der Inhaber des Theaterunternehmens ist nicht als ihr Arbeitgeber anzusehen. E. v. 19. I. 18 — P 196/17 —, AVN. 18 S. 193 Nr. 293.

Als selbständige Unternehmer und deshalb nicht als versicherungspflichtig sind anzusehen: Ein Zeitungsberichterstatter, der für die Zeitung Berichte über Gerichtsverhandlungen und dgl. liefert, für die Zahl der nach dem Ermessen der Schriftleitung benutzten Zeilen bezahlt wird und ebenso, wie die Schriftleitung, jederzeit die Geschäftsverbindung abbrechen kann. E. v. 23. II. 17 — P 179/16 —, AVN. 17 S. 197 Nr. 228; ein zur Vermittlung des Verkehrs zwischen einem städtischen Leihhaus und dem Pulikum bestimmter Pfändersammler, der eigene Geschäftsräume hat und die Gefahr bis zur Höhe der von ihm gewährten Vorschüsse trägt, lediglich auf die von den Verpfändern zu zahlenden Vergütungen angewiesen ist, auch andere Geschäfte nebenbei betreiben darf. Dies gilt auch dann, wenn die Verwaltung des Leihamts Ordnungsstrafen gegen ihn verhängen, insbesondere ihm die Sammelstelle bei Ordnungswidrigkeiten sofort entziehen kann. E. v. 10. I. 17 P 211/16 —, AVN. 17 S. 91 Nr. 205. Als selbständig und deshalb nicht versicherungspflichtig ist ferner erachtet: der Rendant einer Jagdgenossenschaft, der selbst Mitglied dieser Genossenschaft ist und nicht dem Jagdvorstand untersteht, vielmehr seine Geschäfte unter der allgemeinen Aufsicht und Leitung der nur in mehrjährigen Zwischenräumen zusammentretenden Genossenschaftsversammlung führt. Dabei ist es für unerheblich erklärt, daß das Genossenschaftsmitglied für seine Tätigkeit als Rendant eine Vergütung erhält. E. v. 9. VI. 16 — P. 65/16 —, AVN. 16 S. 239 Nr. 154.

Als selbständiger Gewerbtreibender ist für nicht versicherungspflichtig angesehen: ein sog Kommissionswerkmeister, der in seinen eigenen Räumen für eine Zigarrenfabrik Zigarren herstellt, die dazu erforderlichen Arbeiter annimmt und entläßt, ihre Löhne festsetzt und die Arbeit unter sie verteilt. Die Selbständigkeit wird dadurch nicht aufgehoben, daß der Betrieb des Kommissionswerkmeisters durch einen Vertreter der Zigarrenfabrik regelmäßig kontrolliert wird und der Kommissionswerkmeister während der Dauer des Vertrags für andere Firmen nicht arbeiten darf. E. v. 6. III. 17 — 109/16 —, AVN. 17 S. 209 Nr. 232.

Dagegen ist hinsichtlich seiner Beschäftigung in fremden Betrieben für versicherungspflichtig erklärt worden: ein Kolonialwarenhändler, der täglich etwa zwei Stunden für eine kaufmännische Firma gegen einen monatlichen Entgelt von 60 M. Buchführungsarbeiten ausführt (§ 1 Abs. 1 Nr. 3 AVG.). E. v. 29. XI. 16 — P 254/16 —, AVN. 17 S. 178 Nr. 215. Ferner ist nicht als selbständiger Unternehmer, sondern als Angestellter und deshalb als nach § 1 Abs. 1 Nr. 2 AVG. versicherungspflichtig angesehen worden: ein Ziegelmeister, der den Betrieb einer Ziegelei zu leiten, die dort beschäftigten Arbeiter selbst anzunehmen und zu entlohnen hat, bei ihrer Entlassung aber an die Weisungen des Ziegeleibesitzers gebunden ist und die Arbeitszeit nach Beginn und Ende gemäß den Bestimmungen des Ziegeleibesitzers einzurichten hat. Dies gilt auch dann, wenn er die von ihm hergestellten Steine an den Ziegeleibesitzer zu überlassen hat und dabei im Hinblick auf die von ihm zu tragenden Arbeitslöhne vereinzelt mit Verlust arbeiten sollte. E. v. 20. X. 15 — P 112/15 —, AVN. 16 S. 10 Nr. 71. Derselbe Standpunkt ist eingenommen bei einem Ziegelmeister, der den Betrieb einer Ziegelei leitet und dabei — wenn auch in erheblichem Maße — körperlich selbst mitarbeitet. Dabei ist ausgeführt, daß der Ziegelmeister als Angestellter, nicht etwa nur als Arbeiter, Vorarbeiter oder Kolonnenführer anzusehen sei. E. v. 6. III. 17 — P 329/16 —, AVN. 17 S. 211 Nr. 233; ferner ist als Angestellter angesehen ein Glasmalermeister in einer Kristallfabrik, der nach vorgeschriebenen Entwürfen Muster herstellt und für die Massenherstellung die Arbeit in seiner Akkordkolonne verteilt und selbst mehr als 4000 M. jährlich verdient. E. v. 18. X. 16 — P 171/16 —, AVN. 17 S. 26 Nr. 179. Desgleichen ein Poliermeister, der in einer Glasfabrik Spiegelglas durch von ihm selbst angenommene Arbeiter schleifen und polieren läßt und für jedes abgelieferte Glas einen festen Preis erhält, aus dem die Löhne und das Arbeitsmaterial zu bestreiten ist, während der verbleibende Rest sein Verdienst ist; Arbeitgeber ist die Glasfabrik. E. v. 27. X. 16 — P 193/15 —, AVN. 17 S. 50 Nr. 182.

Ein für mehrere Firmen tätiger Bücherrevisor und Stundenbuchhalter, der für die einzelnen Arbeiten jeweils besonders bestellt wird, diese Arbeiten fast ausschließlich in der eigenen Wohnung ausführt und nach jeder Arbeit die von ihm — nach Umfang und Schwierigkeit der Arbeit — bemessene Vergütung erhält, ist kein Angestellter im Sinne des AVG., sondern ein selbständiger Gewerbtreibender. E. v. 23. VI. 16 — P 188/15 —, AVN. 16 S. 269 Nr. 163.

Der stille Gesellschafter einer offenen Handelsgesellschaft, dem Prokura erteilt worden ist, wird dadurch nicht notwendig Angestellter der Gesellschaft. E. v. 19. I. 18 — P.173/17 —, AVN. 18 S. 191 Nr. 292.

Selbständiger Gewerbtreibender und deshalb nicht versicherungspflichtig ist der Inhaber einer Militärkantine, der diese auf Grund eines mit dem Pächter geschlossenen Vertrags nach Art eines Unterpächters bewirtschaftet. Dies gilt auch, wenn er dem Pächter gegenüber in gewisse Verpflichtungen, die dieser gegenüber der Militärverwaltung übernommen hat, z. B. Reinhaltung der Kantine, Nichtzulassung von Glückspielen, Einhaltung einer bestimmten Verkaufszeit und dgl., eingetreten ist. E. v. 6. III. 17 — P 218/16 —, AVN. 17 S. 215 Nr. 236.

Hebammen sind selbständige Gewerbtreibende und deshalb nicht versicherungspflichtig nach dem AVG., auch wenn sie von einem Kreise als Kreishebammen bestellt sind und bestimmte Verpflichtungen übernommen haben, einer Disziplinargewalt des Kreises unterliegen und bestimmte Beihilfen, namentlich zwecks Teilnahme an Fortbildungskursen und Nachprüfungen sowie eine Altersversorgung beziehen, hinsichtlich der eigentlichen Vergütung ihrer Berufstätigkeit dagegen auf die Gebühren der ihre Hilfe beanspruchenden Personen angewiesen sind. E. v. 24. IX. 15 — P 45/15 —, AVN. 16 S. 5 Nr. 69. Bezirkshebammen sind auch dann nicht versicherungspflichtig nach dem AVG., wenn ihnen vom Kreise ein verhältnismäßig geringfügiges Mindesteinkommen gewährleistet ist oder ein verhältnismäßig geringfügiges Gehalt gewährt wird. E. v. 12. I. 18 — P 193, 200/17 —, AVN. 18 S. 170 Nr. 286.

Dagegen sind die in Preußen als Einzelbeamte tätigen Fleischbeschauer nicht als selbständige Gewerbtreibende, sondern als Angestellte der örtlichen Polizeiverwaltung angesehen und als solche nach § 1 Abs. 1 Nr. 2 AVG. für versicherungspflichtig erklärt worden. E. v. 9. XI. 17 — P 134/17 —, AVN. 18 S. 92 Nr. 279.

Berufsmäßige Krankenpfleger, die für wechselnde Auftraggeber tätig sind, sind in der Regel als selbständige Gewerbtreibende nicht versicherungspflichtig nach dem AVG. E. v. 10. III. 17 — P 230/16 —, AVN. 17 S. 213 Nr. 234. Die wechselnden Auftraggeber, bei denen eine Krankenschwester gegen Entgelt Privatpflegen übernimmt, sind nicht beitragspflichtig nach dem AVG. Ausnahmsweise kann eine Beitragspflicht der Auftraggeber begründet sein, wenn die Schwester zu diesen in ein Angestelltenverhältnis tritt. Offen gelassen ist die Frage, ob und wann etwa die Oberin von Schwesternheimen oder dgl. als Arbeitgeberin anzusehen ist. E. v. 10. XI. 16 — P 233/16 —, AVN. 17 S. 71 Nr. 190.

Agenten sind selbständige Gewerbtreibende und deshalb nicht versicherungspflichtig nach dem AVG. Mit dem Agentenverhältnis befassen sich folgende Entscheidungen des Oberschiedsgerichts: Der Agent mehrerer Versicherungsgesellschaften, der im wesentlichen auf Provision angewiesen ist, ist, wenn er auch bei der Vermittelung von Geschäften die Weisungen der Gesellschaften zu beachten hat, nicht Handlungsgehilfe, sondern Handlungsagent und deshalb nach dem AVG. nicht versicherungspflichtig. E. v. 5. VI. 15 — P 25/15 —, AVN. 15 S. 174 Nr. 41. Die Gesellschafter einer offenen Handelsgesellschaft mit eingetragener Firma und selbständigen eigenen Geschäftseinrichtungen, welche die Generalagentur einer Versicherungsgesellschaft übernimmt, sich aber hinsichtlich der Einrichtung ihrer Tätigkeit und der Handhabung des Geschäftsbetriebs vollste Freiheit vorbehält, sind auch dann nicht versicherungspflichtig nach dem AVG., wenn der Firma an Provision und Reingewinn eine Mindesteinnahme von zusammen 8000 ℳ jährlich zugesichert ist. E. v. 26. II. 18 — P 2/18 —, AVN. 18 S. 183 Nr. 287. Allerdings deutet in Zweifelsfällen die Garantie einer Mindesteinnahme mehr auf ein Angestelltenverhältnis hin. So ist ein bei einer Versicherungsgesellschaft gegen eine monatliche, garantierte Mindestprovision beschäftigter Inspektor nicht als Handlungsagent, sondern als Handlungsgehilfe angesehen und nach § 1 Abs. 1 Nr. 3 AVG. für versicherungspflichtig erklärt. E. v. 8. XII. 15 — P 64/15 —, AVN. 16 S. 67 Nr. 94. Sind aber die Beziehungen einer Person zu einer Versicherungsgesellschaft nach Art eines Handlungsagenten geregelt, so reicht die Gewährung einer garantierten Mindestprovision nicht aus, das Verhältnis zu dem eines Handlungsgehilfen zu gestalten, wenn die Gesamtsumme neben den sonstigen schwankenden Einnahmen (Provisionen) nicht von wesentlicher wirtschaftlicher Bedeutung ist. E. v. 30. VI. 17 — P 33/17 —, AVN. 17 S. 267 Nr. 254. Zu vgl. auch unten § 15 unter 3.

Ähnlich wie ein Agentenverhältnis ist das Verhältnis eines Kommissärs und Einnehmers einer öffentlichen Feuerversicherungsanstalt (Brandkassenkommissärs) beurteilt worden, der nur im Nebenberufe nach Art eines Versicherungsagenten beschäftigt war; die Frage nach der Versicherungspflicht dieses Kommissärs ist verneint worden. E. v. 15. IX. 16 — P 17/15 —, AVN. 16 S. 294 Nr. 171.

Desgleichen ist die Versicherungspflicht verneint worden bei einem Landwirt, der für eine Firma gegen Provision und Reisespesen Verkäufe von landwirtschaftlichen Maschinen vermittelt, dabei an Weisungen der Firma gebunden ist und regelmäßig Bericht über seine Tätigkeit zu erstatten hat. Dieser Vermittler ist nicht Handlungsgehilfe, sondern Handlungsagent und als solcher nach dem AVG. nicht versicherungspflichtig. E. v. 30. VI. 15 — P 58/15 —, AVN. 15 S. 190 Nr. 49.

§ 5.

Jahresarbeitsverdienst, Entgelt, freier Unterhalt und nebensächliche Geldleistungen, Gehaltsklassen.

1. Gehaltsgrenze. Die Versicherungspflicht der im § 1 AVG. bezeichneten Angestellten setzt voraus, daß sie gegen Entgelt beschäftigt werden und ihr Jahresarbeitsverdienst 5000 *M* nicht übersteigt (§ 1 Abs. 3 AVG.)*). Hiernach tritt die Versicherungspflicht nach dem AVG. auch dann ein, wenn der Jahresarbeitsverdienst vorübergehend unter 5000 *M* herabgesetzt wird. E. v. 22. IX. 16 — P. 29/16 —, AVN. 17 S. 23 Nr. 176. Maßgebend für die Berechnung des Jahresarbeitsverdienstes nach § 1 Abs. 3 AVG. ist nur das Einkommen aus Beschäftigungen, die nach dem AVG. versicherungspflichtig sind. E. v. 1. V. 15 — P 59/15 —, AVN. 15 S. 135 Nr. 32. § 17 AVG. kommt für die Feststellung, ob der Jahresarbeitsverdienst 5000 *M* nicht übersteigt (§ 1 Abs. 3 AVG.), nicht in Betracht, diese Vorschrift gilt nur für die Zugehörigkeit zu den „Gehaltsklassen" E. v. 24. IX. 15 — P 69/15 —, AVN. 16 S. 8 Nr. 70.

Bei Feststellung der Versicherungspflicht eines gegen feste Bezüge Angestellten ist der Jahrensarbeitsverdienst (§ 1 Abs. 3 AVG.) nach der Höhe der jeweiligen tatsächlichen Bezüge, ohne Rücksicht auf das Kalenderjahr, zu berechnen. E. v. 11. VI. 19 — P 63/19 —, AVN. 19 S. 180 Nr. 355.

Bei Feststellung des Jahresarbeitsverdienstes im Sinne des § 1 Abs. 3 AVG. ist ein Ruhegehalt, das der Angestellte auf Grund früherer Beschäftigung

---

*) Zu vgl. jetzt Bekanntmachung über Ausdehnung der Versicherungspflicht in der Angestelltenversicherung vom 28. August 1918, (RGBl. S. 1085), die eine Erhöhung auf 7000 *M* brachte, und Gesetz über weitere Ausdehnung der Versicherungspflicht in der Angestelltenversicherung vom 31. Mai 1920, welches die Versicherungsgrenze allgemein auf 15000 *M* Jahresarbeitsverdienst festsetzt (RGBl. S. 1144). Durch Gesetz vom 23. Juli 1921 (RGBl. S. 1173) ist die Versicherungsgrenze weiter auf 30000 *M* erhöht.

bezieht, nicht zu berücksichtigen. Ein solches Ruhegehalt kann nicht als Arbeitsverdienst im Sinne der gedachten Vorschrift angesehen werden. E. v. 7. XII. 17 — P 21/17 —, AVN. 18 S. 98 Nr. 283.

Bei Ermittlung der Versicherungspflicht können nur solche Gewinnanteile in Betracht gezogen werden, welche der Angestellte entweder eine Reihe von Jahren hindurch in einer gewissen gleichmäßigen Höhe bezogen hat oder auf welche er, von nicht vorauszusehenden besonderen Zufällen abgesehen, mit Bestimmtheit rechnen konnte. E. v. 23. III. 21 — P 24/21.

Die durch den Bezug eines Jahresarbeitsverdienstes von 5000 *M.* gemäß § 1 Abs. 3 AVG. begründete Versicherungspflicht kann nicht durch nachträgliche Erhöhung auf mehr als 5000 *M.* mit rückwirkender Kraft beseitigt werden. E. v. 20. X. 15 — P 48/15 —, AVN. 16 S. 13 Nr. 73

Bei Festsetzung des Jahresarbeitsverdienstes an schwankenden Bezügen (Gratifikationen, Gewinnanteilen, Provisionen u. dgl.) ist nicht ausschließlich der Betrag des Jahres zu Grunde zu legen, sondern für jeden Zeitpunkt der Fälligkeit einer Beitragszahlung unter Würdigung aller Umstände, insbesondere mit Rücksicht auf die bisher erzielten Erträgnisse und die Entwickelung der Verhältnisse im laufenden Jahre festzustellen, ob die Höchstgrenze des § 1 Abs. 3 AVG. überschritten werden wird oder nicht. E. v. 20. IX. 16 — P 47/16 —, AVN. 16 S. 296 Nr. 172. Bei Berechnung von ihrem Betrage nach nicht feststehenden Bezügen (§ 17 Abs. 2 AVG.) ist in dem Falle, daß dem Versicherten diese Bezüge nicht während eines vollen Jahres zugeflossen sind, der Durchschnittsbetrag eines möglichst langen Zeitraums, während dessen er die Bezüge tatsächlich erhalten hat, zu Grunde zu legen. E. v. 28. III. 16 — P 140/15 —, AVN. 16 S. 181 Nr. 125.

Bei Festsetzung des Wertes der freien Wohnung (§ 2 AVG.) sind die zur Zeit der Beschäftigung maßgebenden Mietpreise am Wohnort des Angestellten zu Grunde zu legen, auch wenn sie infolge besonderer Umstände höher sind, als die sonst in jener Gegend üblichen Preise. Es handelte sich in dem in Frage kommenden Falle um den Wert der freien Wohnung auf Schiffen. E. v. 28. III. 16 — P 7/16 —, AVN. 16 S. 173 Nr. 122.

2. Entgelt. Die Versicherungspflicht besteht nur für die Zeit, für die der Angestellte gegen Entgelt beschäftigt wird. Deshalb ist ein Schauspieler mit einem zu Beginn der Winterspielzeit anfangenden Jahresvertrage nur für das Dauer der wirklichen Spielzeit für versicherungspflichtig erklärt worden, auch wenn ihm für die außerhalb der Spielzeit liegenden Sommermonate im Falle seiner Stellungslosigkeit vertragsmäßig eine besondere Vergütung als Unterstützung zugesichert ist, ohne daß er dadurch zur Dienstbereitschaft verpflichtet wird. E. v. 15. IX. 16 — P 54/16 —, AVN. 16 S. 292 Nr. 169. Eine Beschäftigung ohne Entgelt ist keine „an sich versicherungspflichtige" Beschäftigung im Sinne des § 1 der Bekanntmachung über Versicherungspflicht von Beschäftigungen von Angestellten während des Krieges vom 30. September 1916 (RGBl. S. 1097). E. v. 25. IX. 18 — P 83/18 —, AVN. 19 S. 13 Nr. 320.

Als Entgelt im Sinne des § 2 AVG. gelten Vertrauensspesen eines Reisenden nur insoweit, als sie ihm die Ausgaben für den Lebensunterhalt ersparen, die er auch gehabt hätte, wenn er nicht gereist wäre. E. v. 29. I. 16 — P 158/15 —, AVN. 16 S. 140 Nr. 103.

Bauzulagen für den Bauleiter sind insoweit nicht als Entgelt (§ 2 AVG.) anzusehen, als infolge der Tätigkeit auf der Baustelle ein Mehraufwand erforderlich ist. E. v. 8. VII. 20 — P 52/20 —, AVN. 21 S. 8 Nr. 439.

Teuerungszulagen, die aus Anlaß der durch den Krieg verursachten Teuerung gewährt werden, sind als Entgelt im Sinne des § 2 AVG. anzusehen, auch wenn sie nur für unbestimmte Dauer und auf jederzeitigen Widerruf bewilligt sind. E. v. 17. XI. 16 — P 78/16 —, AVN. 17 S. 78 Nr. 195. Das gleiche gilt von erweiterten Kriegszulagen, die verheirateten Angestellten mit Kindern gewährt werden (Kinderzulagen). E. v. 30. III. 18 — P 139/17 —, AVN. 18 S. 207 Nr. 298. Dagegen sind die für eine nicht feststehende, zurückliegende Zeit gezahlten einmaligen Kriegsteuerungszulagen für die Festsetzung der Gehaltsklasse (§ 16 AVG.) nicht zu berücksichtigen. E. v. 22. IV. 20 — P 216/19 —, AVN. 20 S. 197 Nr. 418.

Die für eine nicht feststehende zurückliegende Zeit nachträglich gezahlte einmalige Beschaffungsbeihilfe ist bei der Berechnung des Jahresarbeitsverdienstes (§ 1 Abs. 3 AVG.) nicht zu berücksichtigen. E. v. 30. VI. 21 — P 146/21.

Eine Kapitulantenentschädigung nach § 4 des RG. vom 13. IX. 19 (RGBl. S. 1659) oder eine für die Führung eines getrennten Haushalts gewährte und verbrauchte Entschädigung bleibt bei Bemessung des Jahresarbeitsverdienstes als Entgelt im Sinne des § 1 Abs. 3, § 2 AVG. außer Betracht. E. v. 18. V. 21 — P 107/21.

Nicht als Entgelt im Sinne des § 2 AVG. sind erhöhte Zinsen (Zinszuschüsse) anzusehen, die von der Sparkasse eines Unternehmens für Ersparnisse aus den Gehältern der Angestellten gewährt und nach den Erträgnissen des Unternehmens bemessen werden. E. v. 15. V. 18 — P 62/18 —, AVN. 18 S. 224 Nr. 308.

Desgleichen sind Beiträge des Arbeitgebers zu einer für seinen Betrieb eingerichteten Pensionskasse (Werkpensionskasse) bei Feststellung des Jahresarbeitsverdienstes im Sinne des § 1 Abs. 3, § 17 AVG. nicht zu berücksichtigen. E. v. 29. IX. 17 P 287/16 —, AVN. 19 S. 9 Nr. 317.

Übernimmt ein Arbeitgeber durch Vertrag die gesetzlich dem Angestellten zur Last fallende Hälfte der Beiträge zur Angestelltenversicherung, so sind diese Beträge dem sonstigen Jahresarbeitsverdienste des Angestellten jedenfalls dann nicht zuzurechnen, wenn der Angestellte in die Kürzung des ihm vom Arbeitgeber zugesicherten Ruhegehalts um das ihm nach dem AVG. zustehende Ruhegeld willigt. E. v. 27. X. 15 — P 83/15 —, AVN. 16 S. 25 Nr. 76.

3. Freier Unterhalt und nebensächliche Geldleistungen Eine Beschäftigung, für die als Entgelt nur freier Unterhalt gewährt wird, ist versicherungsfrei (§ 7 AVG.). Neben freiem Unterhalte gewährte unerhebliche Barzahlungen (sog. Taschengeld), die den Empfänger in den Stand setzen sollen, gewisse geringfügige Lebensbedürfnisse zu befriedigen, haben — auch wenn sie nicht lediglich freigebige Zuwendungen und dann überhaupt nicht „Entgelt" sind — vielfach keine selbständige rechtliche Bedeutung. Diese Barzahlungen nehmen als nebensächlicher Zubehör das Wesen der Hauptleistung, nämlich der Unterhaltsgewährung an. Ob ein sog. Taschengeld vorliegt, ist nach Lage des Einzelfalls unter Berücksichtigung der Lebensverhältnisse der Beteiligten zu entscheiden.

Das Oberschiedsgericht hat das Vorliegen eines sog. Taschengeldes verneint bei einer von ihrem Manne getrennt lebenden Ehefrau, die als Vorsteherin einer Wohltätigkeitsanstalt neben freiem Unterhalte monatlich 50 ℳ bar bezog. Die Versicherungspflicht ist in diesem Falle festgestellt worden. E. v. 30. VI. 15 — P 39/15 —, AVN. 15 S. 188 Nr. 48. Ebenso ist die Versicherungspflicht bejaht bei einer weiblichen Person, die als Waise in den Haushalt des

Arbeitgebers in einer kleinen Stadt aufgenommen war und als Handlungsgehilfin tätig ist und neben freiem Unterhalt einen monatlichen Entgelt von 20 *M.* erhält. E. v. 2. II. 17 — P 123/15 —, AVN. 17 S. 191 Nr. 224.

Dagegen ist eine bei einer Diakonissenanstalt beschäftigte Diakonisse, die neben freiem Unterhalte monatlich 15 *M.* in bar für Kleidung und kleinere Lebensbedürfnisse erhält, nach § 7 AVG. für versicherungsfrei erklärt worden. E. v. 26. V. 16 — P 62/16 —, AVN. 16 S. 227 Nr. 149. Die Versicherungsfreiheit nach § 7 AVG. ist bei einer von ihrem Mutterhause zur Beschäftigung in einer auswärtigen Kinderbewahranstalt entsandten Kinderschwester, der das Mutterhaus freien Unterhalt und freie Kleidung zu gewähren hatte, auch dann angenommen worden, wenn ihr an Stelle des Unterhalts der zu seiner Beschaffung erforderliche Geldbetrag gewährt wurde. E. v. 9. II. 17 — P 138/16 —, AVN. 18 S. 5 Nr. 262. Ferner sind geringfügige Barbeträge, die jugendlichen Personen zur Anspornung bei der Arbeit, nicht aber zu ihrer Abgeltung gewährt werden (sogenanntes Taschengeld), nicht als Entgelt im Sinne des § 2 AVG. angesehen worden. E. v. 15. I. 20 — P 130/19 —, AVN 20 S. 59 Nr. 391.

§ 6.

Lebensalter.

Die Versicherungspflicht nach § 1 AVG. beginnt wie bei der Invalidenversicherung mit dem ersten Tage des 17 Lebensjahrs (§ 1 Abs. 1 AVG.). Die Altersgrenze nach oben bestimmt das Gesetz im § 1 Abs. 3 dahin, daß die Angestellten beim Eintritt in die versicherungspflichtige Beschäftigung das Alter von 60 Jahren noch nicht vollendet haben. Ein Angestellter, der am 1. Januar 1913 — dem Tage das Inkrafttretens des AVG.—das Alter von 60 Jahren bereits vollendet hatte, ist nach § 1 Abs. 3 aaO. nicht versicherungspflichtig, auch wenn er vorher bereits in eine Beschäftigung eingetreten war, die das AVG. der Versicherungspflicht erst unterstellt hat. E. v. 29. IX. 14 — P 18/14 —, AVN. 14 S. 264 Nr. 16.

§ 7.

Ehe und Verwandtschaft.

1. Ehe. Ein Ehegatte ist nicht Angestellter des anderen Ehegatten; die Beschäftigung eines Ehegatten durch den andern begründet keine Versicherungspflicht (§ 6 AVG.). Ohne Einfluß auf die Frage der Versicherungspflicht ist es, ob der Angestellte, der in dem Betriebe eines Dritten beschäftigt wird, Ehemann oder Ehefrau ist. So ist die Versicherungspflicht einer von ihrem Manne getrennt lebenden Ehefrau anerkannt worden, die als Vorsteherin einer Wohltätigkeitsanstalt gegen Entgelt beschäftigt war. E. v. 30. VI. 15 — P 39/15 —, AVN. 15 S. 188 Nr. 48.

Eine Ehefrau bedarf zur Geltendmachung von Ansprüchen auf Leistungen aus der Angestelltenversicherung und zur Verfügung darüber der Zustimmung ihres Ehemannes nicht. E. v. 30. XI. 18 — P 197/18 —, AVN. 19 S. 42, Nr. 330.

2. Verwandtschaft. Abgesehen von der Ehe ist die Verwandtschaft zwischen Arbeitgeber und Angestellten kein Hindernis für die Begründung eines versicherungspflichtigen Angestelltenverhältnisses. Vorausgesetzt wird jedoch, daß die Tätigkeit des Verwandten und die Leistungen des Beschäftigenden an diesen in dem Verhältnis von Leistung und Gegenleistung zu einander stehen. Es darf nicht nur ein gemeinschaftliches Familienleben unter wirtschaftlich und sozial Gleichstehenden bestehen. Dies gilt auch für Personen, die — wenn auch nicht verwandt — in ähnlicher Weise wie Verwandte in die Familie

des Arbeitgebers aufgenommen sind. So hat das Oberschiedsgericht eine Waise, die seit einer Reihe von Jahren in den Haushalt des Arbeitgebers aufgenommen ist und in dessen Geschäft als Handlungsgehilfin tätig war und hierfür neben freiem Unterhalt monatlich 20 ℳ bezog, für versicherungspflichtig erklärt. E. v. 2. II. 17 — P 123/16 —, AVN. 17 S. 191 Nr. 224.

Auch Hauskinder können in einem versicherungspflichtigen Anstellungsverhältnisse stehen. Dabei ist jedoch in den Fällen des § 1 Abs. 1 Nr. 1, 2, 6 AVG. zu prüfen, ob auch die Angestelltentätigkeit den Hauptberuf des Hauskindes bildet. So ist eine sonst nicht erwerbstätige Haustochter, die in einem Seebad während der Badezeit als Büroangestellte tätig war, für nicht versicherungspflichtig erachtet, weil diese Tätigkeit nicht ihren Hauptberuf bildet. E. v. 25. V. 17 — P 40/17 —, AVN. 17 S. 250 Nr. 249.

Uneheliche Kinder eines männlichen Versicherten gelten nicht als dessen hinterlassene Kinder im Sinne des § 398 AVG. E. v. 18. VI. 19 — P 66/19 —, AVN. 19 S. 182 Nr. 357.

Die Annahme an Kindesstatt hat den Wegfall der Waisenrente nicht zur Folge. E. v. 13. X. 20 — P 161/20 —, AVN. 21 S. 26 Nr. 447.

§ 8.

Unfreiheit (Gefangenschaft).

Wie auf dem Gebiete der Invalidenversicherung unterliegen nach dem Angestelltenversicherungsgesetz nur freie Personen der Versicherungspflicht, weil ein freier wirtschaftlicher Austausch von Arbeit und Entgelt nur unter freien Personen stattfindet. Deshalb sind Strafgefangene und ähnlich unfreie Personen (z. B. Insassen von Arbeitshäusern oder Besserungsanstalten) von der Versicherung nach dem AVG. ausgeschlossen. Dies gilt auch für Kriegsgefangene, und zwar auch dann, wenn ihnen weitgehendste Bewegungsfreiheit eingeräumt ist. E. v. 16. II. 18 — P 170/17 —, AVN. 19 S. 7. Nr. 316.

§ 9.
Ehrenamt.

Die Bekleidung eines Ehrenamts schließt die Versicherungspflicht nach dem AVG. dann nicht aus, wenn die Beschäftigung gegen eine Vergütung stattfindet, die nicht lediglich einen Ersatz für Unkosten darstellt, sondern für die Bestreitung des Lebensunterhalts von wesentlicher Bedeutung ist. E. v. 25. XI. 16 — P 50/16 —, AVN. 17 S. 79 Nr. 196.

§ 10.
Hauptberuf.

Die Versicherungspflicht der im § 1 Abs. 1 Nr. 1, 2 und 6 AVG. bezeichneten Personen setzt voraus, daß die unter diese Vorschriften fallende Beschäftigung den Hauptberuf dieser Personen bildet. Hiernach ist der Versicherungszwang in weitem Umfang für solche Personen ausgeschlossen, welche eine oder mehrere Beschäftigungen der im § 1 Abs. 1 Nr. 1, 2, 6 bezeichneten Art nebenher oder vorübergehend ausüben. Die Versicherungspflicht wird hierdurch noch in weiterem Maße eingeschränkt, als dies durch § 8 AVG. und die zur Ausführung dieser Vorschrift ergangene Bekanntmachung vom 9. Juli 1913 (Reichs - Gesetzbl. S. 571) geschehen ist (zu vgl. unten § 26).

Unter Hauptberuf ist die Stellung zu verstehen, die den Beschäftigten einem bestimmten Gesellschaftskreise zuweist und für seine Lebensstellung maßgebend ist.

Bei der Prüfung der Frage nach dem Hauptberuf einer Person sind nur solche Tätigkeiten zu berücksichtigen, welche nach dem AVG. der Versicherungspflicht unterliegen. Demzufolge haben solche Tätigkeiten außer Betracht zu bleiben, welche nur nach der Reichsversicherungsordnung versicherungspflichtig sind. E. v. 3. V. 16 — P 14/16. —, AVN. 16 S. 190 Nr. 130. Mehrere an sich nach dem AVG. versicherungspflichtige Tätigkeiten sind bei Feststellung des Hauptberufs im Sinne des § 1 AVG. zusammenzufassen. E. v. 24. XI. 15 — P 55/15 —, AVN. 16 S. 32 Nr. 82.

Das Oberschiedsgericht hat die Frage nach dem Hauptberuf in folgenden Fällen verneint: bei einem pensionierten Staatsbeamten, der ein Ruhegehalt von 2084 ℳ bezieht und wieder bei einer Behörde während der üblichen Geschäftsstunden gegen ein Jahresentgelt von 840 ℳ tätig ist. E. v. 27. X. 15 — P 94/15 —, AVN. 16 S. 48 Nr. 85; bei einem mit Pensionsberechtigung gegen ein Jahresgehalt von 5500 ℳ fest angestellten Staatsbeamten, der während seines Urlaubs bei Fortbezug seines Gehalts eine Privatstellung gegen einen monatlichen Entgelt von 240 ℳ vorübergehend übernommen hat. E. v. 27. IV. 18 — P 36/18 —, AVN. 18 S. 217 Nr. 303; bei einem Rittergutsbesitzer, der als Amtsanwalt tätig ist und aus dem Rittergut etwa 6000 ℳ, aus der Amtsanwaltschaft etwa 950 ℳ jährlich bezieht, selbst wenn er auf die Geschäfte der Amtsanwaltschaft mehr Zeit verwendet als auf die Verwaltung des Ritterguts. E. v. 19. I. 16 — P 134/15 —, AVN. 16 S. 73 Nr. 98; bei einem Kommissär und Einnehmer einer öffentlichen Feuerversicherungsanstalt, der nur im Nebenberufe nach Art eines Versicherungsagenten beschäftigt ist. E. v. 15. IX. 16 — P. 17/15 —, AVN. 16 S. 294 Nr. 171; bei der Ehefrau eines Postverwalters, die ihrem Ehemanne von der vorgesetzten Behörde gegen die übliche Vergütung als Postgehilfin bestellt ist und auf ihren Dienst, ohne an bestimmte Dienststunden gebunden zu sein, neben der Führung des Haushalts durchschnittlich etwa 5 Stunden verwendet. E. v. 18. XII. 15 — P 106/15 —, AVN. 16 S. 68 Nr. 95; bei einer Witwe, die ihrem unverheirateten Bruder den Haushalt führt und dafür für sich und ihre beiden Kinder freie Wohnung und freien Unterhalt erhält, und die während einiger Monate bei einem Postamt als Markenverkäuferin gegen ein Tagegeld von 2,50 ℳ bei achtstündiger Arbeitszeit beschäftigt wird. E. v. 22. I. 16 — P 162/15 —, AVN. 16 S. 138 Nr. 102; bei einer Haustochter, die gegen einen monatlichen Entgelt von 25 ℳ täglich zwei Stunden bei einem Versicherungsagenten Büroarbeiten verrichtet, im übrigen sich im Haushalt der Eltern betätigt und von diesen unterhalten wird E. v. 13. X. 16 — P 115/16 —, AVN. 17 S. 54 Nr. 185; bei einer sonst nicht erwerbstätigen Haustochter, die in einem Seebad während der vom 1. Juni bis zum 30. September dauernden Badezeit als Büroangestellte täglich 7 bis 9 Stunden gegen einen monatlichen Entgelt von 80 ℳ beschäftigt war. E. v. 25. V. 17 — P 40/17 —, AVN. 17 S. 250 Nr. 249.

Dagegen ist Versicherungspflicht angenommen bei einem preußischen Gerichtsassessor, der zur Leitung einer öffentlichen Rechtsauskunftsstelle beurlaubt ist und für diese Tätigkeit einen monatlichen Entgelt bezieht. E. v. 10. I. 17. — P 293/16 —, AVN 17 S. 100 Nr. 210.

Schließlich ist noch auf folgende Entscheidungen des Oberschiedsgerichts hinzuweisen: Eine Ehefrau, deren Ehemann 4770 ℳ jährliches Einkommen hat und die neben Führung des Hauswesens durch Erteilung von Musikunterricht jährlich etwa 350 ℳ verdient, ist nach Nr. 1b der oben erwähnten, zur Ausführung des § 8 AVG. ergangenen Bekanntmachung vom 9. Juli 1903 (RGBl. S. 571) versicherungsfrei. E. v. 11. IX. 15 — P 105/15 —, AVN. 15 S. 225 Nr. 61. Eine von ihrem Manne getrennt lebende Ehefrau, die als Vorsteherin einer Wohltätigkeitsanstalt tätig ist und dafür neben freiem Unterhalt monatlich 50 ℳ bar bezieht, ist versicherungspflichtig nach dem AVG. E. v. 30. VI. 15 — P 39/15 —, AVN. 15 S. 188 Nr. 48. Eine Beschäftigung der im § 1 Abs. 1 Nr. 1, 2, 6 AVG. bezeichneten Art, die nicht im Hauptberuf ausgeübt wird, gilt nicht als „an sich versicherungspflichtig" im Sinne der Bekanntmachung vom 30. September 1916 (RGBl. S. 1097). E. v. 26. II. 18 — P 182/17 —, AVN. 18 S. 186 Nr. 288.

§ 11.

Sonstige allgemeine Grundsätze

1. Eine Anstellung auf Probe schließt die Versicherungspflicht nicht aus, sofern die Beschäftigung als solche nach dem AVG. versicherungspflichtig ist. E. v. 15. XII. 16 — P 75/16 —, AVN. 17 S. 85 Nr. 201.

2. Ein Beschäftigungsverhältnis nach § 1 Abs. 3 AVG. besteht nicht mehr, wenn es durch ungerechtfertigte vorzeitige Entlassung des Angestellten tatsächlich beendet ist. E. v. 22. VII. 15 — P 49/15 —, AVN. 15 S. 208 Nr. 56.

3. Die Versicherungspflicht einer Person nach dem AVG. wird dadurch nicht ausgeschlossen, daß sie ihrerseits Angestellte auf eigene Kosten beschäftigt. E. v. 31. III. 20 — P 21/20 —, AVN. 20 S. 180 Nr. 411.

4. Ist über die Versicherungspflicht einer Person nach § 210 AVG. rechtskräftig entschieden, so kann diese Frage nicht von neuem durch ein Verfahren über Beitragsleistung nach § 210 aaO. zur Entscheidung gebracht werden. E. v. 13. X. 20 — P 83/20 —, AVN. 21 S. 24 Nr. 445.

Bei vorübergehender Berufsunfähigkeit (§ 25 Abs. 2 AVG.) scheidet der Versicherte erst mit Eintritt des Versicherungsfalls, d. i. nach 26 Wochen seit Beginn der Berufsunfähigkeit, aus der Versicherung aus (§ 1 Abs. 3 AVG.) E. v. 5. III. 19 — P 170/18 —, AVN. 19 S. 59 Nr. 338.

II. Besonderer Teil.

A.

Die einzelnen Gruppen der versicherten Angestellten.

§ 12.

Angestellte in leitender Stellung.

Zu den Angestellten in leitender Stellung, die nach § 1 Abs. 1 Nr. 1 AVG. der Angestelltenversicherung unterliegen, wenn diese Beschäftigung ihren Hauptberuf bildet, gehören nach der Begründung zum Entwurf des AVG S. 93 namentlich die in der Berufsstatistik vom 12. Juni 1907 unter a [3] aufgeführten Personen, d. h. Personen mit selbständiger Tätigkeit, die in fremdem Betriebe oder Dienste beschäftigt sind, leitende Beamte und sonstige Betriebs- und Geschäftsleiter. Derartige Angestellte unterliegen nach der Reichsversicherung der Invalidenversicherung nicht.

Das Oberschiedsgericht hat zu den Angestellten in leitender Stellung gerechnet und für versicherungspflichtig nach dem AVG. erklärt: den besoldeten Bürgermeister einer Stadt, dem eine dem § 9 AVG. entsprechende Anwartschaft nicht gewährleistet ist. E. v. 18. XII. 15 — P 14/15 —, AVN. 16 S. 55 Nr. 91; einen preußischen Gerichtsassessor, der zur Leitung einer öffentlichen Rechtsauskunftsstelle aus dem Justizdienste beurlaubt ist und für diese Tätigkeit einen monatlich zahlbaren Entgelt bezieht. E. v. 10. I. 17 — P 293/17 —, AVN. 17 S. 100 Nr. 210; den Geschäftsführer einer Gesellschaft mit beschränkter Haftung. E. v. 20. XI. 15 — P

108/15 —, AVN. 16 S. 29 Nr. 79; die Leiterin einer Volksküche, die den Küchenbetrieb und das Küchenpersonal zu beaufsichtigen, die erforderlichen Anordnungen im Rahmen der allgemeinen Weisungen selbständig zu treffen und im Notfalle auch körperlich mitzuarbeiten hat. E. v. 8. VI. 21 — P 123/21.

§ 13.

Betriebsbeamte, Werkmeister und andere Angestellte in einer ähnlich gehobenen oder höheren Stellung.

Nach § 1 Abs. 1 Nr. 2 AVG. unterliegen der Versicherungspflicht: Betriebsbeamte, Werkmeister und andere Angestellte in einer ähnlich gehobenen oder höheren Stellung ohne Rücksicht auf ihre Vorbildung, wenn diese Beschäftigung ihren Hauptberuf bildet.

a) Betriebsbeamte sind Personen, die in einem Betriebe in einer über die Stellung des Arbeiters (auch Vorarbeiters oder Facharbeiters) oder Gehilfen überragenden leitenden Stellung tätig sind.

b) Werkmeister sind Personen, die in einem Betriebe etwa in gleichem Maße teils leitend teils selbst ausführend tätig sind. Sie nehmen eine Mittelstellung ein zwischen den Betriebsbeamten, bei denen die leitende Tätigkeit in den Vordergrund tritt, und den Gehilfen, die ähnlich wie Arbeiter nur ausführend tätig sind.

c) Andere Angestellte in einer ähnlich gehobenen oder höheren Stellung sind Personen, die in einer über die Stellung eines Gehilfen oder Vorarbeiters oder Facharbeiters hinausgehenden Stellung in einem Betriebe oder in einem nicht unter den Begriff des Betriebs fallenden Dienste (z. B. von öffentlichen oder privaten Verwaltungen, Haushaltungen und dgl.) beschäftigt sind, ohne zu den Betriebsbeamten oder Werkmeistern zu zählen.

2. Das Oberschiedsgericht rechnet zu den Angestellten, die nach § 1 Abs. 1 Nr. 2 AVG. der Versicherungspflicht unterliegen, folgende:

Vpfl. bejaht. Abnehmerinnen eines Damenbekleidungsgeschäfts im großen, welche die in der Werkstatt oder von den Heimarbeitern hergestellten Röcke auf richtige Ausführung des Zuschnitts und der Näharbeit nachzusehen haben und über die Abnahme der nicht beanstandeten Röcke selbständig befinden. E. v. 16. XII. 17 — P 151/16 —, AVN. 17 S. 186 Nr. 221. Über Abnehmerinnen der Ware in einem Konfektionsgeschäfte zu vgl. § 15 zu 2 unter Warenabnehmerinnen.

Ein Appreturmeister in einer Spinnerei, der 10 bis 12 Arbeiter zu beaufsichtigen, ihre Arbeiten durchzusehen und zu prüfen hat sowie für deren Ausfall verantwortlich ist, ferner mit Genehmigung des Prokuristen Arbeiter annehmen und entlassen kann, auch wenn er in erheblichem Umfang an der Presse selbst mitarbeitet. E. v. 19. V. 16 — P 165/15 —, AVN. 16 S. 221 Nr. 144.

Ein Assistent einer staatlichen Technischen Versuchsanstalt, der gegen Entgelt chemische und physikalische Untersuchungen des der Versuchsanstalt von der Industrie und anderen Instituten überwiesenen Materials vorzunehmen und Methoden für technische und andere Zwecke nachzuprüfen, aber eine Lehrtätigkeit nicht wahrzunehmen hat. E. v. 3. IX. 15 — P 47/15 —, AVN. 15 S. 210 Nr. 57. Über Nichtversicherungspflicht von Hochschulassistenten zu vgl. oben § 4 sowie unten zu 3.

Aufseher, denen in einer größeren Stadt der öffentliche Aufsichtsdienst über alle das städtische Gemeinwesen betreffenden Angelegenheiten, insbesondere auf dem Gebiete der Wohlfahrts-, Gewerbe-,

Bau- und Feuerpolizei obliegt (Stadtbezirksaufseher). E. v. 17. V. 16 — P 178/15 —, AVN. 16 S. 216 Nr. 141. Vpfl. bejaht.

Aufsichtsdamen, die bei einer Polizeiverwaltung gegen ein Jahresgehalt von 600 bis 900 ℳ für das Haltekinderwesen beschäftigt werden. E. v. 24. IX. 15 — P 43/15 —, AVN. 15 S. 234 Nr. 67.

Ein Aushilfsrevisor in einer staatlichen Munitionsfabrik, dessen Beschäftigung teils in der Aufsicht über das Arbeitspersonal und über richtige Ausführung der Arbeiten teils in dem Führen oder Nachprüfen von Büchern und Listen besteht, auch wenn er gegen tägliches Entgelt beschäftigt ist und der Arbeitsordnung untersteht. E. v. 29. IX. 14 — P 9/14 —, AVN. 14 S. 265 Nr. 17.

Ein Bäcker in einer Brezelfabrik, der die ihm unterstellten 50 Arbeiterinnen zu überwachen, für Befolgung der Vorschriften der Arbeitsordnung zu sorgen, zwecks Berechnung der Löhne der Arbeiterinnen Akkordbücher zu führen und die Waren von den Arbeiterinnen abzunehmen hat, auch wenn er bei der Herstellung der Waren in erheblichem Umfang selbst körperlich mitarbeitet. E. v. 20. IX. 16 — P 143/15 —, AVN. 17 S. 4 Nr. 173.

Berichterstatter einer Zeitung. Ein Angestellter, der in einer Buchdruckerei die dort beschäftigten Arbeiter zu beaufsichtigen, die Arbeit unter sie zu verteilen, Anordnungen für die Ausführung zu geben hat und im Bedarfsfalle selbst mitarbeitet, außerdem täglich 4 Stunden auf die Redaktion einer dreimal wöchentlich erscheinenden Zeitung verwendet und über Lokalereignisse selbständig Berichte abfaßt. E. v. 24. XI. 15 — P 87/15 —, AVN. 16 S. 51 Nr. 87.

Brauerei-Kellermeister. Flaschenkellermeister einer Großbrauerei mit Jahresbezügen von etwa 3750 ℳ, der unter Aufsicht eines Inspektors den

Vpfl. bejaht. Flaschenkeller mit 200 Personen und 15 Maschinen zu beaufsichtigen hat und nur ausnahmsweise körperlich mitarbeitet. E. v. 15. IX. 17 — P 305/16 —, AVN. 18 S. 43 Nr. 268. Wegen Versicherungspflicht eines Bierverlegers zu vgl. § 15 zu 2. Im übrigen zu vgl. unten zu 3 unter Brauerei.

Braumeister einer — wenn auch kleinen — Brauerei, dem im Sommer ein Gehilfe, im Winter ein Braubursche und zwei Lehrlinge unterstellt sind, und welcher die Arbeiten verteilt und beaufsichtigt und bestimmt, wieviel Rohstoff täglich zu verarbeiten ist, auch wenn er in dem Betriebe körperlich mitarbeitet und unter fachkundiger Oberleitung de Brauereibesitzers oder seines Vertreters steht. E. v. 30. VI. 16 — P 52/16 —, AVN. 16 S. 272 Nr. 166.

Brennmeister, der eine Brennerei von jährlich 30000 Liter Spirituserzeugung leitet, die Aufsicht über die dort beschäftigten 1 bis 2 Arbeiter ausübt und dem anstatt des Brennereibesitzers die strafrechtliche Verantwortlichkeit gemäß § 28 des Brennsteuergesetzes übertragen ist, auch wenn er außerhalb der Brennzeit, also während des größeren Teiles des Jahres, lediglich mit Ausbesserungsarbeiten an landwirtschaftlichen Maschinen beschäftigt ist. E. v. 30. VI. 16 — P 119/16 —, AVN. 16 S. 271 Nr. 165.

Buchdruckerei-Aufseher, Zeitungsredakteur und Berichterstatter zu vgl. Berichterstatter einer Zeitung. Wegen Nichtversicherungspflicht von Faktoren und Korrektoren zu vgl. unten zu 3 unter Buchdruckerei.

Buchhandlungs-Verkäufer zu vgl. § 15 zu 2 unter Verkäufer, Zeitungsverkäufer § 15 zu 3.

Chormitglieder eines Theaterunternehmens, welche die „Sommergage“ beziehen und dafür verpflichtet sind, während des der Winterzeit vorausgehenden Zeitraums vom 1. August bis 15. September an Chorübungen teilzunehmen. Die Versicherungspflicht besteht auch während dieses Zeitraums. E. v. 28. IV. 17 — P 15/17 —, AVN. 18 S. 9 Nr. 265. Vpfl. bejaht.

Detektiv zu vgl. unter Rechercheure.

Direktrice der Putzabteilung eines Warenhauses, die das Garnieren und Fertigstellen der Hüte nach den Wünschen der Kundschaft vornimmt und bei dem Verkaufe durch sachverständigen Rat mitwirkt. E. v. 11. IX. 15 — P 50/15 —, AVN. 15 S. 226 Nr. 62. Direktricen, welche in einer Wäschefabrik die Arbeit ausgeben, die Aufsicht führen und fehlerhaft abgelieferte Stücke ausbessern, auch wenn sie gegen Wochenlohn und mit 14tägiger Kündigung beschäftigt sind. E. v. 20. XI. 15 — P 77/15 —, AVN. 16 S. 26 Nr. 77; Direktricen in der Fabrik eines Herrenwäschegeschäfts, die 15 bis 20 Vorrichterinnen und Näherinnen bei ihren Arbeiten anleiten und beaufsichtigen, deren fertiggestellte Arbeiten nachprüfen und verbessern lassen und die geleisteten Arbeiten in Lohnbücher eintragen, auch wenn sie körperlich mitarbeiten. E. v. 8. XII. 15 — P 135/15 —, AVN. 16 S. 53 Nr. 89. Direktrice in einem Damenkleideratelier, die selbständig Muster zu entwerfen, den Kunden Maß zu nehmen, die bestellten Kleider zuzuschneiden und die ihr unterstellten Arbeiterinnen bei ihren Arbeiten anzuleiten und zu überwachen hat, auch für die sachgemäße Herstellung der Kleider der Firma gegenüber verantwortlich ist, auch wenn sie bei den Abänderungs- und Näharbeiten selbst mit Hand anzulegen hat. E. v. 19. I. 16 — P 157/15 —, AVN. 16 S. 75 Nr. 99; zu vgl. weiter wegen Versicherungspflicht von Direktricen § 15 unter 2.

Dubliermeister in einer Wollkämmerei und Kammgarnspinnerei, der 6 Dubliermaschinen und 38 Per-

Vpfl. bejaht. sonen zu beaufsichtigen hat, auch wenn er unter einem Obermeister steht und bei sämtlichen Änderungen und Reparaturen an den Maschinen Hand anzulegen hat. E. v. 26. II. 16 — P 118/15 —, AVN. 16 S 150 Nr. 110.

Einkassierer eines Arbeiterverbandes, der in der Hauptsache Mitgliederbeiträge einzieht, daneben aber durch Werbetätigkeit dem Verbande neue Mitglieder zuführt und dabei die Aufnahmeerklärungen selbst vollzieht, in Distriktsversammlungen den Vorsitz führt und dort Vorträge über Verbandsfragen hält, auch die Mitgliederbeiträge bis zu 8 Wochen selbständig stunden darf. E. v. 16. I. 16 — P 146/15 —, AVN. 16 S. 76 Nr. 100. Zu vgl. ferner Kassierer eines größeren Theaters in § 15 unter 2; dagegen Einkassierer einer Krankenkasse unten zu 3.

Einrichter eines Damenkonfektionsgeschäfts, die nach den Angaben des Konfektionärs Stoffe und Zutaten aussuchen und für die Zuschneider zusammenstellen E. v. 20. X. 17 — P 105/17 —, AVN. 18 S. 76 Nr. 274.

Ermittler von Krankenkassen zu vgl. unter Krankenbesucher.

Erziehungsgehilfen eines Frauenheims für verwahrloste und schulentlassene weibliche Personen, die unter der Aufsicht und nach den Anweisungen des Anstaltsleiters und der ihm beigegebenen Schwestern je eine Arbeitsgruppe von 15 bis 20 Mädchen bei der Arbeit zu beaufsichtigen und anzuleiten haben, selbst mitarbeiten und erzieherisch einwirken. E. v. 26. I. 18 — P 176/17 —, AVN. 18 S. 199 Nr. 294.

Ewerführervize, der seine Aufträge im Kontor des Betriebs empfängt, der aber befugt ist, bei ihrer Ausführung von den erteilten Weisungen im Bedarfsfall abzuweichen. E. v. 15. XII. 17 — P 27/17 —, AVN. 18 S. 168 Nr. 284. Vpfl. bejaht.

Expedientin eines Warenhauses z. vgl. § 15 unt. 2 u. 3.

Fernsprechgehilfin einer Polizeiverwaltung, die Fernsprechvermittelungen über strafbare Handlungen entgegenzunehmen und dabei, soweit erforderlich, durch Rückfragen den Sachverhalt näher aufzuklären hat. E. v. 5. VI. 15 — P 24, 29/15 —, AVN. 15 S. 178 Nr. 43; Fernsprechgehilfin, die außer der Fernsprechvermittelung Aufzeichnungen über gebührenpflichtige Gespräche und über Störungsmeldungen aus dem Fernsprechnetze zu fertigen und außerdem eine Ferndruckeinrichtung zu bedienen hat. E. v. 5. VI. 15 — P 24, 25/15 —, AVN. 15 S. 178 Nr. 43. Zu vgl. wegen der Fernsprechgehilfinnen unten § 14 zu 2 und 3.

Fischmeister, der, auf Grund schriftlichen Vertrags mit Gewinnbeteiligung angestellt, eine Fischzuchtanstalt unter der Oberleitung des entfernt wohnenden Eigentümers zu leiten und zwei Gehilfen zu beaufsichtigen hat, auch wenn er in erheblichem Umfang körperlich mitarbeitet. E. v. 8. XII 16 — P 156/16 —, AVN. 17 S. 181 Nr. 217.

Flaschenkellermeister zu vgl. oben Brauerei-Kellermeister.

Fleischbeschauer — in Preußen als Einzelbeamte tätig — sind nicht selbständige Gewerbtreibende, sondern Angestellte der örtlichen Polizeiverwaltung und als solche nach § 1 Abs. 1 Nr. 2 AVG. versicherungspflichtig. E. v. 9. XI. 17 — P 134/17 —, AVN. 18 S. 92 Nr. 279.

Garnausgeber in einer Weberei, der für die richtige Verteilung des Garnes an die Weber verantwortlich ist, die mit dem Abwiegen und der Verteilung im einzelnen beauftragten Personen zu überwachen und ein Verzeichnis über die ausgegebenen Garne zu

Vpfl. bejaht. führen hat. E. v. 22. I. 16 — P 88/15 —, AVN. 16 S 137 Nr. 101.

Gärtner, städtischer, der eine größere Zahl von Arbeitern (10 bis 12) zu beaufsichtigen und unter der Oberleitung des städtischen Garten- und Friedhofsverwalters anzuweisen hat. E. v. 20. VII. 15 — 45/15 —, AVN. 15 S. 193 Nr. 53. Zu vgl. im übrigen wegen Nichtversicherungspflicht von Gärtnern unten zu 3.

Geschäftsführer eines Automatenrestaurants, der die Gäste zu begrüßen, den ordnungsmäßigen Gang der Apparate des Restaurants zu überwachen und die Aufräumer zu beaufsichtigen hat. E. v. 27. X. 16 — P 94/16 —, AVN. 17 S. 54 Nr. 184. Wegen Nichtversicherungspflicht eines Büffetfräuleins in einem Automatenrestaurant zu vgl. unten zu 3.

Glasmalermeister in einer Kristallglasfabrik, der nach vorgeschriebenen Entwürfen Muster ausführt, für die Massenherstellung die Arbeit in seiner Akkordkolonne verteilt und überwacht, bei der Ausführung selbst mitarbeitet, insbesondere Fehler ausbessert und bei einzelnen Stücken die letzte Hand anlegt und einen Jahresarbeitsverdienst von mehr als 4000 ℳ erzielt. E. v. 18. X. 16 — P 171/16 —, AVN. 17 S. 26. Nr. 179.

Haltekinder-Aufsichtsdamen zu vgl. oben unter Aufsichtsdamen.

Haltestellenaufseher bei einer Hoch- und Untergrundbahn, der neben der Aufsicht über das Personal für die richtige Signalgebung, für die Beobachtung aller zur Sicherheit der Fahrgäste erlassenen Vorschriften sowie für einen geordneten Zugverkehr zu sorgen hat. E. v. 30. VI. 21 — P 129/21.

Heilgehilfe, staatlich geprüfter, der auf der Unfallstation eines Hüttenwerkes bei Betriebsunfällen selbständig Verbände anlegt, Wiederbelebungsversuche an Verunglückten vornimmt, sie entweder einem Arzte oder einem Krankenhause zuweist und sie in leichteren Fällen unter Oberleitung des Arztes weiter behandelt. E. v. 19. V. 16 — P 19/16 —, AVN. 16 S. 222 Nr. 145. Vpfl. bejaht.

Hotel-Küchenchef, dem 10 Köche nebst Hilfspersonal unterstehen und der den Küchenbetrieb zu leiten und zu beaufsichtigen hat, auch wenn er bei der Zubereitung der Speisen selbst mitwirkt. E. v. 26. II. 16 — P 116/15 —, AVN. 16 S. 158 Nr. 111.

Hugheskontrolleur, bei einem Telegraphenamte beschäftigt, der abgehende Telegramme mit der Urschrift zu vergleichen und gegebenenfalls berichtigen zu lassen hat, für Fehler bei der Übermittelung mit verantwortlich ist und die Beförderungs- und Empfangsvermerke ausfüllt. E. v. 1. XII. 16 — P 241/16 —, AVN. 17 S. 82 Nr. 198.

Kassierer zu vgl. oben Einkassierer, auch Kartenausgeberin zu 3.

Kellermeister zu vgl. oben Flaschenkellermeister.

Kinderfräulein, als Kindergärtnerin I. Klasse geprüft, auf einer höheren Töchterschule vorgebildet, welche die ihr anvertrauten Kinder nicht nur beaufsichtigt und pflegt, sondern auch bei ihren Schularbeiten anleitet, auch wenn sie das Kinderzimmer und ihr eigenes Zimmer aufzuräumen und die Kleider der Kinder in Ordnung zu halten hat. E. v. 23. II. 17 — P 255/16 —, AVN. 17 S. 246 Nr. 246. Wegen Nichtversicherungspflicht eines Kinderfräuleins und Kindergärtnerin II. Klasse zu vgl. unten zu 3.

Kindergärtnerinnen zu vgl. vorstehend Kinderfräulein.

Krankenbesucher, der im wesentlichen Umfang auch als Ermittler der Krankenkasse tätig ist. E. v. 15. V. 18 — P 34/18 —, AVN. 18 S. 223

Vpfl. bejaht. Nr. 307. Zu vgl. im übrigen bezüglich der Krankenbesucher unten zu 3 unter Krankenbesucher.

Kriminalpolizeisergeanten. E v. 18. III. 16 — P 138/15 —, AVN. 16 S. 172 Nr. 121. Zu vgl. dagegen Polizeisergeant einer kleinen Gemeinde unten zu 3.

Küchenchef eines Hotels, dem eine größere Zahl von Köchen (10) nebst Hilfspersonal unterstehen, auch wenn er bei der Zubereitung von Speisen mitwirkt. E. v. 26. II. 16 — P 116/15 —, AVN. 16 S. 158 Nr. 111. Wegen Nichtversicherungspflicht einer Herrschaftsköchin (Mamsell) zu vgl. unten zu 3.

Küchendienst einer staatlich angestellten Pflegerin vgl. unter Pflegerin.

Laborantin, die in einer ärztlichen Bildungsanstalt unter Aufsicht von Ärzten Nährböden und Impfstoffe herstellt sowie bakteriologisch-diagnostische Untersuchungen vornimmt und für diesen Beruf ausgebildet ist. E. v. 25. I. 19 — P 151/18 —, AVN. 19 S. 56 Nr. 336.

Lagermeister in einer Ölfabrik, dem 20 Arbeiter unterstellt sind und der für den Versand der Waren und neben dem Betriebsleiter für den Bestand des Lagers verantwortlich ist. E. v. 15. XI. 16 — P 20/16 —, AVN. 17 S. 75 Nr. 192.

Lagerverwalter in einer Fabrik, der die für den Betrieb erforderlichen Gebrauchsgegenstände (Öl, Nägel, Eisenzeug, Bürsten usw.) in Empfang nimmt, an der Hand der Rechnungen die Ordnungsmäßigkeit der Lieferungen nachprüft, die Gegenstände auf schriftliche Anweisung der Abteilungsleiter abgibt und über den Ein- und Ausgang Buch führt. E. v. 18. III. 16 — P 65/15 —, AVN. 16 S. 169 Nr. 118; zu vgl. auch über Versicherungspflicht einer Lageristin in einer Wäschefabrik unten § 15 zu 2.

Lehrer der Zuschneidekunst. E. v. 26. X. 20 — P 193, 234/20 —, AVN. 21 S. 27 Nr. 449. Vpfl. bejaht.

Leser eines Zeitungsnachrichtenbüros, der Zeitungen daraufhin durchzusehen hat, ob darin einer der in einem Stichwortverzeichnis aufgeführten Gegenstände behandelt wird. E. v. 23. XI. 17 — P 13/17 —, AVN. 18 S. 95 Nr. 280.

Liefermeister einer größeren Weberei, der die von den Webern fertig abgelieferte Ware auf Beschaffenheit, Schußzahl, Einstellung, Ausfall und Webfehler nachprüft und unter Zuziehung des Betriebsleiters über die Abnahme der Ware befindet. E. v. 20. X. 17 — P 92/17 —, AVN. 18 S. 74 Nr. 273.

Lokomotivführer (staatlich geprüft) der Betriebsbahn eine industriellen Unternehmens, deren Züge nicht nur auf der Betriebsstätte, sondern erheblich darüber hinaus Personen und Materialien befördern und hierbei die Geleise einer öffentlichen Kleinbahn benutzen. E. v. 1. XII. 16 — P 220/16 —, AVN. 17 S. 81 Nr. 197.

Maler zu vgl. unten Theatermaler.

Markenkontrolleure in einem Bergwerk, die außer dem Ausgeben und Einnehmen der Marken schriftliche Arbeiten in erheblichem Umfange, namentlich für statistische Zwecke auszuführen haben. E. v. 30. VI. 21 — P 194/20.

Maschinenaufseher eines Bergwerks, dem 100 Arbeiter und ein umfänglicher Maschinenpark zur Beaufsichtigung ordnungsmäßiger Arbeitsleistung unterstellt sind und die selbständige Anleitung und Überwachung der Arbeiter obliegt, auch wenn er dem Betriebsführer und Maschinensteiger untersteht. E. v. 11. V. 21 — P 97/21.

Maschinenmeister einer Kunstmühle, dem die selbständige Versorgung einer Dampfmaschine, des Motorbetriebs für Wasserversorgung und der Zentralheizungsanlage anvertraut ist und hierbei

Vpfl. bejaht. Hilfskräfte unterstellt sind, auch wenn er gelegentlich und zur Aushilfe das Heizen selbst mitbesorgt. E. v. 19. I. 17 — P 277/16 —, AVN. 17 S. 101 Nr. 211.

Maschinisten, bei einer Fortifikation beschäftigt, die den technischen Betrieb der Kraftstation zu leiten, bei der Ausbildung von Aufsichtspersonal für die Bedienung von Scheinwerfern mitzuwirken haben und für die stete Kriegsbereitschaft der ihnen unterstellten Anlagen verantwortlich sind. E. v. 30. VI. 15 — P 27/15 —, AVN. 15 S. 191 Nr. 50.

Meistergehilfe. Ein Angestellter einer staatlichen Pulverfabrik, der den Werkmeister bei Leitung des Betriebs zu unterstützen und zu vertreten, im übrigen eine Anzahl von Büroarbeiten auszuführen hat (sog. Meistergehilfe). E. v. 16. VI. 14 — P 11/14 —, AVN 14 S. 234 Nr. 14.

Modelleur einer Devotionalienfabrik, der Medaillen für religiöse Zwecke herstellt und dabei künstlerisches Empfinden zu betätigen hat, auch wenn er zwar nicht bei den Verzierungen, wohl aber in der Wiedergabe der eigentlichen Motive an die Vorlagen gebunden ist. E. v. 2. II. 17 — P 163/16 —, AVN. 17 S. 103 Nr. 212; ferner Modelleure einer Porzellanmanufaktur, die Modelle nicht nur nachbilden, sondern auch auf Grund eigener Studien entwerfen. E. v. 26. X. 20 — P 84/20 —, AVN. 21 S. 26 Nr. 448.

Musterzeichnergehilfen, die nach den ihnen zur künstlerischen Ausführung aufgegebenen Ideen und Vorlagen Tapetenmuster selbständig entwerfen (sog. Entwerfer), auch wenn sie unter fortgesetzter Aufsicht des Arbeitgebers arbeiten. E. v. 5. I. 21 — P 249/20.

Musterzeichnerinnen zu vgl. unten Schnittmusterzeichnerinnen.

Obersäger eines Sägewerkes, der unter der Oberleitung der Geschäftsinhaber die Maschinen zu beaufsichtigen, die Stämme nach den Bestellungen zusammenzustellen hat und daneben gegenüber den Arbeitern gewisse, wenn auch dem Zeitaufwande nach zurücktretende Aufsichtsbefugnisse besitzt. E. v. 8. XII. 16 — P 136/16 —, AVN. 17 S. 182 Nr. 218. Vpfl. bejaht.

Patentanwaltskanditaten während ihres Vorbereitungsdienstes bei einem Patentanwalte, sofern sie Entgelt beziehen. E. v. 19. II. 20 — P 21/15 —, AVN. 20 S. 79 Nr. 402.

Pflegerin in einer staatlichen Irrenanstalt, als solche ausgebildet, die im Küchendienst mit selbständigen Anordnungsbefugnissen verwendet wird. E. v. 15. XII. 16 — P 139/16 —, AVN. 17 S. 87 Nr. 203.

Polier, der neben seiner Tätigkeit auf Bauten in erheblichem Umfang im Baubüro seines Arbeitgebers schriftliche Arbeiten (Aufstellung von Voranschlägen, Bauzeichnungen, Kostenrechnungen) verrichtet. E. v. 15. IX. 17 — P 302/16 —, AVN. 18 S. 2 Nr. 259. Wegen Nichtversicherungspflicht der Poliere vgl. unten zu 3 unter Poliere.

Poliermeister, die in einem einer Glasfabrik gehörigen Polierwerke Spiegelglas durch die von ihnen angenommenen Arbeiter schleifen und polieren lassen und für jedes abgelieferte Glas einen festen Preis erhalten, aus dem sie die Löhne und das Arbeitsmaterial zu bestreiten haben, während der verbleibende Rest ihr Verdienst ist. E. v. 27. X. 16 — P 193/15 —, AVN. 17 S. 50 Nr. 182.

Polizei-Aufseher zu vgl. oben Aufseher; Haltekinderwesen zu vgl. oben Aufsichtsdamen; Kriminalpolizeisergeant zu vgl. oben unter diesem Stichwort; Forstpolizei zu vgl. unter Waldhüter, Polizeisergeant einer kleineren Gemeinde zu vgl. unter Polizeisergeant.

Vpfl. bejaht. Pressemeister in einer Ölfabrik, dem etwa 20 Arbeiter unterstellt sind und dessen körperliche Mitarbeit hinter der beaufsichtigenden und anordnenden Tätigkeit zurücksteht. E. v. 26. VI. 17 — P 53/17 —, AVN. 17 S. 275 Nr. 255.

Putzdirektrice zu vgl. oben Direktrice.

Rechercheure eines Detektivinstituts, die innerhalb des ihnen von dem Institute gegebenen Rahmens selbständig handeln. E. v. 15. XI. 19 — P 145/19 —, AVN. 20 S. 26 Nr. 375.

Revisor in einer Munitionsfabrik zu vgl. oben Aushilfsrevisor.

Sägemeister, der in einem Sägewerke die Arbeit zu überwachen, die Arbeiter zu belehren und Unregelmäßigkeiten im Betriebe anzuzeigen hat, auch wenn er im übrigen mit körperlichen Arbeiten im Betriebe beschäftigt wird. E. v. 18. VI. 15 — P 28/15 —, AVN. 15 S. 180 Nr. 45. Zu vgl. ferner oben unter Obersäger.

Schneidermeisterin, die in einer Zuschneideschule unter der Oberleitung der Inhaberin der Schule etwa 30 Schülerinnen im Zuschneiden von Damen- und Kindergarderobe unterweist und für die von ihnen abzulegenden Prüfungen in Buchführung, im Lohn- und Krankenkassenwesen und in den einschlägigen Zweigen der Rechtskunde vorbereitet. E. v. 26. V. 16 — P 40/16 —, AVN. 16 S. 234 Nr. 150.

Schnittmusterzeichnerinnen, die für einen Zeitungsverlag Schnittmusterzeichnungen nach Modezeichnungen oder Photographien anfertigen. E. v. 22. IV. 20 — P 27/20 —, AVN. 20 S. 201 Nr. 422.

Schuhmodelleur einer mechanischen Schuhfabrik, der nach vorhandenen Leisten aus Pappe ein Schaftmodell herzustellen und zum Zwecke vorteilhaften Zuschneidens in seine einzelnen Teile zu zerlegen sowie die gefundenen Maße auf die sonstigen üblichen Schuhgrößen zu übertragen hat. E. v. 22. VI. 18 — P 29/18 —, AVN. 18 S. 239 Nr. 314. Vpfl. bejaht.

Schweizerdegen und Lokalredakteur zu vgl. oben Berichterstatter einer Zeitung.

Selfaktormeister in einer Kunstwollspinnerei, der 8 Spinnmaschinen in Gang zu setzen und ihren ordnungsmäßigen Gang zu überwachen, die Garnstärke fortlaufend zu prüfen, dabei die an den Maschinen beschäftigten Arbeiter (Fadenkinder) zu überwachen, das Gewicht des fertig gestellten Garnes und die Stundenzahl der Arbeiter anzuschreiben, auch auf die Beobachtung der Arbeitsordnung und auf Bestrafung von Zuwiderhandlungen hinzuwirken hat. E. v. 20. XI. 15 — P 76/15 —, AVN. 16 S. 28 Nr. 78.

Skizzenzeichner, auf einer Kunstgewerbeschule vorgebildet, in einem Atelier für Dekorationsmalerei beschäftigt, der Skizzen und Entwürfe für Ausmalung von Zimmern und Kirchen anzufertigen, teilweise auch bei deren Ausführung mitzuwirken hat. E. v. 10. I. 17 — P 192/16 —, AVN. 17 S. 94 Nr. 206.

Sortiermeister in einer Zigarrenfabrik, der 10 bis 12 Sortiererinnen zu beaufsichtigen hat und für deren Arbeit verantwortlich ist, auch wenn er unter einem Obermeister steht und seine körperliche Mitarbeit dem Umfang der Aufsichtstätigkeit etwa gleichkommt. E. v. 28. III. 16 — P 147/15 —, AVN. 16 S. 175 Nr. 123.

Spinnmeister in einer Kammgarnspinnerei, dem ein Selfaktorsaal mit 12 Selfaktoren und 46 Arbeitern untersteht, der mit Genehmigung des vorgesetzten Obermeisters Strafen wegen Verletzung der Fabrikordnung verhängen kann und kleine schriftliche Arbeiten ausführt, auch wenn er per-

Vpfl. bejaht. sönlich die Maschinen in Ordnung zu halten und kleinere Reparaturen vorzunehmen hat. E. v. 7. III. 16 — P 128/15 —, AVN. 16 S. 164 Nr. 115. Zu vgl. auch unten Stuhlmeister.

Spinnerei, Appreturmeister zu vgl. oben unter diesem Stichwort; zu vgl. auch unten Waschmeister, ferner Wollkämmerei.

Straßenbahn-Kontrolleur, der die Schaffner auf die sachgemäße Erfüllung ihrer Dienstpflichten überwacht, insbesondere darauf achtet, daß sie ihren Dienst rechtzeitig antreten, die Fahrscheine richtig ausgeben und im Fahrbericht eintragen, den Fahrplan einhalten und die Haltestellen abrufen, der ferner auf ordnungsmäßige Reinigung, Bezeichnung und Heizung der Wagen zu achten und bei Betriebsstörungen die üblichen Anordnungen zu geben hat. E. v. 1. XII. 16 — P 165/16 —, AVN. 17 S. 83 Nr. 200. Nicht versicherungspflichtig sind dagegen Stromkontrolleure und Fahrmeister einer Straßenbahn, zu vgl. hierüber unten zu 3.

Stadtbezirksaufseher zu vgl. oben Aufseher.

Stuhlmeister, der in einer Tuchfabrik unter einem Webmeister einen Websaal mit 30 Stühlen und 30 Webern leitet und beaufsichtigt sowie für die Inbetriebhaltung der Stühle zu sorgen hat, außerdem beim Ingangsetzen der Stühle mitzuwirken, auch kleinere Reparaturen auszuführen hat. E. v. 3. XII. 15 — P 26/15 —, AVN. 16 S. 66 Nr. 93. Über Nichtversicherungspflicht von Stuhlmeistern zu vgl. unten zu 3 unter Webmeister.

Technische Versuchsanstalt, Assistenten zu vgl. oben unter Assistent.

Telegraphist zu vgl. oben Hugheskontrolleur in einem Telegraphenamte. Telegraphistinnen zu vgl. oben Fernsprechgehilfin, sowie unten zu 3.

Theatermaler, der nach eigenen Skizzen neue Dekorationen zu malen und alte Dekorationen zu erneuern und abzuändern hat. E. v. 25. I. 19 — P 152/18 —, AVN. 19 S. 57 Nr. 337. Vpfl. bejaht.

Theaterchor zu vgl. oben Chormitglieder eines Theaterunternehmens.

Trichinenschauerinnen, die in einem städtischen Schlachthaus angestellt sind. E. v. 23. I. 15 — P 34/14 —, AVN. 15 S. 52 Nr. 26; Trichinenschauer im Königreich Sachsen, die von einer Stadtgemeinde für bestimmte Bezirke angestellt und vom Stadtrat verpflichtet sind. E. v. 24. XI. 15 — P 55/15 —, AVN. 16 S. 32 Nr. 82.

Unfallstation zu vgl. oben Heilgehilfe.

Verbandsangestellter mit Werbetätigkeit zu vgl. oben Einkassierer.

Vermessungstechniker zu vgl. unten § 14 zu 2.

Verwiegeaufseher in größeren Berg- und Hüttenwerken, deren Haupttätigkeit darin besteht, das Gewicht festzustellen, für die richtige Zusammenstellung der Ladungen zu sorgen, und als Unterlagen für den Versand Frachtbriefe auszufertigen und Listen zu führen. E. v. 26. I. 21 — P 259/20.

Vorzeichner einer Brückenbau-Aktiengesellschaft, welche aus den im technischen Büro in verkleinertem Maßstab hergestellten Konstruktionszeichnungen die Einzelteile herauszuziehen und auf Papier oder auf Metall in natürlichem Maßstab zu übertragen, hierbei die Einzelmaße und Systemdreiecke nachzurechnen und auf Irrtümer in der Aufrechnung oder im Zusammenpassen der einzelnen Anschlüsse nachzuprüfen und bei nicht ganz ausgerechneten Zeichnungen die Zwischenmaße selbst festzustellen haben. E. v. 10. XI. 16 — P 190/15 —, AVN. 17 S. 66 Nr. 189.

Waldhüter in Baden, dem unter Anweisung und Aufsicht des Forstamts in dem ihm unterstellten Bezirke neben der Forstpolizei die Bewirtschaftung der Waldungen (Holzhauerei, Holzaufnahmen,

Vpfl. bejaht. Kulturbetrieb) obliegt. E. v. 5. X. 17 — P 77/17—, AVN. 18 S. 59 Nr. 270. Wegen Nichtversicherungspflicht eines Feldhüters zu vgl. unten zu 3.

Waldschütz, von einer Forstverwaltung angestellt, der Forstarbeiter bei der Ausführung von Kultur- und Wegebauarbeiten, der Abholzung und Aufforstung zu beaufsichtigen und selbst das geschlagene Holz auszumessen hat, außerdem Lohnlisten und Aufnahmeregister über das Holz führen muß. E. v. 19. V. 15 —P 15/15 —, AVN. 15 S. 155 Nr. 37.

Waschmeister einer Wollkämmerei und Kammgarnspinnerei, der unter Oberleitung eines Obermeisters Maschinen zu bewachen und zu führen, für das richtige Arbeiten und Beschicken der Wölfe und der Waschmaschinen zu sorgen, den Zu- und Ablauf der Waschwässer zu regeln, sie in der richtigen Temperatur zu erhalten, den Waschwässern die vorschriftsmäßigen Waschmittel beizufügen, das richtige Arbeiten der Transmissionen und Antriebe für die Maschinen zu beachten und 9 Personen bei der Arbeit zu beaufsichtigen hat und für ihre Arbeitsausführung dem Obermeister verantwortlich ist. E. v. 27. X. 15 —P 120/15 —, AVN. 16 S. 15 Nr. 75.

Weberei zu vgl. oben Garnausgeber, Liefermeister, Stuhlmeister.

Werkmeister. Handwerker, die nach Art eines Werkmeisters in Werkstätten einer Irrenanstalt die Kranken zur Beschäftigung anzuleiten und zu überwachen haben, auch für die zu den einzelnen Werkstätten gehörigen Vorratslager verantwortlich sind und die Buchführung darüber zu besorgen haben. E. v. 20. III. 17 — P 152/16 —, AVN. 17 S. 249 Nr. 248.

Werkstattschreiber. Zu vgl. unten § 14 (Büroangestellte).

Wollkämmerei. Der Angestellte einer Wollkämmerei und Kammgarnspinnerei, der in der Sortierungsabteilung die Anwesenheit der Arbeiter festzustellen, Aufstellungen und Listen über Arbeitszeit und Arbeitsleistung der Arbeiter zu fertigen sowie Schreibarbeiten und statistische Aufzeichnungen zu machen hat. E. v. 1. V. 15 — P 9/15 —, AVN. 15 S. 151 Nr. 34; zu vgl. ferner oben Dubliermeister in einer Wollkämmerei, Selfaktormeister in einer Kunstwollspinnerei, Waschmeister in einer Wollkämmerei. Vpfl. bejaht.

Zeichner zu vergl. oben Skizzenzeichner in einem Atelier für Dekorationsmalerei, Vorzeichner einer Brückenbau-Aktiengesellschaft; Patroneur einer Bandfabrik, der nur ausnahmsweise Patronen nach eigenen Entwürfen anfertigt, zu vgl. unten zu 3 unter Patroneur.

Zeichnerinnen zu vgl. oben Schnittmusterzeichnerinnen.

Zeitungs-Redakteur zu vgl. oben Berichterstatter einer Zeitung, Zeitungsleser eines Zeitungsnachrichtenbüros zu vgl. oben Leser, Zeitungsverkäufer, § 15 zu 3.

Ziegelmeister, der den Betrieb einer Ziegelei leitet und die Arbeiter selbständig annimmt und entläßt, auch wenn er in erheblichem Maße körperlich selbst mitarbeitet. E. v. 6. III. 17 — P 329/16 —, AVN. 17 S. 211 Nr. 233; Ziegelmeister, der den Betrieb einer Ziegelei zu leiten, die dort tätigen Arbeiter selbst anzunehmen und zu entlohnen hat, bei ihrer Entlassung aber an die Weisungen des Ziegeleibesitzers gebunden ist und die Arbeitszeit nach Beginn und Ende gemäß den Bestimmungen des Ziegeleibesitzers einzurichten hat, auch wenn er die von ihm hergestellten Steine an den Ziegeleibesitzer zu überlassen hat und dabei im Hinblick auf die von ihm zu tragenden Arbeitslöhne vereinzelt mit

Vpfl. bejaht. Verlust arbeiten sollte. E. v. 20. X. 15 — P 112/15 —, AVN. 16 S. 10 Nr. 71. Ziegelmeister nicht selbständiger Unternehmer, zu vgl. oben § 4.

Zigarrenfabrik, zu vgl. oben Sortiermeister in einer Zigarrenfabrik.

Zuschneider. Erster Zuschneider in einer Kleiderfabrik, der nicht nur nach vorhandenen Modellen zuschneidet (Schablonenzuschneider), sondern auch Modelle abändert und neue aufstellt sowie die von den Schneidern fertig gestellten Kleider nachprüft und abnimmt. E. v. 20. X. 15 — P 37/15 —, AVN. 16 S. 31 Nr. 81; Zuschneider, der Modellkostüme und Mäntel für Damen nach Maß kopiert, bis zu 14 Schneidergehilfen beaufsichtigt und bei den Anproben zugezogen wird, auch wenn er bei den Näharbeiten selbst mit Hand anlegt. E. v. 14. IV. 16 — P 156/15 —, AVN. 16 S. 198 Nr. 134; Zuschneider einer Damenmäntelfabrik, der an der Hand der vom Geschäftsinhaber entworfenen Zeichnungen und Skizzen Schnitte anfertigt und nach Grundmodellen zuschneidet. E. v. 19. V. 16 — P 121/15 —, AVN. 16 S. 263 Nr. 161; Zuschneider eines Uniformgeschäfts, welches teils nach Maß teils auf Massenfabrikation arbeitet, wenn sie mit dem Maßnehmen und selbständigen Zuschneiden nach den genommenen Maßen betraut sind, die Anprobe besorgen, über die Abnahmefähigkeit oder Verbesserungsbedürftigkeit der hergestellten Anzüge zu entscheiden und die von ihnen zugeschnittenen Röcke den Hausgewerbtreibenden abzunehmen, nachzuprüfen und die Abnahme zu bescheinigen haben. E. v. 16. VI. 16 — P 55/16 —, AVN. 16 S. 242 Nr. 156; Zuschneider in einem Maßgeschäft für feine Herrenwäsche, der für die Hemden Maß zu nehmen, sie nach eigenen Entwürfen oder nach Grundmodellen zuzuschneiden und die Anproben vorzunehmen hat. E. v. 14. II. 17 — P 248/16 —, AVN. 17 S. 106 Nr. 214. Vpfl. bejaht.

Dagegen sind Personen, die in einer Damenmäntelfabrik die fertig zugeschnittenen Teile an die ihnen zugeteilten Näherinnen unter Ausfüllung der Lohnbücher weitergeben und die von den Näherinnen zusammengenähten Teile zu fassonieren, dabei auf Einhaltung der Arbeitsordnung und Beseitigung von Fehlern zu sehen haben (sog. Zuschneider), für nicht versicherungspflichtig nach dem AVG. erklärt. E. v. 19. V. 16 — P 121/15 —, AVN. 16 S. 263 Nr. 161; ferner ist für nicht versicherungspflichtig erklärt die Zuschneiderin einer Schirmfabrik. Zu vgl. zu 3 unter Zuschneider.

Zuschneideschule zu vgl. oben Schneidermeisterin in einer Zuschneideschule.

Zuschneidekunst. Personen, welche in der Zuschneidekunst unterweisen, sind versicherungspflichtig. E. v. 26. X. 20 — P 193, 234/20 —, AVN. 21 S. 27 Nr. 449.

3. Die Versicherungspflicht nach § 1 Abs. 1 Nr. 2 AVG. ist von dem Oberschiedsgericht in folgenden Fällen verneint:

Aufseherinnen in einem städtischen Heim für verlassene Kinder, die unter der Leitung von Hauseltern die körperliche Pflege der Kinder besorgen und häusliche Arbeiten verrichten, auch wenn sie bei ihrer Tätigkeit erzieherisch auf die Kinder einwirken. E. v. 23. XI. 17 — P 318/16 —, AVN. 18 S. 96 Nr. 281; Hilfsaufseherin in einem Straf- und Polizeigefängnis. E. v. 5. IV. 18 — P 194/17 —, AVN. 18 S. 210 Nr. 300. Zu vgl. dagegen Stadtbezirksaufseher oben zu 2. Vpfl. verneint.

Badewärter, die in einem Sanatorium Wasser- und medizinische Bäder aller Art, insbesondere Licht- und Moorbäder vorzubereiten und zu verabfolgen,

Vpfl. verneint. die Massage zu besorgen, daneben aber das Publikum zu bedienen, Zellen und Badegäste zu reinigen und die sonst notwendigen niederen Dienste zu leisten haben, auch wenn sie als Heilgehilfen und Masseure staatlich geprüft sind. E. v. 9. VI. 16 — P 198/15 —, AVN. 16 S. 237 Nr. 153.

Bahnagenten einer Nebenhaltestelle mit geringem Personen und Güterverkehr, die in der Hauptsache mit körperlichen Verrichtungen (Instandhaltung der Baulichkeiten und Geräte, Heizung, Beleuchtung und dgl.) betraut sind, daneben den Personenverkehr und die Annahme und Abfertigung von Gütern zu besorgen haben haben, irgend welche Anordnungs- und Aufsichtsbefugnisse aber nicht besitzen. E. v. 9. V. 17 — P 324/16 —, AVN. 17 S. 242 Nr. 245.

Bergwerk-Förderaufseher in einem Steinkohlenbergwerke, der unter Aufsicht des Steigers und Obersteigers ein Bedienungspersonal von 34 Mann bei der Förderung zu beaufsichtigen hat, auch wenn er körperlich nicht mitarbeitet. E. v. 30. I. 17 — P 267/16 —, AVN. 17 S. 189 Nr. 223.

Bierfahrer, die außerhalb des Sitzes der Brauerei beschäftigt sind und denen neben Fütterung und Pflege der Pferde, Auf- und Abladen des Bieres, Abfahren des Bieres an die Kundschaft und anderen gewerblichen Verpflichtungen obliegt, Bestellungen und Zahlungen entgegenzunehmen, über letztere zu quittieren, ein Fahrbuch über das ausgefahrene Bier zu führen, die vereinnahmten Beträge in ein Kassabuch einzutragen und allmonatlich mit der Firma abzurechnen. E. v. 16. VI. 16 — P 81/16 —, AVN. 16 S. 245 Nr. 157. Wegen Versicherungspflicht von Bierverlegern als Handlungsgehilfen zu vgl. unten § 15 zu 2.

Brauerei-Kellermeister einer Bierbrauerei, der mit 30 bis 35 von ihm zu beaufsichtigenden Arbeitern unter Oberaufsicht des Brauführers und des Braumeisters das Reinigen von Fässern und Lagerräumen, das Abziehen, das Filtrieren und die Ausgabe des Bieres zu besorgen und den Bierausgang zu notieren hat. E. v. 30. I. 17 — P 306/16 —, AVN. 17 S. 188 Nr. 222. Zu vgl. über den Fall der Versicherungspflicht eines Kellermeisters in einer Großbrauerei oben zu 2 unter Brauerei-Kellermeister. Vpfl. verneint.

Futtermeister einer Brauerei, der unter der Oberleitung eines Betriebsinspektors eine große Zahl von Pferden zu warten und in erheblichem Umfang körperlich mitzuarbeiten, insbesondere die Fourage entgegenzunehmen, das Futter abzuwiegen und aus zugeben sowie erkrankte Pferde nach tierärztlicher Vorschrift zu behandeln hat, auch wenn er die ihm zur Hilfeleistung beigegebenen Personen zu überwachen hat. E. v. 14. II. 17 — P 246/16 —, AVN. 17 S. 196 Nr. 227. Wegen Versicherungspflicht von Braumeistern oben zu 2. Wegen Bierfahrer vorstehend unter Bierfahrer; wegen Brauerei Portier zu vgl. unten Portier.

Buchdrucker ei-Faktor, gegen Wochenlohn und vierzehntägige Kündigung angestellt, der unter der Oberleitung des fachkundigen Betriebsleiters oder dessen Stellvertreters die Arbeit an die Setzer verteilt und ihre ordnungsmäßige Ausführung überwacht und den größten Teil des Tages mit Setzen und Lesen von Korrekturen beschäftigt wird, E. v. 15. XI. 16 — P 79/16 —, AVN. 17 S. 74 Nr. 191; Korrektor einer Druckerei, der dem Faktor unterstellt ist und selbst keine Anordnungsbefugnisse gegenüber anderen im Druckereibetriebe beschäftigten Personen besitzt, auch wenn er gelegentlich fremdsprachige Korrekturen liest. E. v. 28. III. 16 — P 4/16 —, AVN. 16 S. 179 Nr. 124.

Büfettfräulein in einem Automatenrestaurant, die

Vpfl. verneint. Eßwaren und Getränke gegen Gutschein an die Abräumer und gegen Barzahlung an das Publikum abgeben und Geld umwechseln. E. v. 8. XII. 15 — P 130/15 —, AVN. 16 S. 36 Nr. 84. Dagegegen ist der Geschäftsführer eines Automatenrestaurants für versicherungspflichtig erklärt, zu vgl. oben zu 2 unter Geschäftsführer.

Choralist einer katholischen Kirche, der mit den übrigen Choralisten täglich bei der Messe den Choral zu singen, bei den Psalmen die lateinischen Texte zu rezitieren und an den Sonn- und Festtagen im Kirchenchor mitzusingen hat. E. v. 15. VI. 17 — P 258/16 —, AVN. 17 S. 262 Nr. 252; wegen Versicherungspflicht von Chormitgliedern vgl. oben zu 2 unter Chormitglieder eines Theaterunternehmens.

Einkassierer einer Krankenkasse, die Gelder und Schriftstücke abzutragen, die Beiträge von den Arbeitgebern gegen Aushändigung vorbereiteter Pauschalquittungen einzuziehen und auf Verlangen der Arbeitgeber die Zusammensetzung aus den mitgeführten Konten zu erläutern haben, auch wenn sie bei Gelegenheit bei Beitragseinziehung auf Befragen an der Hand der Kassensatzung Auskünfte über Versicherungspflicht, Beitragshöhe und ähnliches zu erteilen und An- und Abmeldungen entgegenzunehmen haben. E. v. 19. I. 17 — P 133/16 —, AVN. 1917 S. 95 Nr. 207; wegen Versicherungspflicht von Einkassierern eines Arbeiterverbandes vgl. oben zu 2; wegen Krankenbesucher und Ermittler vgl. oben zu 2 und unten zu Krankenbesucher; wegen Einkassierer eines größeren Theaters vgl. unten § 15 zu 2.

Einnehmer bei einer Versicherungsgesellschaft, die in der Hauptsache mit der Einziehung von Beiträgen, nebenher auch mit Werbetätigkeit für die Gesellschaft beschäftigt werden. E. v. 1. V. 15 — P 17/14 —, AVN. 15 S. 137 Nr. 33. Vpfl. verneint.

Empfangsfräulein bei einem Zahnarzt, deren Tätigkeit sich auf die üblichen Hilfeleistungen beschränkt, wie Empfang der Patienten, Staubwischen, Halten von Spülgläsern, Kopfhalten, Hämmern von Goldfüllungen, Zureichen und Reinigen der Instrumente, Abschreiben von Rechnungen, Bedienen des Fernsprechers. E. v. 11. IX. 15 — P 70/15 —, AVN. 15 S. 228 Nr. 63.

Expedientinnen (Kontrolleurinnen, Packerinnen) eines Warenhauses, welche lediglich die Aufgabe haben, die von der Kundschaft gekauften und zum Packtisch oder Expeditionsraum beförderten Waren nach Vergleich mit den Kassenzetteln oder Rechnungen einzupacken und der Kundschaft zu übergeben oder ihre Zusendung zu veranlassen. E. v. 3. XII. 15 — P 96/15 —, AVN. 16 S. 52 Nr. 88; Expedientinnen in einer Straußenfedernfabrik, die in der Hauptsache die aus der Fabrik kommenden Federn teils in Papierdüten teils in Versandkartons hineinlegen oder anheften und nur gelegentlich bei der Zusammenstellung der Kommissionen mitwirken. E. v. 18. XII. 15 — P 63/15 —, AVN. 16 S. 54 Nr. 90. Zu vgl. auch unter Kontrolleurinnen. Über Versicherungspflicht von Expedientinnen zu vgl. unten § 15 unter 2.

Fahrkartenausgeberinnen einer Hoch- und Untergrundbahn, die an den Schaltern der Haltestellen Fahrkarten verkaufen und über die verkauften Fahrkarten täglich und monatlich nach Vordrucken abrechnen. E. v. 12. X. 17 — P 91/17 —, AVN. 18 S. 63 Nr. 272.

Fahrmeister einer Straßenbahn, der die Wagenführer anzuleiten und auszubilden und nach Weisung des Betriebsingenieurs zu beaufsichtigen hat. E. v. 1. XII. 16 — P 165/16 —, AVN. 17 S. 83 Nr. 200.

Vpfl. verneint. Fahrscheinverkäuferin einer Flußdampfergesellschaft, welche Fahrkarten für Vergnügungsdampfer verkauft, Befugnisse in bezug auf Betriebsleitung, Aufsichtsführung oder Anordnungen sonstiger Art nicht besitzt und mit der Abrechnung der Fahrscheinkontrolle nichts zu tun hat. E. v. 22. IX 16 — P 121/16 —, AVN. 17 S. 6 Nr. 175.

Faktor einer Druckerei zu vgl. oben Buchdruckerei.

Farbenmischer. Ein in der Malerabteilung einer Linoleumfabrik Beschäftigter, der unter der Oberleitung eines Betriebsleiters und eines Ingenieurs 2 Maler und 1 Arbeiter beaufsichtigt und ein Materialverzeichnis führt, während des größten Teils des Tages aber körperlich arbeitet, indem er die Farben naeh den näheren Angaben des Betriebsleiters und des Ingenieurs mischt und auf ihre Mischkraft prüft. E. v. 15. XII. 16 — P 173/16 —, AVN. 17 S. 86 Nr. 202.

Fechtlehrer, der von einem Universitätsfechtmeister beschäftigt ist. E. v. 30. VI. 17 — P 296/16 —, AVN. 17 S. 276 Nr. 256.

Feldhüter und Polizeidiener einer Landgemeinde. E. v. 5. X. 17 — P 326/16 —, AVN. 18 S. 46 Nr. 269; dagegen Waldhüter zu vgl. oben zu 2.

Flaschner (Klempner), der in einer Spielwarenfabrik arbeitet und nur während 8 bis 10 Wochen des Jahres mit dem Entwerfen von Mustern und Schablonen beschäftigt wird. E. v. 17. V. 16 — P 131/15 —, AVN 16 S. 215 Nr. 140.

Förderaufseher zu vgl. oben Bergwerk.

Futtermeister zu vgl. oben Brauerei.

Gärtner, lediglich praktisch vorgebildet, der die ihm vom Obergärtner aufgetragenen Arbeiten unter die ihm beigegebenen Arbeiter zu verteilen und diese zu beaufsichtigen, sonst aber sowohl schwierigere gartentechnische Arbeiten selbst auszuführen als auch bei einfachen mitzuarbeiten hat. E. v. 17. XI. 16 — P 231/16 —, AVN. 1917 S. 76 Nr. 193. Vpfl. verneint.

Gefälleinnehmerinnen einer Stadt, die von ihrem nicht büromäßig ausgestatteten Dienstzimmer aus Pflasterzoll erheben, Bescheinigungen über die Ein- und Durchfuhr von Bier ausstellen und Marktgebühren vereinnahmen, ohne sonst mit einer Buch- oder Rechnungsführung betraut zu sein. E. v. 4. V. 21 — P 27/21.

Gefängnisaufseherin zu vgl. oben Aufseherinnen.

Hausfräulein, das im Haushalt der Dienstherrschaft keine Leitungs- und Anordnungsbefugnisse hat, vielmehr im wesentlichen mit Arbeiten eines Dienstboten befaßt ist, auch wenn es die Mahlzeiten am Tische der Dienstherrschaft einnimmt. E. v. 3. XII. 15 — P 97/15 —, AVN. 16 S. 30 Nr. 80.

Heilgehilfe und Badewärter zu vgl. oben unter Badewärter.

Herrschaftsköchin (Mamsell) auf einem Landgut, die unter der Oberleitung der Ehefrau des Dienstherrn sämtliche Mahlzeiten kocht und daneben Küchen- und niedere häusliche Dienste verrichtet, in Abwesenheit der Hausfrau die Arbeit der andern 4 Dienstmädchen einteilt und auch sonst beaufsichtigt. E. v. 26. II. 16 — P 148/15 —, AVN. 16 S. 159 Nr. 112.

Hilfsschutzleute im Außendienst. E. v. 25. VI. 19 — P 45/19 —, AVN. 19 S. 183 Nr. 358.

Hofmeister, der unter der Aufsicht und näheren Anweisung eines Inspektors landwirtschaftliche Arbeiter bei ihren Arbeiten überwacht, aber keine für den Betrieb wesentliche Anordnungs- und Leitungsbefugnis hat, auch wenn er regelmäßig selbst körperlich nicht mitarbeitet. E. v. 29. I. 16 P 170/15 —, AVN. 16 S. 141 Nr. 104.

Vpfl. verneint Hotelpförtner mit einem monatlichen Durchschnittseinkommen von 200 ℳ einschließlich freien Essens, der fremde Sprachen nicht beherrscht, die Hausdiener in bezug auf die Besorgung des Gepäcks mit Anweisung zu versehen und zu überwachen, den Gästen vertretungsweise Zimmer anzuweisen, das Fremdenbuch zu führen und den Gästen in üblicher Weise mit Rat und Auskunft an die Hand zu gehen hat. E. v. 14. IV. 16 — P 173/15 —, AVN. 16 S. 194 Nr. 132.

Kartenausgeberin einer Tropfsteinhöhle, die lediglich den Verkauf der Eintrittskarten und der Höhlenbeschreibungen zu feststehenden Preisen besorgt (Kassiererin). E. v. 26. V. 16 — P 28/16 —, AVN. 16 S. 224 Nr. 147.

Kartograph, der, ohne eigene schöpferische Tätigkeit auszuüben, mit Hilfe von Meßtischblättern Vorlagen in einem andern Maßstab überträgt und unter der fortgesetzten Leitung und Aufsicht des Direktors der Anstalt steht. E. v. 4. V. 18 — P. 32/18 —, AVN. 18 S. 218 Nr. 304.

Kassierer zu vgl. oben Einkassierer, Kartenausgeberin.

Kellermeister einer Bierbrauerei zu vgl. oben Brauerei.

Kellner. Oberkellner in einem Gasthof mit 14 Zimmern, der mit zwei Lehrlingen die Gäste zu bedienen und ihnen die Zimmer anzuweisen hat, auch wenn ihm gewisse schriftliche Arbeiten, wie z. B. das Ausstellen von Rechnungen und die Führung des Fremdenbuchs, obliegen. E. v. 24. XI. 15 — P 100/15 —, AVN. 16 S. 35 Nr. 83.

Kinderfräulein, Kindergärtnerin II. Klasse, die mit den ihr anvertrauten Kindern spazieren zu gehen, sie zu beaufsichtigen, mit ihnen zu spielen, das Kinderzimmer und ihr eigenes Zimmer zu reinigen hat. E. v. 16. VI. 16 — P 95/16 —, AVN. 16

S. 241 Nr. 155. Zu vgl. wegen Versicherungspflicht einer Kindergärtnerin I. Klasse oben zu 2. Vpfl. verneint.

Kinderheim. Aufseherinnnen zu vgl. oben unter Aufseherinnen.

Kinderpflegerinnen in einer Heilstätte, in der erholungsbedürftige Kinder während einiger Wochen Aufnahme finden. E. v. 18. III. 16 — P 114/15 —, AVN. 16 S. 167 Nr. 117.

Klavierspieler in einem Lichtspieltheater zu vgl. unten Rezitator.

Köchin zu vgl. oben Herrschaftsköchin.

Kontrolleur zu vgl. unten Stromkontrolleur einer Straßenbahn, Transformatoren-Kontrolleur.

Kontrolleurin, die zu prüfen hat, ob die aus einem Geschäft hinausgehenden Schneiderpakete mit dem richtigen Kontrollzeichen versehen sind, und die daneben das rechtzeitige Kommen und Gehen der Angestellten festzustellen hat. E. v. 3. IX. 15 — P 103/15 —, AVN. 15 S. 213 Nr. 60. Zu vgl. auch oben Expedientinnen.

Korrektor einer Druckerei zu vgl. oben unter Buchdruckerei.

Krankenbesucher einer Betriebskrankenkasse, der tatsächliche Feststellungen einfachster Art zu treffen und sie kurz in ein einfaches Formular einzutragen hat und daneben Botendienste und Abschreibarbeiten verrichtet. E. v. 18. IV. 17 — P 225/16 —, AVN. 17 S. 223 Nr. 238. Dagegen sind versicherungspflichtig Ermittler und solche Krankenbesucher, welche im wesentlichen Umfang auch als Ermittler tätig sind, zu vgl. oben zu 2 unter Krankenbesucher.

Krankenhaus-Lehrschwestern zu vgl. S. 54 unter Lehrschwestern.

Krüppelheim zu vgl. unten Schuhmacher zur Ausbildung der Pfleglinge im Schuhmachergewerbe.

Vpfl. verneint. Kulturaufseher, die unter Leitung von Technikern die Meliorationsarbeiten von Kleinakkordanten und deren Arbeitern beaufsichtigen. E. v. 27 X. 15 — P 71/15 —, AVN. 16 S. 14 Nr. 74.

Künstler, die als außerordentliche Lehrer an einer staatlichen Kunstschule angestellt sind, wenn ihre Lehrtätigkeit ihnen ausreichend Zeit zur freien künstlerischen Tätigkeit läßt und sie eine solche auch tatsächlich ausüben. E. v. 9. XII. 19 — P 97/19 —, AVN. 20 S. 31 Nr. 380.

Küster, der den Altar zum Gottesdienst herzurichten, dem Priester behilflich zu sein, Kirche und Sakristei zu reinigen und in Ordnung zu halten, die Kirchengeräte zu verwahren und rein zu halten, die Sonn- und Feiertage einzuläuten, bei Krankenversehgängen die Laterne zu tragen und hierbei ebenso wie bei Trauungen, Taufen und Beerdigungen dem Priester zu respondieren hat. E. v. 3. V. 16 — P 14/16 —, AVN. 16 S. 190 Nr. 130.

Landmessergehilfe ohne besondere Fachausbildung, der als Vorarbeiter oder Meßgruppenführer die gleiche körperliche Tätigkeit ausübt wie die anderen Arbeiter, in Abwesenheit des leitenden Landmessers oder Technikers die Aufsicht über eine Meßgruppe (3 bis 4 Mann) führt und gelegentlich schriftliche Arbeiten verrichtet, auch selbständig kleine Ausmessungen erledigt. E. v. 20. VI. 17 — P 63/17 —, AVN. 18 S. 42 Nr. 267. Zu vgl. dagegen wegen der Versicherungspflicht der Vermessungstechniker unten § 14 zu 2.

Lehrschwestern. Weibliche Personen, die zum Zwecke der Ausbildung in der Krankenpflege in einem Krankenhause beschäftigt werden (Lehrschwestern). E. v. 31. III. 17 — P 153/16 —, AVN. 17 S. 227 Nr. 241.

Leihhaus zu vgl. unten Pfändervermittler.

Lokomotivaufseher in einem Hüttenwerke, der unter Aufsicht eines Oberaufsehers und eines Maschinenmeisters ein Bedienungspersonal von etwa 20 Mann auf Schmalspurlokomotiven beaufsichtigt. E. v. 13. X. 20 — P 128/20 —, AVN. 21 S. 22 Nr. 444. Vpfl. verneint.

Lokomotivführer einer Hüttenbahn, der im Betriebe der Hütte die Geleise dieser Bahn befährt, in die Staatsbahnhöfe aber nur gelegentlich unter Führung eines streckenkundigen Bediensteten der Staatsbahn einfährt. E. v. 13. I. 21 — P 219/20.

Masseur und Badewärter zu vgl. oben Badewärter.

Meßgehilfe zu vgl. oben Landmessergehilfe.

Milchverkäuferinnen, die im Dienste einer gemeinnützigen, keine Erwerbszwecke verfolgenden Gesellschaft in einem Milchhäuschen Milch verkaufen und niedere Dienste (Reinigen der Verkaufsstände und Fußböden sowie des an das Häuschen grenzenden Straßenteils, Spülen der Milchkannen und Kochgefäße und dgl.) zu verrichten haben. E. v. 19. V. 16 — P 185/15—, AVN. 16 S. 220 Nr. 143.

Molker, der in einer kleinen Molkerei mit 20000 ℳ Jahresumsatz, in der täglich 500 Liter Milch verarbeitet werden, die mit der Herstellung der Butter und dem Versande zusammenhängenden Arbeiten ohne Hilfskräfte erledigt. E. v. 15. IX. 16 — P 30/16—, AVN. 16 S. 293 Nr. 170.

Monteur eines Eisenhüttenwerkes, der unter der Oberleitung eines Werkmeisters oder Ingenieurs bei der Aufstellung von Eisenkonstruktionen gegen Akkordlohn bei 14tägiger Kündigung ständig körperlich mitarbeitet, auch wenn er die ihm zugeteilten Hilfsarbeiter zu belehren und anzuleiten, ihr rechtzeitiges Kommen und Gehen zu überwachen, die Arbeiten unter sie zu verteilen, sie selbst anzunehmen und zu entlassen, die Befolgung der Haus- und

Vpfl. verneint. Arbeitsordnung zu überwachen hat und für die Einhaltung der gesetzlichen und polizeilichen Vorschriften verantwortlich ist. E. v. 15. IX. 16 — P 122/16—, AVN. 16 S. 290 Nr. 168; Obermonteure einer Fabrik für Zentralheizungen, die einer Montagegruppe von 3 bis 5 Arbeitern und Monteuren vorgesetzt sind, ihrerseits aber unter der fortdauernden Aufsicht des betriebsleitenden Ingenieurs und besonderer Montagemeister stehen und für den Ausfall der Arbeit nicht verantwortlich sind. E. v. 28. II. 17 — P 245/16—, AVN. 17 S. 207 Nr. 231; Monteur eines städtischen Elektrizitätswerkes, der unter einem Betriebsleiter hauptsächlich die im Außendienste vorkommenden Arbeiten (Montagen) in der Regel allein, erforderlichenfalls unter Mitwirkung anderer städtischer Arbeiter erledigt. Die Versicherungspflicht des Monteurs wird auch nicht begründet durch die mehrmonatige Vertretung des erkrankten Betriebsleiters und durch dessen Vertretung während seiner Einberufung zum Heeresdienst. E. v. 8. XI. 16 — P 5/16 —, AVN. 17 S. 57 Nr. 187; Monteur und Schachtmeister einer Fabrik für Gas-, Wasser- und Kanalisationsanlagen zu vgl. unten Schachtmeister.

Mustermacher einer Spielwarenfabrik zu vgl. oben Flaschner.

Oberkellner eines Gasthofs zu vgl. oben Kellner.

Oberwäscherin eines Universitätskrankenhauses, die unter Aufsicht des Verwaltungsinspektors den Betrieb des Waschhauses, der Plätt-, Roll- und Nähstube zu leiten, daneben aber körperlich mitzuarbeiten hat, auch wenn ihr mehrere Waschmädchen und Flickfrauen unterstellt sind. E. v. 11. XI. 20 — P 154/20 —, AVN. 21 S. 58 Nr. 458.

Ökonomiebaumeister in Bayern (Art Großknecht), der das Nebengut eines Ritterguts nicht selbständig, sondern unter der ständigen Leitung des in der Nähe wohnenden Verwalters des Hauptguts zu verwalten, 12 bis 18 Arbeiter zu beaufsichtigen und anzuleiten und erforderlichenfalls selbst körperlich mitzuarbeiten hat. E. v. 2. II. 17 — P. 240/16—, AVN. 17 S. 193 Nr. 225. Vpfl. verneint.

Packerinnen eines Warenhauses, einer Fabrik zu vgl oben Expedientinnen.

Patroneur einer Bandwirkerei, der vorübergehend Patronen nach fremden Entwürfen und nur ausnahmsweise solche nach Bleistiftskizzen oder eigenen Entwürfen anfertigt, Einfluß auf die Farbenstellung der Erzeugnisse nicht hat und Anordnungs- oder Aufsichtsbefugnisse gegenüber anderen im Betriebe beschäftigten Personen nicht besitzt. E. v. 18. X. 16 — P 157/16—, AVN. 17 S. 25 Nr. 178.

Pfändervermittler (Pfändersammler), der den Verkehr zwischen einem städtischen Leihhaus und dem Publikum vermittelt, eigene Geschäftsräume hat und die Gefahr bis zur Höhe der von ihm gewährten Vorschüsse trägt, lediglich auf die von den Verpfändern zu zahlenden Vergütungen angewiesen ist, auch andere Geschäfte nebenbei betreiben darf. Er gilt als selbständiger Unternehmer, auch wenn die Verwaltung des Leihamts Ordnungsstrafen gegen ihn verhängen, insbesondere ihm die Sammelstelle bei Ordnungswidrigkeiten sofort entziehen kann. E. v. 10. I. 17 — P 211/16—, AVN. 17 S. 91 Nr. 205.

Pförtner eines Hotels zu vgl. oben Hotelpförtner.

Photograph, der mit Hilfe eines ihm beigegebenen Arbeiters alle im Betriebe einer Schiffswerft und Maschinenfabrik erforderlichen photographischen Aufnahmen, Abzüge und Lichtpausen herstellt. E. v. 24. IV. 17 — P 34/17—, AVN. 17 S. 224 Nr. 239.

Vpfl. verneint. Poliere. Maurer- und Zimmerpoliere in kleineren Betrieben, die von dem Geschäftsinhaber oder dessen fachkundigen Angestellten fortlaufend angeleitet und überwacht werden und einen erheblichen Teil ihrer Arbeitszeit auf die körperliche Mitarbeit verwenden. E. v. 7. IV. 16 — P 139/15—, AVN. 16 S. 185 Nr. 127; Poliere auch in größeren Baubetrieben, wenn sie unter fortdauernder Anleitung und Überwachung des Geschäftsinhabers oder seiner fachkundigen Angestellten die Aufsicht führen und, wenn auch in geringerem Maße, körperlich mitarbeiten. E. v. 5. I. 17 — P 34/16 —, AVN. 17 S. 98 Nr. 209. Über Versicherungspflicht von Polieren zu vgl. oben zu 2 unter Polier.

Polizeidiener (Hilfspolizeidiener) und Feldhüter einer Landgemeinde. E. v. 5. X. 17 — P 326/16 —, AVN. 18 S. 46 Nr. 269.

Polizeigefängnis-Aufseherin (Hilfsaufseherin). E. v. 5. IV. 18 — P 194/17—, AVN. 18 S. 210 Nr. 300.

Polizeisergeant einer kleineren Gemeinde, der in der Hauptsache öffentliche Gelder einkassiert und daneben einfache polizeiliche Dienste (Überwachung der Polizeistunde, Überbringung von Vorladungen, einfache Ermittelungen) verrichtet. E. v. 22. XII. 16 — P 114/16 —, AVN 17 S. 90 Nr. 204.

Portiers einer Brauerei, welche die ein- und ausgehenden Personen und Fuhrwerke zu überwachen und über die Ladung der aus- und eingehenden Fuhrwerke sowie über die nach Büroschluß eingehenden telephonischen Bestellungen Aufzeichnungen zu machen haben. E. v. 19. I. 16 — P 137/15 —, AVN. 16 S. 71 Nr. 97.

Preßmeister in einer Hutfabrik, der den größten Teil des Tages mit der Durchsicht der von 15 bis 25 Arbeitern gepreßten Hüte beschäftigt ist und kleine Fehler selbst auszubessern hat, wenn er auch im übrigen die Befolgung der Arbeitsordnung zu überwachen hat. E. v. 22. VII. 15 — P 10/15 —, AVN. 15 S. 194 Nr. 54. Vpfl. verneint.

Pulveraufseher eines Bergwerkes, die mit der Beförderung sowie der Einnahme und Ausgabe von Sprengstoffen beauftragt sind. E. v. 22. XII. 20 — P 239/20 —, AVN. 21 S. 91 Nr. 470.

Rechercheur bei einer Versicherungsgesellschaft, der den Zweck unklarer Eingaben von Versicherten und die tatsächlichen Grundlagen von Inkassobeschwerden festzustellen hat und außerdem als Hilfskassenbote verwendet wird. E. v. 26. V. 16 — P 26/16—, AVN. 16 S. 226 Nr. 148. Zu vgl. dagegen Rechercheure eines Detektivinstituts oben zu 2.

Regleure, die in einer Uhrenfabrik die Uhren nachzuprüfen und zu regulieren haben. E. v. 30. V. 17 — P 261/16—, AVN. 18 S. 10 Nr. 266.

Rezitator und Klavierspieler in einem Lichtspieltheater, dem die Klavierbegleitung und das Ablesen oder Hersagen der von den Filmfabriken aufgestellten gedruckten Erklärungen obliegt. E. v. 29. XI. 16 — P 196/16—, AVN. 17 S. 179 Nr. 216.

Sanatoriums-Badewärter zu vgl. oben Badewärter.

Schachtmeister in einem Tiefbaugeschäft, auch wenn er Aufzeichnungen über die Arbeitszeit zu bewirken hat, in gewissem Umfang Arbeiter annehmen und entlassen darf, für den vorschriftsmäßigen Zustand der Baustelle verantwortlich ist und wegen der rechtzeitigen Ergänzung der Baustoffe dem Arbeitgeber Meldung zu machen hat. E. v. 14. IV. 16 — P 119/15—, AVN. 14 S. 192 Nr. 131; Schachtmeister einer Fabrik für Gas-, Wasser- und Kanalisationsanlagen, die 7 bis 9 Monate im Jahre als Monteure tätig sind und im übrigen bei Ausschachtungsarbeiten unter der ständigen Oberleitung eines Bauführers beschäftigt werden. E. v. 23. VI. 16 — P 115/15—, AVN. 16 S. 270 Nr. 164.

Vpfl. verneint. Schalterschreiber. Eine Person, die in einem Betriebe Materialien herauszugeben und nach Verarbeitung wieder in Empfang zu nehmen hat (Schalterschreiber), auch wenn sie die Anforderung und Ablieferung in die Lohnbücher der beteiligten Arbeiter einzutragen hat. E. v. 27. I. 21 — P 268/20.

Schuhmacher im Dienste eines Krüppelheims, der in der Hauptsache für den eigenen Bedarf der Anstalt arbeitet und daneben Pfleglinge als Lehrlinge im Schuhmachergewerbe ausbildet. E. v. 16. I. 17 — P 168/16—, AVN. 17 S. 184 Nr. 219.

Schutzmann zu vgl. oben Hilfsschutzleute.

Steinbruchs-Vorarbeiter, der unter der fortdauernden Anleitung eines über mehrere Grubenbetriebe der Firma gesetzten Grubenverwalters die Aufsicht über die ihm unterstellten 20 Arbeiter führt und körperlich mitarbeitet, insbesondere die erforderlichen Instandsetzungsarbeiten ausführt, den Kessel bedient und ein Schichten- und Versandbuch führt, auf die Aufsicht und auf die körperliche Mitarbeit etwa die gleiche Zeit verwendet und den gleichen Lohn bezieht wie die übrigen Arbeiter. E. v. 18. X. 16 — P 159/16—, AVN. 17 S. 24 Nr. 177.

Straßenbahn-Kontrolleur zu vgl. oben zu 2; Stromkontrolleur zu vgl. unten, Fahrmeister zu vgl. oben unter Fahrmeister.

Stromkontrolleur einer Straßenbahn, der die Wagenführer in der wirtschaftlichen Verwendung des Stromes zu überwachen hat. E. v. 1. XII. 16 — P 165/16—, AVN. 17 S. 83 Nr. 200.

Stuhlmeister zu vgl. unten Webmeister, sowie über Versicherungspflicht von Stuhlmeistern oben zu 2 unter Stuhlmeister.

Transformatoren-Kontrolleure einer Fabrik für elektrische Maschinen und Dampfturbinen, welche die Fertigstellung von Transformatoren zu verfolgen und mechanisch nachzuprüfen, etwaige Unstimmigkeiten dem zuständigen Meister zu melden und nach den Angaben des Prüfraums oder Konstruktionsbureaus Fehler zu beseitigen haben. E. v. 26. VI. 17 — P 332/16—, AVN. 17 S. 264 Nr. 253. Vpfl. verneint.

Turnlehrerin eines Turnvereins, selbst wenn sie nicht nur erwachsenen Personen, sondern auch schulpflichtigen Kindern Turnunterricht erteilt. E. v. 14. II. 17 — P 137/16—, AVN. 17 S. 194 Nr. 226.

Vorarbeiter eines Steinbruchs zu vgl. oben Steinbruch.

Wäger, der eine städtische Wage zu bedienen und die damit verbundenen schriftlichen Arbeiten zu erledigen hat. E. v. 19. V. 20 — P 31/20 —, AVN. 20 S. 212 Nr. 427.

Warenkontrolleur in einer Färberei, der die von den Kunden aufgelieferte Rohware nach Gewicht, Länge, zu erzielender Breite und Qualität mit den mitgegebenen Aufgaben zu vergleichen und etwaige Bedenken dem vorgesetzten Meister zur Entscheidung mitzuteilen hat und die von den Kunden zur vorläufigen Verwahrung übergegebene Rohware einlagert und überwacht. E. v. 13. V. 19 — P 39/19 —, AVN. 19 S. 81 Nr. 349.

Webmeister (sogenannter) in einer unter der unmittelbaren fachkundigen Leitung des Firmeninhabers stehenden Weberei, welcher die Stühle vorzurichten und fortlaufend auf ihre Betriebsfähigkeit zu überwachen, die Kette einzulegen, für die Abstellung eintretender Mängel zu sorgen sowie die Wechselräder einzustellen und nach Bedarf abzuändern hat, dagegen keinerlei Aufsichts- und Leitungsbefugnisse gegenüber den Webern besitzt, auch keine Verantwortung für den Ausfall der Arbeit trägt. E. v. 18. III. 16 — P 163/15—, AVN.

Vpfl. verneint. 16 S. 165 Nr. 116. Über Versicherungspflicht von Stuhlmeistern zu vgl. oben zu 2 unter Stuhlmeister.

Werkstattschreiber. Zu vgl. unten § 14 (Bureauangestellte).

Zahnarzt, Empfangsfräulein bei einem Zahnarzt, zu vgl. oben unter Empfangsfräulein.

Zahntechniker in einem kleineren Orte, der lediglich im Laboratorium nach den Anordnungen seines Arbeitgebers tätig ist und nur vereinzelt in Abwesenheit des Arbeitgebers in leichteren Fällen Zähne zieht, dagegen sonst mit der Behandlung, insbesondere mit dem Einsetzen von Gebissen, dem Abdrucknehmen usw. nichts zu tun hat. E. v. 25. X. 16 — P 24/16—, AVN. 17 S. 49 Nr. 181.

Zuckerkocher, der unter einem Siedemeister während der dreimonatigen Zuckerkampagne das Kochen der Füllmasse besorgt und dabei die ihm behilflichen Arbeiter beaufsichtigt, während des übrigen Teiles des Jahres aber wie ein Handarbeiter beschäftigt ist. E. v. 1. XII. 16 — P 106/16—, AVN. 17 S. 82 Nr. 199.

Zuschneider (sogenannter), der in einer Damenmäntelfabrik lediglich die zugeschnittenen Teile an die ihnen zugeteilten Näherinnen weiterzugeben und die von diesen zusammengenähten Teile zu fassonieren, dabei auf Einhaltung der Arbeitsordnung und Beseitigung von Fehlern zu sehen hat. E. v. 19. V. 16 — P 121/15 —, AVN. 16 S. 263 Nr. 161; Zuschneiderin einer Schirmfabrik, die nach vorliegenden Grundmodellen die ihr zugeteilten Stoffe zuzuschneiden und an Heimarbeiterinnen weiter zu geben, die fertige Arbeit abzunehmen und auf Richtigkeit und Fehlerlosigkeit zu prüfen hat, bei den notwendigen Änderungen und Näharbeiten mit Hand anlegt, im übrigen aber keine Anordnungs- und Aufsichtsbefugnisse besitzt. E. v. 18. III. 16 — P 159/15 —, AVN. 16 S. 171 Nr. 120. Wegen Versicherungspflicht der Zuschneider zu vgl. oben zu 2 unter Zuschneider. Vpfl. verneint.

§ 14.

Bureauangestellte.

1. Nach § 1 Abs. 1 Nr. 2 AVG. sind versicherungspflichtig:

„Bureauangestellte, soweit sie nicht mit niederen oder lediglich mechanischen Dienstleistungen beschäftigt werden, wenn diese Beschäftigung ihren Hauptberuf bildet."

Ein Bureauangestellter ist auch in der Zeit, in der er keine Bureaudienste leistet, aber im Einverständnis mit dem Arbeitgeber sich zu solchen bereit hält, versicherungspflichtig nach § 1 Abs. 1 Nr. 2 AVG. E. v. 1. XII. 20 — P 236/20 —, AVN. 21 S. 73 Nr. 464.

2. Das Oberschiedsgericht hat die Versicherungspflicht bejaht bei folgenden Personen:

Angestellter, der mit Abschreiben von Schriftstücken, aber auch regelmäßig — wenn auch täglich nur kurze Zeit — mit der Übertragung stenographischer Niederschriften in Hand- oder Maschinenschrift beschäftigt, gelegentlich auch selbst zur Aufnahme von Stenogrammen herangezogen wird. E. v. 20. II. 15 — P 38/14—, AVN. 15 S. 114 Nr. 30. Zu vgl. vereinzelte Aufnahmen von Stenogrammen unten zu 3. Vpfl. bejaht.

Angestellter im Eisenbahnverkehrsbüro, der mit Hilfe der Rechenmaschine Eintragungen in Listen zu bewirken und abgeschlossene Listen nachzuprüfen hat. E. v. 3. IX. 15 — P 56/15—, AVN. 15 S. 212 Nr. 59.

Angestellter einer Versicherungsgesellschaft, der die Akten aus den Aktenkästen der Gesellschaft gegen Niederlegung der mit Aktennummern

Vpfl. bejaht. versehenen Zettel herauszunehmen, die Nummern der Akten in Notizbücher einzutragen und demnächst die Akten gegen Entnahme der Zettel wieder einzufügen hat. E. v. 28. X. 14 — P 24/14—, AVN. 15 S. 20 Nr. 21.

Betriebsschreiber in einer staatlichen Munitionsfabrik. E. v. 10. II. 14 — P 11/15 —, AVN. 14 S. 100 Nr. 3.

Büroangestellter, der zum größeren Teil mit rein mechanischen Schreibarbeiten, zum kleineren Teil mit Registraturarbeiten beschäftigt wird. E. v. 16. VI. 14 — P 12/14—, AVN. 14 S. 232 Nr. 13.

Büroangestellte, die Stenogramme nach Diktat aufzunehmen und durch die Schreibmaschine zu übertragen hat, auch wenn diese Tätigkeit nur wöchentlich 2 Stunden umfaßt, während ihre übrigen Dienstleistungen mechanisch sind. E. v. 26. II. 16 — P 13/16—, AVN. 16 S. 161 Nr. 113.

Büroangestellte eines Rechtsanwalts, die täglich 1 bis 2 Stunden mit der Aufnahme von Stenogrammen nach Diktat und mit der Übertragung der Stenogramme auf die Schreibmaschine beschäftigt ist (Stenotypistin). E. v. 29. IV. 14 — P 10/14—, AVN. 14 S. 211 Nr. 9.

Büroangestellte, die neben mechanischen Schreibarbeiten nach kurzen Verfügungen Ausfertigungen herzustellen und die dafür bestimmten Vordrucke auszusuchen haben. E. v. 19. V. 15 — P 16/15—, AVN. 15 S. 156 Nr. 38.

Büroangestellte bei einer Eisenbahnverwaltung, gegen täglichen Entgelt beschäftigt, welche die Bremsberichte zu ordnen und auf Grund dieser Berichte die täglichen und monatlichen Zusammenstellungen anzufertigen hat. E. v. 28. X. 14 — P 23/14—, AVN. 15. S. 39 Nr. 24.

Büroangestellter eines Zeitungsredakteurs, der neben sonstiger Tätigkeit täglich etwa 4 bis

6 Stunden lang Sitzungen der Gerichte und anderer Behörden besucht, den Inhalt der Verhandlungen aufzeichnet und seinem Arbeitgeber über die Sitzungen mündlich berichtet. E. v. 20. II. 15—P 36/14—, AVN. 15 S. 113 Nr. 29. Vpfl. bejaht.

Ein zum Heeresdienst eingezogener Handlungsgehilfe, der während eines achtwöchigen Urlaubs als Büroangestellter beschäftigt worden ist. E. v. 19. VI. 18—P 64/18—, AVN. 18 S. 238 Nr. 313.

Bürogehilfe einer Handwerkskammer, der die Lehrlingsrolle zu führen, die Gesellen- und Meisterprüfungen büromäßig vorzubereiten und Auskunft über Lehrverträge und Prüfungen zu erteilen hat. E. v. 3. IX. 15 — P 13/15—, AVN. 15 S. 211 Nr. 58.

Bürogehilfin — und nach § 1 Abs. 1 Nr. 2 AVG. versichert — ist eine bei einer öffentlichen gemeinnützigen Sparkasse beschäftigte Person, die den Sparern das Sparbuch abzunehmen, das Konto aus dem nach Nummern geordneten Kassenschranke herauszusuchen und den vom Sparer genannten, einzuzahlenden oder auszuzahlenden Betrag mit Blei in die dafür vorgesehene Stelle des Sparbuchs einzutragen hat. E. v. 30. I. 17 — P 236/16 —, AVN. 18 S. 3 Nr. 260. Zu vgl. auch § 15 zu 3 unter Sparkasse.

Bürolehrlinge gehören zu den Büroangesteelten. E. v. 23. VI. 16 — P 187/15—, AVN. 16 S. 249 Nr. 159.

Hilfsschreiber in einem städtischen Steuerbüro, der mit Eintragungen in Listen und Registern, Anfertigung von Kontrollbogen, formularmäßiger Anfertigung von Steuerfestsetzungsbescheiden beschäftigt wird. E. v. 23. I. 15 — P 35/14—, AVN. 15 S. 52 Nr. 25; Hilfsschreiber bei einem preußischen Amtsgericht, der neben reinen Abschreibarbeiten nach Vorlage Vordrucke für Ladungen, Kostenfestsetzungen, Bewilligung des Armenrechts

Vpfl. bejaht. und dgl. in Urschrift ausfüllt sowie Ausfertigungen von Anerkenntnis- und Versäumnisurteilen herstellt. E. v. 24. XI. 15 — P 33/15—, AVN. 16 S. 49 Nr. 86.

Kanzleigehilfe bei einem Amtsgericht, der neben reinen Abschreibarbeiten Vordrucke in Urschrift und Abschrift auszufüllen und einfache Kostenrechnungen aufzustellen hat. E. v. 18. VI. 15 — P 51/15—, AVN. 15 S. 186 Nr. 46.

Maschinenschreiberin bei einer Steuerbehörde, die außer reinen Abschreibarbeiten Vordrucke auf Grund verschiedener Unterlagen auszufüllen und bei Bearbeitung der Kartothek durch Eintragung von Vermerken mitzuwirken hat. E. v. 24. IX. 15 — P 8/15—, AVN. 16 S. 4 Nr. 68.

Postaushelfer, der für den Groß-Berliner Vorortverkehr Briefsendungen zu sortieren hat, wozu die Kenntnis der Leitpostanstalten und Ortschaften der einzelnen Vorortsstrecken gehört. E. v. 9. VI. 16 — P 172/15—, AVN. 16 S. 236 Nr. 152.

Telephonistin, welche ihr diktierte Ferngespräche und ebenso von ihr nach schriftlichen Vorlagen weitergegebene in Listen einzutragen hat. E. v. 19. V. 15 — P 3/15—, AVN. 15 S. 206 Nr. 39. Zu vgl. auch Fernsprechgehilfin unten zu 3.

Vermessungstechniker, der nicht nur mit Meßarbeiten, sondern auch in dem Büro des Katastergeometers mit Flächenberechnungen, Anlegung von Verzeichnissen und Kopierung von Plänen und Handrissen beschäftigt wird. E. v. 9. XII. 20 — P 237/20 —, AVN. 21 S. 76 Nr. 466. Zu vgl. dagegen über die Nichtversicherungspflicht von Meßgehilfen oben § 13 zu 3 unter Landmessergehilfe.

Werkstattschreiberin, die Arbeiten verrichtet, wie sie sonst in Büros ausgeführt werden, sofern sie nicht mit niederen oder lediglich mechanischen

Dienstleistungen beschäftigt wird. E. v. 8. I. 20 — P 94/19—, AVN. 20 S. 59 Nr. 389. Dagegen ist nicht als Büroangestellter angesehen ein Werkstattschreiber, der lediglich zur Beihilfe für einen Werkmeister die Akkordkarten auszufüllen und Botengänge zu verrichten hat. E. v. 18. I. 19 — P 153/18—, AVN. 19 S. 53 Nr. 334. Vpfl. bejaht.

3. Das Oberschiedsgericht hat die Versicherungspflicht verneint bei folgenden Personen:

Büroangestellter, der Eintragungen aus Listen in Formulare wörtlich überträgt, die den gleichen Vordruck enthalten wie die Listen. E. v. 5. VII. 16 — P. 72/16—, AVN. 16 S. 290 Nr. 167. Vpfl. verneint.

Büroangestellte, die lediglich mechanische Schreibarbeiten verrichtet und nur ganz ausnahmsweise in vereinzelten Fällen nicht mechanische Arbeiten (z. B. Aufnahme und Übertragung von Stenogrammen) ausführt. E. v. 3. V. 16 — P 43/16—, AVN. 16 S. 213 Nr. 138.

Büroangestellter, der in der Hauptsache mit niederen Diensten, daneben aber mit schriftlichen Arbeiten nicht lediglich mechanischer Art beschäftigt ist. E. v. 10. XI. 16 — P 235/16 —, AVN. 17 S. 59 Nr. 188.

Büroangestellte einer Gewerkschaft, die mit Vorarbeiten für die Registratur, nämlich mit dem Sortieren der eingehenden Unterstützungsbelege nach äußeren Merkmalen (Alphabet und Papierart) beschäftigt wird. E. v. 25. X. 16 — P 63/16—, AVN. 17 S. 27 Nr. 180.

Fernsprechgehilfinnen, die im wesentlichen nur Anschlüsse herzustellen, schriftliche Arbeiten aber abgesehen von der Führung eines Abrechnungsbuchs über Ferngespräche nicht zu verrichten haben. E. v. 15. III. 18 — P 9/18—, AVN. 18 S. 206 Nr. 297. Zu vgl. bezüglich Versicherungspflicht von Fernsprechgehilfinnen oben § 13 zu 2.

Vpfl. verneint. Gefälleinnehmerinnen einer Stadt, die von ihrem nicht büromäßig ausgestatteten Dienstzimmer aus Pflasterzoll erheben, Bescheinigungen über Ein- und Ausfuhr von Bier ausstellen und Marktgebühren vereinahmen, ohne sonst mit einer Buch- oder Rechnungsführung betraut zu sein. E. v. 4. V. 21 — P. 27/21.

Haustochter, die täglich 2 Stunden Büroarbeiten verrichtet, im übrigen sich im Haushalt ihrer Eltern betätigt (weil nicht im Hauptberufe beschäftigt). E. v. 13. X. 16 — P 115/16—, AVN. 17 S. 54 Nr. 185.

Kartographenlehrlinge, die im hydro-kartographischen Zeichnen ausgebildet werden. E. v. 25. V. 18 — P 31/18—, AVN. 18 S. 235 Nr. 311.

Schalterschreiber, der in einem Betriebe Materialien herauszugeben und nach Verarbeitung wieder in Empfang zu nehmen hat, auch wenn er die Anforderung und Ablieferung in die Lohnbücher der beteiligten Arbeiter einzutragen hat. E. v. 27. I. 21 — P 268/20.

Wäger, der eine städtische Wage zu bedienen und die hiermit verbundenen schriftlichen Arbeiten zu erledigen hat. E. v. 19. V. 20 — P 31/20 —, AVN. 20 S. 212 Nr. 427.

Werkstattschreiber, der lediglich Akkordkarten auszufüllen hat, im übrigen aber Botendienste verrichtet. Zu vgl. oben zu 2 Werkstattschreiberin.

§ 15.

Handlungsgehilfen.

1. Nach § 1 Abs. 1 Nr. 3 AVG. unterliegen der Versicherungspflicht: „Handlungsgehilfen und Gehilfen in Apotheken“. Handlungsgehilfen sind nach § 59 des HGB. vom 10. Mai 1897 (RGBl. S. 219) Personen, „die in einem Handelsgewerbe zur Leistung

kaufmännischer Dienste angestellt" sind. Hiernach gehören nicht zu den Handlungsgehilfen

a) die bei den gewerblich-technischen Aufgaben des Betriebs mitwirkenden Arbeitskräfte;

b) die in gesindeähnlicher Stellung beschäftigten Hilfspersonen.

2. Das Oberschiedsgericht hat die Versicherungspflicht nach § 1 Abs. 1 Nr. 3 AVG. in folgenden Fällen bejaht bei:

Bierverleger einer Brauerei, die das Bier in der Regel durch ihre Knechte den Kunden zufahren lassen, selbst aber in der Hauptsache den kaufmännischen Teil des Geschäfts erledigen, insbesondere Bestellungen und Zahlungen der Kundschaft entgegennehmen und monatlich mit der Brauerei abrechnen. E. v. 27. X. 16 — P 175/15—, AVN. 17 S. 56 Nr. 186. Vpfl. bejaht.

Buchführer. Kolonialwarenhändler, der täglich etwa zwei Stunden für eine kaufmännische Firma gegen eine monatliche Vergütung von 60 M. Buchführungsarbeiten ausführt. E. v. 29. XI. 16 — P 254/15—, AVN. 17 S. 178 Nr. 215.

Direktrice, die Roben und andere Konfektionswaren nach ihrer Fertigstellung auf fehlerhafte Stellen durchsieht, an der Hand eines sogenannten Legerinnenbuchs nach den einzelnen Kommissionen in Kartons zusammenlegt und darüber auf der Rückseite der Kartons und im Legerinnenbuche Notizen macht. E. v. 19. II. 16 — P 125/15—, AVN. 16 S. 149 Nr. 109.

Expedientin in einem Versandhause, die an der Hand von Bestellzetteln die Waren aus dem Lager herauszusuchen, die vorrätigen Waren auf einem Zettel zu vermerken und die Preise mit der Preisliste zu vergleichen hat, auch wenn ihre Arbeit von einer anderen Angestellten nachgeprüft wird. E. v. 15. XII. 16 — P 88/16—, AVN. 17 S. 97 Nr. 208.

Vpfl. bejaht. Expedient, der als Wiegemeister im Betriebe eines Handelsgewerbes neben dem Abwiegen auch Listen und Bücher zu führen hat, wozu es einer gewissen kaufmännischen Vorbildung bedarf. E. v. 3. II. 21 — P 270/20.

Fakturistin eines kaufmännischen Geschäfts, welche Rechnungsvordrucke mit der ihr angesagten Art, der Nummer und den Preisen der zu versendenden Ware ausfüllt und den Rechnungen kurze Erläuterungen nach Diktat beifügt. E. v. 3. V. 16 — P 12/16—, AVN. 16 S. 210 Nr. 136.

Gas- und Wasserwerks-Angestellter. Angestellter eines städtischen Gas- und Wasserwerkes, das mit der Absicht auf Gewinnerzielung betrieben wird, sofern er in dem Betriebe in der Hauptsache kaufmännische Arbeiten zu verrichten hat. E. v. 18. III. 16 — P 196/15 —, AVN. 16 S. 170 Nr. 119.

Genossensshaftsangestellte zu vgl. unten Verkäuferinnen.

Inspektor einer Versicherungsgesellschaft zu vgl. unten Versicherungsinspektor.

Kassierer eines größeren Theaterunternehmens, der Eintrittskarten zu verkaufen und dabei dem Publikum über die Art der Plätze und die Höhe der Preise Auskunft zu geben hat. E. v. 5. V. 17 — P 338/16 —, AVN. 17 S. 231 Nr. 243.

Konsumvereins-Verkäuferinnen zu vgl. unten Verkäuferinnen.

Kontrolleurin (Packerin) eines Warenhauses, die neben der eigentlichen Paketkontrolle die Verkaufszettel rechnerisch auf ihre Richtigkeit nachzuprüfen hat. E. v. 7. X. 20 — P 144/20 —, AVN. 21 S. 21 Nr. 443.

Lageristin in einer Wäschefabrik, welche die fertige Plättwäsche vor dem Einräumen in das Lager besichtigt und säubert, ein Lagerbuch führt und die Wäsche zu den bestellten Sendungen zusammenstellt, außerdem auch Rechnungen ausschreibt. Vpfl. bejaht. E. v. 19. V. 16 — P 171/15 —, AVN. 16 S. 223 Nr. 146.

Mustersendungen zu vgl. unten Zusammenstellung von Mustersendungen.

Packerin zu vgl. oben Kontrolleurin.

Propagandistin in einer Malzkaffeefabrik, die zwar nicht unmittelbar bei dem Absatz der Ware an die Kleinhändler mitzuwirken, aber von Haus zu Haus an die Verbraucher Kostproben und gedruckte Anpreisungen der Ware zu verteilen, hierbei über die Zubereitung und die in Betracht kommenden Verkaufsstellen Auskunft zu geben sowie bei den zu Werbezwecken veranstalteten Kostproben beim Zubereiten und Verteilen des Kaffees mitzuwirken hat. E. v. 27. X. 16 — P 100/16 —, AVN. 17 S. 52 Nr. 183.

Verkäuferinnen in einem Bäckerladen, die überwiegend mit dem Bedienen der Kundschaft, daneben mit gewerblichen Arbeiten und Gesindediensten beschäftigt werden. E. v. 21. IV. 15 — P 1/15 —, AVN. 15 S. 134 Nr. 31; Verkäuferinnen in einem Schlächterladen, die neben ihrer hauptsächlich in die Abendstunden fallenden Verkaufstätigkeit zugleich der Vorbereitung des Verkaufs dienende Arbeiten, wie Reinigen des Ladens und der Maschinen, Schneiden der Fleischwaren auf Vorrat und dgl. verrichten. E. v. 24. IX. 15 — P 72/15 —, AVN. 15 S. 233 Nr. 66; Verkäuferinnen eingetragener Erwerbs- und Wirtschaftsgenossenschaften (z. B. Konsumvereinen), die gegen Entgelt kaufmännische Dienste verrichten*). E. v. 30. III. 18 — P 89, 90/17 —, AVN. 18 S. 221 Nr. 306. Dies gilt jedoch nicht für Angestellte nicht eingetragener Vereine, welche die Förderung der

*) Der entgegenstehende Grundsatz Nr. 42, AVN. 15 S. 176 ist aufgegeben.

Vpfl. verneint. Bankkontrolleur einer Genossenschaftsbank. E. v. 5. VI. 15 — P 12/15 —, AVN. 15 S. 176 Nr. 42.

Einnehmer bei einer Versicherungsgesellschaft, die in der Hauptsache mit der Einziehung von Beiträgen, nebenher auch mit Werbetätigkeit für die Gesellschaft beschäftigt werden. E. v. 1. V. 15 — P 17/14 —, AVN. 15 S. 137 Nr. 33.

Expedientinnen eines Warenhauses, welche lediglich die Aufgabe haben, die von der Kundschaft gekauften und zum Packtisch oder Expeditionsraum beförderten Waren nach Vergleich mit den Kassenzetteln oder Rechnungen einzupacken und der Kundschaft zu übergeben oder ihre Zusendung zu veranlassen. E. v. 3. XII. 15 — P 96/15 —, AVN. 16 S. 52 Nr. 88. Wegen Expedientinnen einer Straußenfederfabrik zu vgl. § 13 unter 3. Über Versicherungspflicht der Expedientin eines Versandhauses zu vgl. oben zu 2.

Generalagent zu vgl. oben unter Agent.

Genossenschaftsbank-Kontrolleur. E. v. 5. VI. 15 — P 12/15 —, AVN. 15 S. 176 Nr. 42.

Kassierer zu vgl. oben unter Einnehmer.

Kontrolleurinnen (Expedientinnen) eines Warenhauses zu vgl. oben unter Expedientinnen; Expedientin einer Fabrik zu vgl. § 13 unter Nr. 3; Kontrolleur einer Genossenschaftsbank zu vgl. oben unter Bankkontrolleur; Kontrolleurin, die nur zu prüfen hat, ob die aus einem Geschäft hinausgehenden Schneiderpakete mit dem richtigen Kontrollzeichen versehen sind, und die daneben das rechtzeitige Kommen und Gehen der Angestellten festzustellen hat. E. v. 3. IX. 15 — P 103/15 —, AVN. 15 S. 213 Nr. 60.

Packerinnen zu vgl. oben Expedientinnen.

Prokurist. Der stille Gesellschafter einer offenen Handelsgesellschaft, dem Prokura erteilt worden ist, wird dadurch nicht notwendig Angestellter der Gesellschaft. E. v. 19. I. 18 — P 173/17 —, AVN. 18 S. 191 Nr. 292. Vpfl. verneint.

Sparkasse. Eine bei einer öffentlichen, gemeinnützigen Sparkasse beschäftigte Person, die den Sparern das Sparbuch abzunehmen, das Konto aus dem nach Nummern geordneten Kartenschranke herauszusuchen und den vom Sparer genannten, einzuzahlenden oder auszuzahlenden Betrag mit Blei in die dafür vorgesehene Stelle des Sparbuchs einzutragen hat, ist nicht Handlungsgehilfin, sondern Bürogehilfin. Zu vgl. oben § 14 zu 2. E. v. 30. I. 17 — P 236/16 —, AVN. 18 S. 3 Nr. 260.

Stiller Gesellschafter als Prokurist zu vgl. oben Prokurist.

Verkäuferinnen, die im Dienste einer gemeinnützigen, keine Erwerbszwecke verfolgenden Gesellschaft in einem Milchhäuschen Milch verkaufen und niedere Dienste (Reinigen der Verkaufsstände und Fußböden sowie der an das Häuschen grenzenden Straßenteile, Spülen von Milchkannen und dgl.) zu verrichten haben. E. v. 19. V. 16 — P 185/15 —, AVN. 16 S. 220 Nr. 143. Im übrigen zu vgl. oben unter Verkäuferinnen.

Verkäufer von Zeitungen, der am Bahnhof lediglich Zeitungen und andere Druckschriften an den Zügen für fest bestimmte Preise verkauft und täglich darüber abrechnet. E. v. 13. IV. 18 — P 207/17 —, AVN. 18 S. 215 Nr. 302.

Wäger, der eine städtische Wage zu bedienen und die damit verbundenen schriftlichen Arbeiten zu erledigen hat. E. v. 19. V. 20 — P 31/20 —, AVN. 20 S. 212 Nr. 427.

Zeitungsverkäufer zu vergl. vorstehend Verkäufer von Zeitungen.

§ 16.

Bühnen- und Orchestermitglieder.

1. Nach § 1 Abs. 1 Nr. 4 AVG. sind versicherungspflichtig: „Bühnen- und Orchestermitglieder ohne Rücksicht auf den Kunstwert der Leistungen."

a) Bühnenmitglieder sind namentlich die an Bühnen mitwirkenden Schauspieler, Sänger, Regisseure, Choristen, Tänzer usw. Da es auf den Kunstwert der Leistungen — sowohl des einzelnen wie der Bühne — nicht ankommt, so ist die Versicherungspflicht auch dann gegeben, wenn ein höheres Kunstinteresse (zu vgl. §§ 32, 33a, 33b, 55 Ziff. 4 Gewerbeordnung) nicht vorliegt, wie z. B. bei einem Varieté, Kabarett, Zirkus. Damit sind auch minder gelohnte Bühnenangestellte in die Angestelltenversicherung einbezogen.

b) Orchester setzt begrifflich voraus, daß eine Anzahl von Musikern einem Dirigenten oder sonstigen Unternehmer derartig untergeordnet ist, daß sie als dessen Angestellte und nicht als Mitunternehmer anzusehen sind. Auch hier ist der Kunstwert der Leistungen nicht von entscheidender Bedeutung, so daß auch Orchester in Caféhäusern, Hotels usw. unter die Vorschrift des § 1 Abs. 1 Nr. 4 AVG. fallen.

2. Das Oberschiedsgericht hat hinsichtlich der genannten Personengruppen folgende Entscheidungen getroffen:

a) Bühnenmitglieder. Ein Pianist, der gegen Vergütung Vorführungen eines Lichtspieltheaters begleitet, ist nicht Bühnenmitglied im Sinne des § 1 Abs. 1 Nr. 4 AVG. E. v. 17. XI. 16 — P 221 —, AVN. 17 S. 77 Nr. 194.

Ein Rezitator und Klavierspieler in einem Lichtspieltheater, dem die Klavierbegleitung und das Ablesen oder Hersagen der von den Filmfabriken aufgestellten gedruckten Erklärungen obliegt, ist nicht versicherungspflichtig nach § 1 Abs. 1 Nr. 2 und 4 AVG. E. v. 29. XI. 16 — P 196/16 —, AVN. 17 S. 179 Nr. 216.

Ein Artist, der von Spezialitätentheatern für kürzere Zeiträume zur Darbietung einer bestimmten Vorführung angenommen wird, ist als selbständiger Unternehmer nicht versicherungspflichtig nach dem AVG. E. v. 9. XI. 17 — P 127/17 —, AVN. 18 S. 90 Nr. 278. Zu vgl. auch oben § 4.

Mitglieder einer geschlossenen Artistentruppe, die in einem Varieté-Theaterunternehmen auf Grund eines einheitlichen Vertrags gegen eine Gesamtvergütung Vorstellungen veranstaltet, sind nicht als Angestellte des Varieté-Theaterunternehmens anzusehen. E. v. 19. I. 18 — P 196/17 —, AVN. 18 S. 193 Nr. 293.

b) Orchestermitglieder. Für den Begriff Orchester genügt das Zusammenspiel von mindestens drei Musikern, die sich bei ihren Darbietungen in musikalischer Hinsicht dem Willen eines einzelnen unterordnen. Dabei ist es nicht ausgeschlossen, daß der Leiter in einzelnen Stücken eine Stimme (z. B. die erste Geige) mitspielt, die aber bereits im Orchester vertreten sein muß. (Es muß mithin in dem Beispiel noch mindestens eine erste Geige in dem Orchester selbst vorhanden sein.) E. v. 17. V. 16 — P 153/15 —, AVN. 16 S. 214 Nr. 139. Die Versicherungspflicht nach § 1 Abs. 1 Nr. 4 AVG. umfaßt auch Mitglieder von Orchestern, die bei Vorstellungen in Lichtspieltheatern mitwirken. E. v. 20. X. 15 — P 22/15 —, AVN. 16 S. 12 Nr. 72.

Arbeitgeber der Mitglieder eines Orchesters das in einer Gastwirtschaft Musikvorträge veranstaltet, ist — sofern nicht besondere Umstände eine abweichende Beurteilung rechtfertigen — nicht der Kapellmeister, sondern der Wirt auch dann, wenn nur zwischen diesem und dem Kapellmeister ein Vertrag besteht, der Kapellmeister ohne Mitwirkung des Wirtes über die Annahme und Entlassung der Musiker befindet und die einzelnen Musiker aus der vereinbarten Gesamtvergütung entlohnt. E. v. 23. VI. 16 — P 2/16 —, AVN. 16 S. 246 Nr. 158. Aus gleichen Erwägungen gilt als Arbeitgeber eines für die Sommerzeit in einem Badeorte zusammengestellten, an bestimmte Spielzeiten gebundenen Orchesters in der Regel — d. h. sofern nicht besondere Umstände eine Ausnahme bedingen — die Badeverwaltung, auch wenn der Vertrag allein zwischen dieser und dem Kapellmeister geschlossen ist und der letztere in der Auswahl, Annahme und Entlassung der Musiker freie Hand behält und eine Gesamtvergütung bezieht, aus der er die Vergütungen der einzelnen Musiker zu decken hat. E. v. 30. VI. 16 — P 93/16 —, AVN. 16 S. 261 Nr. 16.

§ 17.

Lehrer und Erzieher.

1. Nach § 1 Abs. 1 Nr. 5 AVG. sind versicherungspflichtig: „Lehrer und Erzieher."

a) Lehrer sind Personen, welche einen der geistigen Entwickelung auf dem Gebiete der Wissenschaft oder der schönen Künste dienenden Unterricht erteilen.

b) Erzieher sind Personen, deren Tätigkeit auf die Ausbildung des Charakters und Gemüts gerichtet ist.

Die Tätigkeit der Lehrer und Erzieher ist im allgemeinen eine höhere, mehr geistige Arbeit, die ein gewisses Maß von Bildung und Kenntnissen voraussetzt.

Bei dem Unterweisen in körperlichen Übungen und Fertigkeiten (Turnen, Schwimmen, Reiten, Fechten, Schneidern, Kochen und sonstigen Handarbeiten) ist das Entscheidende, ob hierbei der Erziehungszweck oder der gewerbliche Zweck in den Vordergrund tritt (zu vgl. auch § 35 der Gewerbeordnung).

Als Lehrer unterliegen auch solche Personen der Versicherungspflicht, welche bei wechselnden Auftraggebern gegen Entgelt unterrichten (Stundengeber), dagegen nicht Inhaber von Lehranstalten.

Für die Frage der Versicherungspflicht ist es unerheblich, ob die Tätigkeit als Lehrer den Hauptberuf des Lehrers oder Erziehers bildet.

2. Lehrer.

a) Das Oberschiedsgericht hat die Versicherungspflicht bei folgenden Personen bejaht:

Gesanglehrer an Lehranstalten, auch wenn diese Beschäftigung nicht ihren Hauptberuf bildet und sie aus sonstiger, nicht versicherungspflichtiger Tätigkeit (z. B. Leitung eines Konservatoriums) ein höheres Einkommen beziehen. E. v. 1. V. 15 — P 59/15 —, AVN. 15 S. 135 Nr. 32. **Vpfl. bejaht.**

Handwerksmeister, die an städtischen Fortbildungs- und Fachschulen in Fachklassen Unterricht in den von ihnen ausgeführten Handwerken erteilen. E. v. 4. VII. 17 — P 94/17 —, AVN. 17 S. 278 Nr. 258.

Industrielehrerin (Handarbeitslehrerin), die in ihrer Wohnung jungen Mädchen gegen Entgelt gemeinsamen Unterricht erteilt und sie dabei je nach dem Stande ihrer Vorkenntnisse und Fertigkeiten in verschiedenen Arbeiten unterrichtet. Dabei ist ausgeführt, daß diese Lehrerin nicht Inhaberin einer Lehranstalt ist. E. v. 22. VII. 15 — P 73/15 —, AVN. 15 S. 195 Nr. 55.

Vpfl. bejaht. Lithograph. Eine mit Erteilung von Zeichenunterricht an einer städtischen Fortbildungsschule beschäftigte Person (Lithograph), auch wenn sie zum Lehrberuf nicht vorgebildet ist. E. v. 28. II. 17 — P 277/16 —, AVN. 17 S. 200 Nr. 238.

Näherin, die von der Gemeinde mit Zustimmung der Schulbehörde zur Erteilung des lehrplanmäßigen Handarbeitsunterrichts in der Volksschule angestellt ist, auch wenn sie eine durch eine Prüfung abgeschlossene Vorbildung nicht genossen hat. E. v. 11. IX. 15 — P 23/15 —, AVN. 15 S. 229 Nr. 64.

Privatlehrer, die — ohne Inhaber einer Lehranstalt zu sein — in ihrer Wohnung gegen Entgelt Privatunterricht erteilen. E. v. 18. VI. 15 — P 44/15 —, AVN. 15 S. 187 Nr. 47.

Schneidermeisterin, die in einer Zuschneideschule unter der Oberleitung der Inhaberin der Schule etwa 30 Schülerinnen im Zuschneiden von Damen- und Kindergarderobe unterweist und für die von ihnen abzulegenden Prüfungen in Buchführung, im Lohn- und Krankenkassenwesen und in den einschlägigen Zweigen der Rechtskunde vorbereitet. E. v. 26. V. 16 — P 40/16 —, AVN. 16 S. 234 Nr. 150.

b) Das Oberschiedsgericht hat die Versicherungspflicht verneint bei:

Vpfl. verneint. einem Fechtlehrer, der von einem Universitätsfechtmeister beschäftigt wird. E. v. 30. VI. 17 — P 296/16 —, AVN. 17 S. 276 Nr. 256;

einem Künstler, der als außerordentlicher Lehrer an einer staatlichen Kunstschule angestellt ist, wenn seine Lehrtätigkeit ihm ausreichend Zeit zu freier künstlerischer Tätigkeit läßt und er eine solche auch tatsächlich ausübt. E. v. 9. XII. 19 — P 97/19 —, AVN. 20 S. 31 Nr. 380;

einem Schuhmacher, der im Dienste eines Krüppelheims in der Hauptsache für den eigenen Bedarf der Anstalt arbeitet und daneben Pfleglinge als Lehrlinge im Schuhmachergewerbe ausbildet. E. v. 16. I. 17 — P 168/16 —, AVN. 17 S. 184 Nr. 219; Vpfl. verneint.

der Turnlehrerin eines Turnvereins, selbst wenn sie nicht nur erwachsenen Personen, sondern auch schulpflichtigen Kindern Turnunterricht erteilt. E. v. 14. II. 17 — P 137/16 —, AVN. 17 S. 194 Nr. 226.

3. Erzieher.

a) Das Oberschiedsgericht hat die Versicherungspflicht nach dem AVG. bejaht bei:

Erziehungsgehilfinnen eines Frauenheims für verwahrloste schulentlassene weibliche Personen, die unter der Aufsicht und nach den Anweisungen des Anstaltsleiters und der ihm beigegebenen Schwestern je eine Arbeitsgruppe von 15 bis 20 Mädchen bei der Arbeit zu beaufsichtigen und anzuleiten haben, selbst mitarbeiten und erzieherisch einwirken. E. v. 26. I. 18 — P 176/17 —, AVN. 18 S. 199 Nr. 294. Vpfl. bejaht

Kinderfräulein, auf einer höheren Töchterschule vorgebildet und als Kindergärtnerin I. Klasse geprüft, das die ihr anvertrauten Kinder nicht nur zu beaufsichtigen und zu pflegen, sondern auch bei ihren Schularbeiten anzuleiten hat. auch wenn sie das Kinderzimmer und ihr eigenes Zimmer aufzuräumen und die Kleider der Kinder in Ordnung zu halten hat. E. v. 23. II. 17 — P 255/16 —, AVN. 17 S. 246 Nr. 246.

einer Schwester an einer Kleinkinderschule, welche die Kinder beaufsichtigt, ihnen Geschichten erzählt und sie Gedichtchen lehrt. E. v. 18. VI. 16 — P 34/15 —, AVN. 15 S. 179 Nr. 44.

b) Das Oberschiedsgericht hat die Versicherungspflicht nach dem AVG. verneint bei:

Aufseherinnen in einem städtischen Heim für verlassene Kinder, die unter der Leitung von Hauseltern die körperliche Pflege der Kinder besorgen und häusliche Arbeiten verrichten, auch wenn sie bei ihrer Tätigkeit erzieherisch auf die Kinder einwirken. E. v. 23. XI. 17 — P 318/16 —, AVN. 18 S. 96 Nr. 281.

§ 18.

Kapitäne und Angestellte aus der Schiffsbesatzung.

1. Nach § 1 Abs. 1 Nr. 6 AVG. unterliegen der Versicherungspflicht nach dem AVG.:

„aus der Schiffsbesatzung deutscher Seefahrzeuge und aus der Besatzung von Fahrzeugen der Binnenschiffahrt Kapitäne, Offiziere des Decks- und Maschinendienstes, Verwalter- und Verwaltungsassistenten sowie die in einer ähnlich gehobenen oder höheren Stellung befindlichen Angestellten ohne Rücksicht auf ihre Vorbildung, sämtlich, wenn diese Beschäftigung ihren Hauptberuf bildet."

Dabei ist weiter bestimmt, daß als deutsches Fahrzeug jedes Fahrzeug gilt, „das unter deutscher Flagge fährt und ausschließlich oder vorzugsweise zur Seefahrt benutzt wird."*) § 1 Abs. 2 AVG.

a) Kapitän ist der Führer des Schiffes,

b) Schiffsoffiziere sind die zur Unterstützung des Kapitäns in der Führung des Schiffes bestellten Angestellten, welche zur Ausübung ihres Dienstes

---

*) Zu vergl. ferner VO über Versicherung der Besatzung von Seefahrzeugen vom 31. Mai 1919 (RGBl. S. 509), welche bestimmt, daß die Anwendung der Vorschriften über Angestelltenversicherung dadurch nicht ausgeschlossen wird daß das Seefahrzeug zur Durchführung der mit den Gegnern der Deutschen Reichs vereinbarten Waffenstillstandsbedingungen der Kontrolle und der Flagge der feindlichen Staaten unterstellt ist.

eines staatlichen Befähigungsnachweises bedürfen. Daneben gelten als Schiffsoffiziere Proviant-, Zahlmeister und Ärzte; die letzteren sind jedoch nach § 10 Abs. 1 Nr. 5 versicherungsfrei.

Zu vgl. § 2 der Seemannsordnung von 2. Juni 1902 (RGBl. S. 175), § 3 des Reichsgesetzes, betreffend die privatrechtlichen Verhältnisse der Binnenschifffahrt, vom 15. Juni 1895, 20. Mai 1898 (RGBl. S. 301, 868).

2. Das Oberschiedsgericht hat zu § 1 Abs. 1 Nr. 6 AVG. folgende Entscheidungen getroffen:

Die Versicherungspflicht der Besatzung von Fahrzeugen der Binnenschiffahrt ist lediglich nach § 1 Abs. 1 Nr. 6 AVG. zu beurteilen. E. v. 17. X. 17 — P 216/16 —, AVN. 18 S. 77 Nr. 275.

Der Elektriker auf einem großen Überseedampfer, der 6 Dynamomaschinen mit Hilfe eines ihm unterstellten Arbeiters zu überwachen und auszubessern hat, der Schiffsmannschaft gegenüber die Stellung eines Schiffsoffiziers einnimmt, die Uniform der Offiziere trägt und an Bord in der Offiziersmesse verkehrt, ist nach § 1 Abs. 1 Nr. 6 AVG. versicherungspflichtig, auch wenn er dem für die Gesamtmaschinenanlage allein verantwortlichen Oberelektriker unterstellt ist und einen staatlichen Befähigungsnachweis nicht hat. E. v. 2. II. 17 — P 48/16 —, AVN. 17 S. 106 Nr. 213.

Der Führer eines großen, bis zur See verkehrenden Rheinschiffs ist Kapitän im Sinne des § 1 Abs. 1 Nr. 6 AVG. und als solcher versichert. E. v. 29. X. 19 — P 107/19 —, AVN. 20 S. 10 Nr. 371.

Die Führer von Schleppdampfern auf Binnengewässern sind als Kapitäne im Sinne des § 1 Abs. 1 Nr. 6 AVG. versicherungspflichtig. E. v. 11. II. 16 — P 151/15 —, AVN. 16 S. 146 Nr. 107.

Der Steuermann eines Schleppkahns, der dem Befehle des Schleppdampferführers untersteht und außer der Bedienung des Steuers auch alle an Bord sowie an Land beim Laden und Löschen vorkommenden Arbeiten mit zu verrichten hat, ist kein Angestellter im Sinne des § 1 Abs. 1 Nr. 6 AVG., auch wenn er den Befehl über die Bootsleute führt, Mannschaften annehmen und entlassen darf und kurze Strecken talwärts frei fährt. E. v. 14. IV. 16 — P 149/15 —, AVN. 16 S. 187 Nr. 128.

In diesem Zusammenhang ist noch hinzuweisen auf eine Entscheidung des Oberschiedsgerichts, wonach ein Ewerführervize für versicherungspflichtig nach § 1 Abs. 1 Nr. 2 AGV. erklärt ist, der seine Aufträge im Kontor des Betriebs empfängt, aber befugt ist, bei ihrer Ausführung von den erteilten Weisungen im Bedarfsfall abzuweichen. E. v. 15. XII. 17 — P 27/17 —, AVN. 18 S. 168 Nr. 284.

B.

Die einzelnen Erwerbs- und Berufszweige.

§ 19.

Land und Forstwirtschaft und verwandte Betriebe.

Für die Land- und Forstwirtschaft sowie für verwandte Betriebe sind namentlich folgende Entscheidungen des Oberschiedsgerichts von Bedeutung:

Feldhüter und Hilfspolizeidiener einer Landgemeinde ist nicht versicherungspflichtig nach dem AVG. E. v. 5. X. 17 — P 326/16 —, AVN. 18 S. 46 Nr. 269.

Fischmeister, der eine Fischzuchtanstalt zu leiten und zwei Gehilfen zu beaufsichtigen hat, ist versicherungspflichtig nach dem AVG. auch wenn er in erheblichem Umfang körperlich mitarbeitet. E. v. 8. XII. 16 — P 156/16 —, AVN. 17 S. 181 Nr. 217.

Gärtner, städtischer, der eine größere Zahl von Arbeitern zu beaufsichtigen und unter Oberleitung des städtischen Garten- und Friedhofsverwalters anzuweisen hat, ist nach §1 Abs. 1 Nr. 2 AVG. versicherungspflichtig. E. v. 20. VII. 15 — P 45/15 —, AVN. 15 S. 193 Nr. 53. Dagegen ist ein lediglich praktisch vorgebildeter Gärtner, der die ihm vom Obergärtner aufgetragenen Arbeiten unter die ihm beigegebenen Arbeiter zu verteilen und diese zu beaufsichtigen, sonst aber sowohl schwierigere gartentechnische Arbeiten selbst auszuführen als auch bei einfachen mitzuarbeiten hat, für nicht versicherungspflichtig nach dem AVG. erklärt. E. v. 17. XI. 16 — P 231/16 —, AVN. 17 S. 76 Nr. 193.

Hofmeister, der unter einem Inspektor landwirtschaftliche Arbeiter bei ihren Arbeiten zu überwachen, selbst aber keine für den Betrieb wesentliche Anordnungs- und Leitungsbefugnisse hat, ist nicht versicherungspflichtig nach dem AVG., auch wenn er regelmäßig selbst körperlich nicht mitarbeitet. E. v. 29. I. 16 — P 170/15 —, AVN. 16 S. 141 Nr. 104.

Jagd. Rendant einer Jagdgenossenschaft, der selbst Mitglied dieser Genossenschaft ist und nicht dem Jagdvorstand untersteht, vielmehr seine Geschäfte unter der allgemeinen Aufsicht und Leitung der nur in mehrjährigen Zwischenräumen zusammentretenden Genossenschaftsversammlung führt, ist nicht Angestellter und deshalb nicht versicherungspflichtig nach dem AVG., auch wenn er für seine Tätigkeit eine Vergütung erhält. E. v. 9. VI. 16 — P 65/16 —, AVN. 16 S. 239 Nr. 154.

Kulturaufseher, die unter Leitung von Technikern die Meliorationsarbeiten von Kleinakkordanten und deren Arbeitern beaufsichtigen, sind nicht versicherungspflichtig nach §1 Abs. 1 Nr. 2 AVG. E. v. 27. X. 15 — P 71/15 —, AVN. 16 S. 14 Nr. 74.

Landwirt, der für eine Firma Verkäufe von landwirtschaftlichen Maschinen vermittelt, dabei an die Weisungen der Firma gebunden ist und regelmäßig Bericht über seine Tätigkeit zu erstatten hat, ist Handlungsagent und als solcher nach dem AVG. nicht versicherungspflichtig. E. v. 30. VI. 15 — P 58/15 —, AVN. 15 S. 190 Nr. 49.

Molker, der in einer kleinen Molkerei mit 20000 ℳ Jahresumsatz, in der täglich 500 Liter Milch verarbeitet werden, die mit der Herstellung der Butter und dem Versande zusammenhängenden Arbeiten ohne Hilfskräfte erledigt, ist nicht versicherungspflichtig nach dem AVG. E. v. 15. IX. 16 — P 30/16 —, AVN. 16 S. 293 Nr. 170.

Ökonomiebaumeister in Bayern, der ein Nebengut eines Ritterguts unter ständiger Leitung des Verwalters des Hauptguts verwaltet, eine Anzahl Arbeiter zu beaufsichtigen und selbst körperlich mitzuarbeiten hat, ist nicht versicherungspflichtig nach dem AVG. E. v. 2. II. 17 — P 240/16 — AVN. 17 S. 193 Nr. 225.

Waldhüter in Baden, dem unter Anweisung und Aufsicht des Forstamts in dem ihm unterstellten Bezirke neben der Forstpolizei die Bewirtschaftung der Waldungen (Holzhauerei, Holzaufnahmen, Kulturbetrieb) obliegt, ist versicherungspflichtig nach § 1 Abs. 1 Nr. 2 AVG. E. v. 5. X. 17 — P 77/17 —, AVN. 18 S. 59 Nr. 270.

Waldschütz, von einer Forstverwaltung angestellt, welcher Forstarbeiter bei der Ausführung von Kultur- und Wegebauarbeiten, der Abholzung und Aufforstung zu beaufsichtigen und selbst das geschlagene Holz auszumessen hat, außerdem Lohnlisten und Aufnahmeregister über das Holz zu führen hat, ist nach § 1 Abs. 1 Nr. 2 AVG. versicherungspflichtig. E. v. 19 V. 15 — P 15/15 —, AVN. 15 S 155 Nr. 37.

§ 20.

Handel.

Für den Handel sind namentlich folgende Entscheidungen des Oberschiedsgerichts von Bedeutung:

Ausland. Angestellte, die in einer ausländischen Zweigniederlassung eines inländischen Unternehmens beschäftigt sind, unterliegen nicht der Versicherungspflicht nach dem AVG. E. v. 16. VI. 16 — P 186/15 —, AVN. 16 S. 267 Nr. 162.

Bierverleger einer Brauerei, die in der Hauptsache den kaufmännischen Teil des Geschäfts erledigen, insbesondere Bestellungen und Zahlungen der Kundschaft entgegennehmen, sind als Handlungsgehilfen nach § 1 Abs. 1 Nr. 3 AVG. versicherungspflichtig. E. v. 27. X. 16 — P 175/15 —, AVN. 17 S. 56 Nr. 186.

Bücherrevisor und Stundenbuchhalter, der für mehrere Firmen tätig ist und für die einzelnen Arbeiten jeweils besonders bestellt wird, diese Arbeiten fast ausschließlich in der eigenen Wohnung ausführt und nach jeder Arbeit die von ihm — nach Umfang und Schwierigkeit der Arbeit — bemessene Vergütung erhält, ist kein Angestellter im Sinne des AVG., sondern ein selbständiger Unternehmer und deshalb nicht versicherungspflichtig. E. v. 23. VI. 16 — P 188/15 —, AVN. 16 S. 269 Nr. 163.

Buchhandlung. Aushilfsverkäufer einer Bahnhofsbuchhandlung, der täglich mehrere Stunden in einem Verkaufsstande den ersten Verkäufer vertritt, ist als Handlungsgehilfe nach § 1 Abs. 1 Nr. 3 AVG. versicherungspflichtig, auch wenn er während der sonstigen Zeit mit Sortieren, Packen und Abtragen von Zeitungen und Büchern beschäftigt wird. E. v. 5. V. 17 — P 311/16 —, AVN. 17 S. 229 Nr. 242. Dagegen ist ein Zeitungsverkäufer einer Bahnhofsbuchhandlung, der lediglich Zeitungen und Druckschriften an den Zügen für feste Preise verkauft, nicht versicherungspflichtig nach dem AVG. E. v. 13. IV. 18 — P 207/17 —, AVN. 18 S. 215 Nr. 302.

Direktrice zu vgl. Konfektion.

Erwerbs- und Wirtschaftsgenossenschaften. Die Angestellten eingetragener Erwerbs- und Wirtschaftsgenossenschaften, die gegen Entgelt kaufmännische Dienste verrichten, sind nach § 1 Abs. 1 Nr. 3 AVG. versicherungspflichtig. Der entgegenstehende Grundsatz in der Entsch. Nr. 42, AVN. 15 S. 176, ist aufgegeben. E. v. 30. III. 18 — P 89, 90/17 —, AVN. 18 S. 221 Nr. 306. Dies gilt jedoch nicht für die Angestellten nicht eingetragener Vereine, welche die Förderung der wirtschaftlichen Interessen ihrer Mitglieder bezwecken, aber Kaufmannseigenschaft nicht besitzen. E. v. 9. XI. 18 — P 135/18 —, AVN. 19 S. 24 Nr. 325.

Ewerführervize, der seine Aufträge im Kontor des Betriebs empfängt, aber befugt ist, bei ihrer Ausführung von den erteilten Weisungen im Bedarfsfalle abzuweichen, ist versicherungspflichtig nach § 1 Abs. 1 Nr. 2 AVG. E. v. 15. XII. 17 — P 27/17 —, AVN. 18 S. 168 Nr. 284.

Expedientin in einem Versandhause, die an der Hand von Bestellzetteln die Waren aus dem Lager herauszusuchen, die vorrätigen Waren auf einem Zettel zu vermerken und die Preise mit der Preisliste zu vergleichen hat, ist als Handlungsgehilfin nach § 1 Abs. 1 Nr. 3 AVG. versicherungspflichtig, auch wenn ihre Arbeit von einer anderen Angestellten nachgeprüft wird. E. v. 15. XII. 16 — P 88/16 —, AVN. 17 S. 97 Nr. 208. Dagegen sind nicht versicherungspflichtig sog. Expedientinnen (Kontrolleurinnen, Packerinnen) eines Warenhauses, welche lediglich die von der Kundschaft gekauften und zum Packtisch oder Expeditionsraum beförderten Waren nach Vergleich mit den Kassenzetteln oder Rechnungen einzupacken und der Kundschaft zu übergeben oder ihre Zusendung zu veranlassen haben. E. v. 3. XII. 15 — P 96/15 —, AVN. 16 S. 52 Nr. 88. Für nicht versicherungspflichtig sind auch erklärt worden die Expedientinnen in einer Straußenfederfabrik, welche die Federn teils in Papiertüten teils in Versandkartons hineinzulegen oder anzuheften haben und nur gelegentlich bei der Zusammenstellung der Kommissionen mitwirken. E. v. 18. XII. 15 — P 63/15 —, AVN. 16 S. 54 Nr. 90.

Fakturistin eines kaufmännischen Geschäfts, die Rechnungsvordrucke mit der ihr angesagten Art, der Nummer und den Preisen der zu versendenden Ware ausfüllt und den Rechnungen kurze Erläuterungen nach Diktat beifügt, ist als Handlungsgehilfin nach § 1 Abs. 1 Nr. 3 AVG. versicherungspflichtig. E. v. 3. V. 16 — P 12/16 —, AVN. 16 S. 210 Nr. 136.

Kleinkaufleute. Verkäuferinnen in Bäckerläden sind als Handlungsgehilfinnen nach § 1 Abs. 1 Nr. 3 AVG. versicherungspflichtig. E. v. 21. IV. 15 — P 1/15 —, AVN. 15 S. 134 Nr. 31. Ebenso Verkäuferinnen in Schlächterläden. E. v. 24. IX. 15 — P 72/15 —, AVN. 15 S. 233 Nr. 66.

Konfektion. Direktrice, die Konfektionswaren nach Fertigstellung auf Mängel durchsieht, an der Hand eines sog. Legerinnenbuchs nach den einzelnen Kommissionen in Kartons zusammenlegt und darüber Notizen macht, ist als Handlungsgehilfin nach § 1 Abs. 1 Nr. 3 AVG. versicherungspflichtig. E. v. 19. II. 16 — P 125/15 —, AVN. 16 S. 149 Nr. 109.

Kontrolleurin eines Warenhauses (Packerin), die neben der eigentlichen Paketkontrolle die Verkaufszettel rechnerisch auf ihre Richtigkeit nachzuprüfen hat, ist als Handlungsgehilfin versicherungspflichtig nach § 1 Abs. 1 Nr. 3 AVG. E. v. 7. X. 20 — P 144/20 —, AVN. 21 S. 21 Nr. 443. Dagegen ist eine Kontrolleurin, die nur zu prüfen hat, ob die aus einem Geschäft hinausgehenden Schneiderpakete mit dem richtigen Kontrollzeichen versehen sind, und daneben das rechtzeitige Kommen und Gehen der Angestellten festzustellen hat, nicht versicherungspflichtig nach dem AVG. E. v. 3. IX. 15 — P 103/15 —, AVN. 15 S. 213 Nr. 60. Zu vgl. im übrigen auch oben unter Expedientin.

Konsumverein zu vgl. oben Erwerbs- und Wirtschaftsgenossenschaften.

Mustersendungen-Zusammenstellung. Angestellte einer Fabrik von Besatzartikeln für Damenkleider und Hüte, die in der Hauptsache mit dem Zusammenstellen von Mustersendungen und mit der Nachprüfung, ob die zu versendenden Waren der Bestellung entsprechen, beschäftigt wird, ist als Handlungsgehilfin nach § 1 Abs. 1 Nr. 3 AVG. versicherungspflichtig. E. v. 2. VI. 16 — P 164/15 —, AVN. 16 S. 235 Nr. 151.

Packerinnen zu vgl. oben Expedientin und Kontrolleurin.

Propagandistin einer Malzkaffeefabrik, die von Haus zu Haus an die Verbraucher Kostproben und gedruckte Anpreisungen der Ware zu verteilen, hierbei über die Zubereitung und die Verkaufsstellen Auskunft zu geben sowie bei den zu Werbezwecken veranstalteten Kostproben beim Zubereiten und Verteilen des Kaffees mitzuwirken hat, ist als Handlungsgehilfin nach § 1 Abs. 1 Nr. 3 AVG. versicherungspflichtig. E. v. 27. X. 16 — P 100/16 —, AVG. 17 S. 52 Nr. 183.

Stiller Gesellschafter einer offenen Handelsgesellschaft wird dadurch nicht notwendig Angestellter der Gesellschaft, daß ihm Prokura erteilt wird. E. v. 19. I. 18 — P 173/17 —, AVN. 18 S. 191 Nr. 292.

Stundenbuchhalter zu vgl. Bücherrevisor.

Vereine, nicht eingetragene, zu vgl. Erwerbs- und Wirtschaftsgenossenschaften.

Verkäuferinnen in Bäcker- und Schlächterläden zu vgl. oben Kleinkaufleute.

Versicherungsgesellschaften. Agent mehrerer Versicherungsgesellschaften, der im wesentlichen auf Provision angewiesen ist, ist als Handlungsagent nicht versicherungspflichtig nach dem AVG., auch wenn er bei der Vermittelung von Geschäften die Weisungen der Gesellschaften zu beachten hat. E. v. 5. VI. 15 — P 25/15 —, AVN. 15 S. 174 Nr. 41. Desgleichen sind nicht versicherungspflichtig die Gesellschafter einer offenen Handelsgesellschaft mit eingetragener Firma und selbständigen eigenen Geschäftseinrichtungen, welche die Generalagentur einer Versicherungsgesellschaft übernimmt, sich aber hinsichtlich der Einrichtung ihrer Tätigkeit und der Handhabung des Geschäftsbetriebs vollste Freiheit vorbehält, auch wenn der Firma an Provision und Reingewinn eine Mindesteinnahme von zusammen 8000 ℳ jährlich zugesichert ist. E. v. 26. II. 18 — P 2/18 —, AVN. 18 S. 183 Nr. 287. Dagegen ist als Handlungsgehilfe nach § 1 Abs. 1 Nr. 3 AVG. versicherungspflichtig ein bei einer Versicherungsgesellschaft gegen eine monatliche, garantierte Mindestprovision beschäftigter Inspektor. E. v. 8. XII. 15 — P 64/15 —, AVN. 16 S. 67 Nr. 94. Ein Rechercheur bei einer Versicherungsgesellschaft, der den Zweck unklarer Eingaben von Versicherten und die tatsächlichen Grundlagen von Inkassobeschwerden festzustellen hat und außerdem als Hilfskassenbote verwendet wird, ist nicht versicherungspflichtig nach dem AVG. E. v. 26. V. 16 — P 26/16 —, AVN. 16 S. 226 Nr. 148. Desgleichen sind nicht versicherungspflichtig nach dem AVG. Einnehmer bei einer Versicherungsgesellschaft, die in der Hauptsache mit der Einziehung von Beiträgen, nebenher auch mit Werbetätigkeit für die Gesellschaft beschäftigt werden. E. v. 1. V. 15 — P 17/14 —, AVN. 15 S. 137 Nr. 33. Als versicherungspflichtig nach dem AVG. ist dagegen der Angestellte einer Versicherungsgesellschaft erachtet worden, der die Akten aus den Aktenkästen der Gesellschaft gegen Niederlegung der mit Aktennummern versehenen Zettel herauszunehmen, die Nummern der Akten in Notizbücher einzutragen und demnächst die Akten gegen Entnahme der Zettel wieder einzufügen hat. E. v. 28. X. 14 — P 24/14 —, AVN. 15 S. 20 Nr. 21.

Wiegemeister, der im Betriebe eines Handelsgewerbes neben dem Abwiegen auch Listen und Bücher zu führen hat, wozu es einer gewissen kaufmännischen Vorbildung bedarf, und der daher im Verkehr als kaufmännischer Angestellter (Expedient) angesehen wird, ist versicherungspflichtig nach § 1 Abs. 1 Nr. 3 AVG. E. v. 3. II. 21 — P 270/20.

Zeitungsverkäufer zu vgl. oben Buchhandlung.

Zusammenstellung von Mustersendungen zu vgl. oben Mustersendungen.

§ 21.

Bauwesen.

Mit dem Bauwesen beschäftigen sich namentlich folgende Entscheidungen des Oberschiedsgerichts:

Bauleiter bei Bauarbeiten einer Feldstellung — durch Privatdienstvertrag angenommen — leistet weder Kriegsdienste noch ihnen ähnliche Dienste im Sinne der Verordnung, betr. die Angestelltenversicherung während des Krieges, vom 26. August 1915 (RGBl. S. 531), auch wenn er dabei den Gefahren des Krieges ausgesetzt ist. E. v. 12. XI. 19 — P 90/19 —, AVN. 20 S. 13 Nr. 373.

Bauzulagen für Bauleiter sind insoweit nicht als Entgelt (§ 2 AVG.) anzusehen, als infolge der Tätigkeit auf der Baustelle ein Mehraufwand erforderlich ist. E. v. 8. VII. 20 — P 52/20 —, AVN. 21 S. 8 Nr. 439.

Poliere im Bauwesen (Maurer- und Zimmerpoliere) hat das Oberschiedsgericht ursprünglich in kleineren Betrieben, dann aber auch in größeren Baubetrieben für nicht versicherungspflichtig nach dem AVG. erklärt, wenn sie unter fortlaufender Anleitung und Überwachung des Geschäftsinhabers oder seiner fachkundigen Angestellten die Aufsicht ausüben und — wenn auch in geringerem Maße — körperlich mitarbeiten. E. v. 7. IV. 16 und 5. I. 17 — P 139/15 und P 34/16 —, AVN. 16 S. 185 Nr. 127 und 17 S. 98 Nr. 209. Dagegen ist die Versicherungspflicht nach dem AVG. bejaht worden bei einem Polier, der neben seiner Tätigkeit auf Bauten in erheblichem Umfang im Baubüro seines Arbeitgebers schriftliche Arbeiten (Aufstellung von Voranschlägen, Bauzeichnungen, Kostenrechnungen) verrichtet. E. v. 15. IX. 17 — P 302/16 —, AVN. 18 S. 2 Nr. 259.

Schachtmeister in einem Tiefbaugeschäft ist für nicht versicherungspflichtig nach dem AVG. erklärt, auch wenn er die Arbeitszeit aufzuzeichnen hat, in gewissem Umfang Arbeiter annehmen und entlassen darf, für den vorschriftsmäßigen Zustand der Baustelle verantwortlich ist und wegen der rechtzeitigen Ergänzung der Baustoffe dem Arbeitgeber Meldung zu machen hat. E. v. 14. IV. 16 — P 119/15 —, AVN. 14 S. 192 Nr. 131.

Vorzeichner einer Brückenbau-Aktiengesellschaft, welche aus den im technischen Büro in verkleinertem Maßstab hergestellten Konstruktionszeichnungen die Einzelteile herauszuziehen und auf Papier oder auf Metall in natürlichem Maßstab zu übertragen, hierbei die Einzelmaße und Systemdreiecke nachzurechnen und auf Irrtümer in der Aufrechnung oder im Zusammenpassen der einzelnen Anschlüsse nachzuprüfen und bei nicht ganz ausgerechneten Zeichnungen die Zwischenmaße selbst festzustellen haben, sind für versicherungspflichtig nach dem AVG. erklärt worden. Dagegen ist die Versicherungspflicht nach dem AVG. verneint hinsichtlich Anzeichner oder Ankörner, die lediglich die Zeichnung vom Papier auf das Eisen oder sonstige Material übertragen. E. v. 10. XI. 16 — P 190/15 —, AVN. 17 S. 66 Nr. 189.

§ 22.

Verkehrswesen.

Das Verkehrswesen betreffen folgende Entscheidungen des Oberschiedsgerichts:

Eisenbahnen. Büroangestellte einer Eisenbahnverwaltung, welche die Bremsberichte zu ordnen und auf Grund dieser Berichte die täglichen und monatlichen Zusammenstellungen anzufertigen hat, ist versicherungspflichtig nach dem AVG., auch wenn sie nur gegen täglichen Entgelt beschäftigt wird. E. v. 28. X. 14 — P 23/14 —, AVN. 15 S. 39 Nr. 24. Ebenso ist für versicherungspflichtig erklärt worden eine Angestellte in einem Eisenbahnverkehrsbüro, die mit Hilfe der Rechenmaschine Eintragungen in Listen zu bewirken und abgeschlossene Listen nachzuprüfen hat. E. v. 3. IX. 15 — P 56/15 —, AVN. 15 S. 212 Nr. 59. Dagegen ist die Versicherungspflicht verneint bei Bahnagenten einer Nebenhaltestelle mit geringem Personen- und Güterverkehr, die in der Hauptsache mit körperlichen Verrichtungen betraut sind (Heizung, Beleuchtung, Instandhaltung der Baulichkeiten usw.), daneben den Personenverkehr und die Annahme und Abfertigung von Gütern zu besorgen haben, irgendwelche Anordnungs- und Aufsichtsbefugnisse aber nicht besitzen. E. v. 9. V. 17 — P 324/16 —, AVN. 17 S. 242 Nr. 245.

Betriebsbahn. Bei der Betriebsbahn eines industriellen Unternehmens, deren Züge nicht nur auf der Betriebsstätte, sondern erheblich darüber hinaus Personen und Materialien befördern und hierbei die Geleise einer öffentlichen Kleinbahn benutzen, ist der staatlich geprüfte Lokomotivführer für versicherungspflichtig nach dem AVG. erklärt worden. E. v. 1. XII. 16 — P 220/16 —, AVN. 17 S. 81 Nr. 197. Dagegen ist ein Lokomotivführer einer Hüttenbahn, der im Betriebe der Hütte die Geleise dieser Bahn befährt, in die Staatsbahnhöfe aber nur gelegentlich unter Führung eines streckenkundigen Bediensteten der Staatsbahn einfährt, nicht versicherungspflichtig nach dem AVG. E. v. 13. I. 21 — P 219/20. Desgleichen ist ein Lokomotivaufseher eines Hüttenwerkes, der unter Aufsicht eines Oberaufsehers und eines Maschinenmeisters ein Bedienungspersonal von etwa 20 Mann auf Schmalspurlokomotiven beaufsichtigt, für nicht versicherungspflichtig nach dem AVG. erachtet worden. E. v. 13. X. 20 — P 128/20 —, AVN. 21 S. 22 Nr. 444.

Hoch- und Untergrundbahn. Fahrkartenausgeberinnen einer Hoch- und Untergrundbahn, die an den Schaltern der Haltestellen Fahrkarten verkaufen und über den Verkauf täglich und monatlich nach Vordrucken abrechnen, sind nicht versicherungspflichtig nach dem AVG. E. v. 12. X. 17 — P 91/17 —, AVN. 18 S. 63 Nr. 272. Haltestellenaufseher bei einer Hoch- und Untergrundbahn, die neben der Aufsicht über das Personal für die richtige Signalgebung, für die Beobachtung aller zur Sicherheit der Fahrgäste erlassenen Vorschriften sowie für einen geordneten Zugverkehr zu sorgen haben, sind versicherungspflichtig nach dem AVG. E. v. 30. VI. 21 — P 129/21.

Straßenbahnen. Der Kontrolleur einer Straßenbahn, der die Schaffner auf die sachgemäße Erfüllung ihrer Dienstpflichten zu überwachen, auf ordnungsmäßige Beschaffenheit der Wagen zu achten und bei Betriebsstörungen die üblichen Anordnungen zu geben hat, ist versicherungspflichtig nach dem AVG. Dagegen sind nicht versicherungspflichtig nach dem AVG.: der Stromkontrolleur einer Straßenbahn, der die Wagenführer nur in der wirtschaftlichen Verwendung des Stromes zu überwachen hat, sowie der Fahrmeister einer Straßenbahn, der die Wagenleiter anzuleiten und auszubilden und nach Weisung des Betriebsingenieurs zu beaufsichtigen, insbesondere auch in der wirtschaftlichen Verwendung des Stromes zu überwachen hat. E. v. 1. XII. 16 — P 165/16 —, AVN. 17 S. 83 Nr. 200.

Schiffahrt. Der Führer eines großen, bis zur See verkehrenden Rheinschiffs ist Kapitän im Sinne des § 1 Abs. 1 Nr. 6 AVG. und als solcher versichert. E. v. 29. X. 19 — P 107/19 —, AVN. 20 S. 10 Nr. 371.

Die Fahrscheinverkäuferin einer Flußdampfergesellschaft, welche Fahrkarten für Vergnügungsdampfer verkauft, Befugnisse in bezug auf Betriebsleitung, Aufsichtsführung oder Anordnungen sonstiger Art nicht besitzt und mit der Abrechnung und Fahrscheinkontrolle nichts zu tun hat, ist nicht versicherungspflichtig nach dem AVG. E. v. 22. IX. 16 — P 121/16 —, AVN. 17 S. 6 Nr. 175.

Versicherungspflichtig nach dem AVG. sind: Elektriker auf einem großen Überseedampfer, welche die Dynamomaschinen mit Hilfe ihnen unterstellter Arbeiter zu überwachen haben, der Schiffsmannschaft gegenüber die Stellung von Schiffsoffizieren einnehmen, die Uniform der Offiziere tragen und an Bord in der Offiziersmesse verkehren, auch wenn sie dem für die Gesamtmaschinenanlage allein verantwortlichen Oberelektriker unterstellt sind und einen staatlichen Befähigungsnachweis nicht haben. E. v. 2. II. 17 — P 48/16 —, AVN. 17 S. 106 Nr. 213. Ferner ist für versicherungspflichtig erklärt worden ein Everführervize, der seine Aufträge im Kontor des Betriebs empfängt, aber befugt ist, bei ihrer Ausführung von den erteilten Anweisungen im Bedarfsfalle abzuweichen. E. v. 15. XII. 17 — P 27/17 —, AVN. 18 S. 168 Nr. 284.

§ 23.

Bergbau, Hüttenwesen, Industrie und verwandte Gewerbszweige.

Bergbau. Markenkontrolleure in einem Bergwerk, die außer dem Ausgeben und Einnehmen der Marken schriftliche Arbeiten in erheblichem Umfange, namentlich für statistische Zwecke, auszuführen haben, sind versicherungspflichtig nach dem AVG. E. v. 30. VI. 21 — P 194/20. Desgleichen ist versicherungspflichtig nach dem AVG. ein Maschinenaufseher eines Bergwerks, dem 100 Arbeiter und ein umfänglicher Maschinenpark zur Beaufsichtigung ordnungsmäßiger Arbeitsleistung unterstellt sind und die selbständige Anleitung und Überwachung der Arbeiter obliegt, auch wenn er dem Betriebsführer und Maschinensteiger untersteht. E. v. 11. V. '21 — P 97/21. Ferner sind versicherungspflichtig nach dem AVG. Verwiegeaufseher in größeren Bergwerken, deren Haupttätigkeit darin besteht, das Gewicht festzustellen, für die richtige Zusammenstellung der Ladungen zu sorgen, und als Unterlagen für den Versand Frachtbriefe auszufertigen und Listen zu führen. E. v. 26. I. 21 — P 259/20. Dagegen ist ein Förderaufseher in einem Steinkohlenbergwerk, der unter Aufsicht des Steigers und Obersteigers ein Bedienungspersonal von 34 Mann bei der Förderung zu beaufsichtigen hat, nicht versicherungspflichtig nach dem AVG., auch wenn er körperlich nicht mitzuarbeiten hat. E. v. 30. I. 17. — P 267/16 —, AVN. 17 S. 189 Nr. 223. Ebenso sind nicht versicherungspflichtig nach dem AVG. Pulveraufseher eines Bergwerkes, die mit der Beförderung sowie der Einnahme und Ausgabe von Sprengstoffen beauftragt sind. E. v. 22. XII. 20 — P 239/20 —, AVN. 21 S. 91 Nr. 470.

Bandwirkerei. Der Patroneur einer Bandwirkerei, der überwiegend Patronen nach fremden Entwürfen und nur ausnahmsweise solche nach Bleistiftskizzen oder eigenen Entwürfen anfertigt, Einfluß auf die Farbenstellung der Erzeugnisse nicht hat und Anordnungs- oder Aufsichtsbefugnisse gegenüber anderen im Betriebe beschäftigten Personen nicht besitzt, ist nicht versicherungspflichtig nach dem AVG. E. v. 18. X. 16 — P 157/16 —, AVN. 17 S. 25 Nr. 178.

Brauerei. Der Braumeister einer — wenn auch kleinen — Brauerei, dem mehrere Personen unterstellt sind und der bestimmt, wieviel Rohstoff täglich zu verarbeiten ist, ist versicherungspflichtig nach dem AVG., auch wenn er körperlich mitarbeitet und unter fachkundiger Oberleitung des Brauereibesitzers steht. E. v. 30. VI. 16 — P 52/16 —, AVN. 16 S. 272 Nr. 166; ebenso ist für versicherungspflichtig erklärt worden der Flaschenkellermeister einer Großbrauerei mit Jahresbezügen von etwa 3750 ℳ, der unter Aufsicht eines Inspektors den Flaschenkeller mit 200 Personen und 15 Maschinen zu beaufsichtigen hat und nur ausnahmsweise körperlich mitarbeitet. E. v. 15. IX. 17 — P 305/16 —, AVN. 18 S. 43 Nr. 268. Dagegen ist der Kellermeister einer Bierbrauerei, der mit 30 bis 35 von ihm zu beaufsichtigenden Arbeitern unter Oberleitung des Brauführers und des Braumeisters das Reinigen von Fässern und Lagerräumen, das Abziehen, das Filtrieren und die Ausgabe des Bieres zu besorgen und den Bierausgang zu vermerken hat, für nicht versicherungspflichtig nach dem AVG. erklärt worden. E. v. 30. I. 17 — P 306/16 —, AVN. 17 S. 188 Nr. 222. Ebenso ist der Futtermeister einer Brauerei, der eine große Zahl von Pferden zu warten, die Fourage entgegenzunehmen, das Futter abzuwiegen und auszugeben, auch erkrankte Pferde nach tierärztlicher Vorschrift zu behandeln hat, als nicht versicherungspflichtig erachtet, auch wenn er die ihm zur Hilfeleistung beigegebenen Personen zu überwachen hat. E. v. 14. II. 17 — P 246/16 —, AVN. 17 S. 196 Nr. 227. Der Bierverleger einer Brauerei, der Bestellungen und Zahlungen der Kundschaft entgegennimmt, überhaupt den kaufmännischen Teil des Geschäfts erledigt, ist als Handlungsgehilfe nach § 1 Abs. 1 Nr. 3 AVG. versicherungspflichtig. E. v. 27. X. 16 — P 175/15 —, AVN. 17 S. 56 Nr. 186. Dagegen sind außerhalb des Sitzes der Brauerei beschäftigte Bierfahrer, denen neben Fütterung und Pflege der Pferde,

Auf- und Abladen des Bieres, das Abfahren des Bieres an die Kundschaft obliegt, nicht versicherungspflichtig, auch wenn sie Bestellungen und Zahlungen entgegenzunehmen, über letztere zu quittieren, ein Fahrbuch über das ausgefahrene Bier zu führen, die vereinnahmten Beträge in ein Kassabuch einzutragen und allmonatlich mit der Firma abzurechnen haben. E. v. 16. VI. 16 — P 81/16 —, AVN. 16 S. 245 Nr. 157. Portiers einer Brauerei, welche die ein- und ausgehenden Personen und Fuhrwerke zu überwachen und über die Ladung der aus- und eingehenden Fuhrwerke sowie über die nach Büroschluß eingehenden telephonischen Bestellungen Aufzeichnungen zu machen haben, sind nicht versicherungspflichtig nach dem AVG. E. v. 19. I. 16 — P 137/15 —, AVN. 16 S. 71 Nr. 97.

Brennerei. Ein Brennmeister, der eine Brennerei von jährlich 30000 Liter Spirituserzeugung leitet, die Aufsicht über die dort beschäftigten 1 bis 2 Arbeiter führt und dem anstatt des Brennereibesitzers die strafrechtliche Verantwortlichkeit gemäß § 28 des Brennsteuergesetzes übertragen ist, ist versicherungspflichtig nach dem AVG., auch wenn er außerhalb der Brennzeit — also während des größeren Teiles des Jahres — lediglich mit Ausbesserungsarbeiten an landwirtschaftlichen Maschinen beschäftigt ist. E. v. 30. VI. 16 — P 119/16 —, AVN. 16 S. 271 Nr. 165.

Brezelfabrik. Ein Bäcker in einer Brezelfabrik, der eine große Zahl von Arbeiterinnen (50) zu überwachen, für Befolgung der Vorschriften der Arbeitsordnung zu sorgen, zwecks Berechnung der Löhne der Arbeiterinnen Akkordbücher zu führen und die Waren von den Arbeiterinnen abzunehmen hat, ist nach § 1 Abs. 1 Nr. 2 AVG. versicherungspflichtig, auch wenn er bei der Herstellung der

Waren in erheblichem Umfang selbst körperlich mitarbeitet. E. v. 20. IX. 16 — P 143/15 —, AVN. 15 S. 4 Nr. 173.

Buchdruckerei. Der Faktor einer Druckerei, gegen Wochenlohn und mit 14tägiger Kündigungsfrist angestellt, der unter Oberleitung des fachkundigen Betriebsleiters oder dessen Stellvertreters die Arbeit unter die Setzer verteilt und ihre ordnungsmäßige Ausführung überwacht, den größten Teil des Tages mit Setzen und Lesen von Korrekturen beschäftigt wird, ist nicht versicherungspflichtig nach dem AVG. E. v. 15. XI. 16 — P 79/16 —, AVN 17 S. 74 Nr. 191. Desgleichen ist nicht versicherungspflichtig nach dem AVG. der Korrektor einer Druckerei, der dem Faktor unterstellt ist und selbst keine Anordnungsbefugnisse gegenüber anderen im Druckereibetriebe beschäftigten Personen besitzt, auch wenn er gelegentlich fremdsprachliche Korrekturen liest. E. v. 28. III. 16 — P 4/16 —, AVN. 16 S. 179 Nr. 124. Dagegen ist die Versicherungspflicht anerkannt worden bei einem Angestellten (sog. Schweizerdegen), der in einer Druckerei die Arbeiter zu beaufsichtigen, die Arbeiten unter sie zu verteilen, Anordnungen für die Ausführung zu geben und im Bedarfsfalle selbst mitzuarbeiten hat, außerdem täglich 4 Stunden auf die Redaktion einer dreimal wöchentlich erscheinenden Zeitung verwendet und über Lokalereignisse selbständig Berichte abfaßt. E. v. 24. XI. 15 — P 87/15 —, AVN. 16 S. 51 Nr. 87.

Confektion zu vgl. Konfektion.

Damenkleidergeschäft. Die Direktrice in einem Damenkleideratelier, die selbständig Muster zu entwerfen, den Kunden Maß zu nehmen, die bestellten Kleider zuzuschneiden und die ihr unterstellten Arbeiterinnen bei ihren Arbeiten anzuleiten und zu überwachen hat, auch für die sachgemäße

Herstellung der Kleider der Firma gegenüber verantwortlich ist, ist nach § 1 Abs. 1 Nr. 2 AVG. versicherungspflichtig, auch wenn sie bei den Abänderungs- und Näharbeiten selbst mit Hand anzulegen hat. E. v. 19. I. 16 — P 157/15 —, AVN. 16 S. 75 Nr. 99. Desgleichen sind für versicherungspflichtig nach dem AVG. erklärt: Abnehmerinnen eines Damenbekleidungsgeschäfts im großen, welche die in der Werkstatt oder von den Heimarbeitern hergestellten Röcke auf richtige Ausführung des Zuschnitts und der Näharbeit nachzusehen haben und über die Abnahme nicht beanstandeter Röcke selbständig befinden. E. v. 16. I. 17 — P 151/16 —, AVN. 17 S. 186 Nr. 221. Zu vgl. ferner unter Konfektion, Mäntelfabrik.

Eisenhüttenwerk. Der Monteur eines Eisenhüttenwerkes, der unter der Oberleitung eines Werkmeisters oder Ingenieurs bei der Aufstellung von Eisenkonstruktionen gegen Akkordlohn bei 14tägiger Kündigung ständig körperlich mitarbeitet, ist nicht versicherungspflichtig nach dem AVG., auch wenn er die ihm zugeteilten Hilfsarbeiter zu belehren und anzuleiten, ihr rechtzeitiges Kommen und Gehen zu überwachen, die Arbeiten unter sie zu verteilen, sie selbst anzunehmen und zu entlassen, die Befolgung der Haus- und Arbeitsordnung zu überwachen hat und für die Einhaltung der gesetzlichen und polizeilichen Vorschriften verantwortlich ist. E. v. 15. IX. 16 — P 122/16 —, AVN. 16 S. 290 Nr. 168. Zu vgl. auch unter Hüttenwerk.

Elektrizitätswerk. Der Monteur eines städtischen Elektrizitätswerkes, der unter einem Betriebsleiter hauptsächlich die im Außendienste vorkommenden Arbeiten (Montagen) in der Regel allein, erforderlichenfalls unter Mitwirkung anderer städtischer Arbeiter erledigt, ist nicht versicherungspflichtig nach dem AVG. Die Versicherungspflicht wird auch dadurch nicht begründet, daß der Monteur den erkrankten Betriebsleiter mehrere Monate hindurch vertreten hat. E. v. 8. XI. 16 — P 5/16 —, AVN. 17 S. 57 Nr. 187.

Fabrik für Gas-, Wasser- und Kanalisationsanlagen. Schachtmeister einer Fabrik für Gas-, Wasser- und Kanalisationsanlagen, die 7 bis 9 Monate im Jahre als Monteure tätig sind und im übrigen bei Ausschachtungsarbeiten unter der ständigen Oberleitung eines Bauführers beschäftigt werden, sind nicht versicherungspflichtig nach dem AVG. E. v. 23. VI. 16 — P 115/15 —, AVN. 16 S. 270 Nr. 164. Im übrigen zu vgl. Hutfabrik, Glasfabrik, Kleiderfabrik, Maschinenfabrik, Malzkaffeefabrik, Brezelfabrik, Linoleumfabrik, Mäntelfabrik, Ölfabrik, Schirmfabrik, Schuhfabrik, Spielwarenfabrik, Straußfederfabrik, Tuchfabrik, Uhrenfabrik, Wäschefabrik, Zentralheizungsfabrik, Zigarrenfabrik, Zuckerfabrik.

Färberei. Warenkontrolleur, der die von den Kunden aufgelieferte Rohware nach Gewicht, Länge, zu erzielender Breite und Qualität mit den mitgegebenen Aufgaben zu vergleichen und etwaige Bedenken dem vorgesetzten Meister zur Entscheidung mitzuteilen hat und die von den Kunden zur vorläufigen Verwahrung übergebene Rohware einlagert und überwacht, ist nicht versicherungspflichtig nach dem AVG. E. v. 13. V. 19 — P 39/19 —, AVN. 19 S 81 Nr. 349.

Garderobengeschäft zu vgl. Damenkleidergeschäft, Kleiderfabrik, Mäntelfabrik,

Gas- und Wasserwerke. Ein Angestellter eines städtischen Gas- und Wasserwerkes, das mit der Absicht der Gewinnerzielung betrieben wird, ist als Handlungsgehilfe nach § 1 Abs. 1 Nr. 3 AVG. versicherungspflichtig, wenn er in dem Betriebe in der Hauptsache kaufmännische Arbeiten zu verrichten hat. E. v. 18. III. 16 — P 196/15 —, AVN. 16 S 170 Nr. 119.

Glasfabrik. Ein Glasmalermeister in einer Kristallglasfabrik, der nach vorgeschriebenen Entwürfen Muster ausführt, für die Massenherstellung die Arbeit in seiner Akkordkolonne verteilt und überwacht, bei der Ausführung selbst mitarbeitet, insbesondere Fehler ausbessert und bei einzelnen Stücken die letzte Hand anlegt und einen Jahresarbeitsverdienst von mehr als 4000 ℳ erzielt, ist versicherungspflichtig nach § 1 Abs. 1 Nr. 2 AVG. E. v. 18. X. 16 — P 171/16 —, AVN. 17 S. 26 Nr. 179. Desgleichen ist die Versicherungspflicht nach dem AVG. bejaht worden bei Poliermeistern, die in dem Polierwerk einer Glasfabrik Spiegelglas durch die von ihnen angenommenen Arbeiter schleifen und polieren lassen und für jedes abgelieferte Glas einen festen Preis erhalten, aus dem sie die Löhne und das Arbeitsmaterial zu bestreiten haben, während der verbleibende Rest ihr Verdienst ist. E. v. 27. X. 16 — P 193/15 —, AVN. 17 S. 50 Nr. 182.

Hotelbetrieb. Der Küchenchef eines Hotels, dem 10 Köche nebst Hilfspersonal unterstehen und der den Küchenbetrieb zu leiten und zu beaufsichtigen hat, ist nach § 1 Abs. 1 Nr. 2 AVG. versicherungspflichtig, auch wenn er bei der Zubereitung der Speisen selbst mitwirkt. E. v. 26. II. 16 — P 116/15 —, AVN. 16 S. 158 Nr. 111. Dagegen ist für nicht versicherungspflichtig nach dem AVG. erklärt worden ein Oberkellner in einem Gasthof mit 14 Zimmern, der mit 2 Lehrlingen die Gäste zu bedienen und ihnen die Zimmer anzuweisen hat, auch wenn ihm gewisse schriftliche Arbeiten — z. B. das Ausstellen von Rechnungen und die Führung des Fremdenbuchs — obliegen. E. v. 24. XI. 15 — P 100/15 —, AVN. 16 S. 35 Nr. 83. Nicht versicherungspflichtig nach dem AVG. ist auch ein Hotelpförtner, auch wenn er ein Durchschnittseinkommen von 200 M. einschließlich freien Essens hat, die Hausdiener in bezug auf die Besorgung des Gepäcks mit Anweisungen zu versehen und zu überwachen, den Gästen vertretungsweise Zimmer anzuweisen, des Fremdenbuch zu führen und den Gästen in üblicher Weise mit Rat und Auskunft an die Hand zu gehen hat. E. v. 14. IV. 16 — P 173/15 —, AVN. 16 S. 194 Nr. 132.

Hutfabrik. Ein Preßmeister in einer Hutfabrik, der den größten Teil des Tages mit der Durchsicht der von 15 bis 25 Arbeitern gepreßten Hüte beschäftigt ist und kleine Fehler selbst auszubessern hat, ist nicht versicherungspflichtig nach dem AVG., wenn er auch im übrigen die Befolgung der Arbeitsordnung zu überwachen hat. E. v. 22. VII. 15 — P 10/15 —, AVN. 15 S. 194 Nr. 54. Wegen Fertigstellung von Damenhüten zu vgl. Putzgeschäft.

Hüttenwerk. Verwiegeaufseher in größeren Hüttenwerken, deren Haupttätigkeit darin besteht, das Gewicht festzustellen, für die richtige Zusammenstellung der Ladungen zu sorgen, und als Unterlagen für den Versand Frachtbriefe auszufertigen und Listen zu führen, sind versicherungspflichtig nach § 1 Abs. 1 Nr. 2 AVG. E. v. 26. I. 21 — P 259/20. Dagegen ist nicht versicherungspflichtig nach dem AVG. der Lokomotivführer einer Hüttenbahn, der lediglich die Geleise dieser Bahn befährt, in die Staatsbahnhöfe aber nur gelegentlich unter Führung eines streckenkundigen Bediensteten der Staatsbahn einfährt. E. v. 13. I. 21 — P 219/20. Desgleichen ist ein Lokomotivaufseher eines Hüttenwerkes, der unter Aufsicht eines Oberaufsehers und Maschinenmeisters ein Bedienungspersonal von etwa 20 Mann auf

Schmalspurlokomotiven beaufsichtigt, nicht versicherungspflichtig nach dem AVG. E. v. 13. X. 20 — P 128/20 —, AVN. 21 S. 22 Nr. 444. Zu vgl. ferner Eisenhüttenwerk.

Kartographische Anstalten. Ein Kartograph, der, ohne eigene schöpferische Tätigkeit auszuüben, mit Hilfe von Meßtischblättern Vorlagen in einen andern Maßstab überträgt und unter der fortgesetzten Leitung und Aufsicht des Direktors der Anstalt steht, ist nicht versicherungspflichtig nach dem AVG. E. v. 4. V. 18 — P 32/18 —, AVN. 18 S. 218 Nr. 304. Desgleichen sind nicht versicherungspflichtig nach dem AVG. Personen, die im hydro-kartographischen Zeichnen ausgebildet werden (Kartographenlehrlinge). E. v. 25. V. 18 — P 31/18 —, AVN. 18 S. 235 Nr. 311.

Kleiderfabrik. Der Erste Zuschneider in einer Kleiderfabrik, der nicht nur nach vorhandenen Modellen zuschneidet, sondern auch Modelle abändert und neu aufstellt, ferner die von den Schneidern gefertigten Kleider nachprüft und abnimmt, ist nach § 1 Abs. 1 Nr. 2 AVG. versicherungspflichtig. E. v. 20. X. 15 — P 37/15 —, AVN. 16 S. 31 Nr. 81. Versicherungspflichtig sind auch Personen, die in der Zuschneidekunst unterrichten. E. v. 26. X. 20 — P 193, 234/20 —, AVN. 21 S. 27 Nr. 449. Zu vgl. ferner Damenkleidergeschäft, Konfektion, Mäntelfabrik, Uniformgeschäft.

Konfektion. Einrichter eines Damenkonfektionsgeschäfts, die nach den Angaben des Konfektionärs Stoffe und Zutaten aussuchen und für die Schneider zusammenstellen, sind versicherungspflichtig nach § 1 Abs. 1 Nr. 2 AVG. E. v. 20. X. 17 — P 105/17 —, AVN. 18 S. 76 Nr. 274. Wegen Versicherungspflicht von Direktricen und Warenabnehmerinnen in Konfektionsgeschäften zu vgl. oben Damenkleidergeschäft; zu vgl. auch Kleiderfabrik, Mäntelfabrik.

Linoleumfabrik. Ein in der Malerabteilung einer Linoleumfabrik Beschäftigter, der unter Oberleitung eines Betriebsleiters und eines Ingenieurs 2 Maler und 1 Arbeiter beaufsichtigt und ein Materialienverzeichnis führt, während des größten Teiles des Tages aber körperlich arbeitet, indem er die Farben nach den näheren Angaben des Betriebsleiters und des Ingenieurs mischt und auf ihre Mischkraft prüft, ist nicht versicherungspflichtig nach dem AVG. E. v. 15. XII. 16 — P 73/16 —, AVN. 17 S. 86 Nr. 202.

Malzkaffeefabrik. Die von einer Malzkaffeefabrik angestellte Propagandistin, die zwar nicht unmittelbar bei dem Absatz der Ware an die Kleinhändler mitzuwirken, aber von Haus zu Haus an die Verbraucher Kostproben und gedruckte Anpreisungen der Ware zu verteilen, hierbei über die Zubereitung und die in Betracht kommenden Verkaufsstellen Auskunft zu geben sowie bei den zu Werbezwecken veranstalteten Kostproben beim Zubereiten und Verteilen des Kaffees mitzuwirken hat, ist als Handlungsgehilfin versicherungspflichtig nach § 1 Abs. 1 Nr. 3 AVG. E. v. 27. X. 16 — P 100/16 —, AVN. 17 S. 52 Nr. 183.

Mäntelfabrik. Zuschneider einer Damenmäntelfabrik, der an der Hand der vom Geschäftsinhaber entworfenen Zeichnungen und Skizzen Schnitte anfertigt und nach Grundmodellen zuschneidet, ist versicherungspflichtig nach dem AVG. E. v. 19. V. 16 — P 121/15 —, AVN. 16 S. 263 Nr. 161. Desgleichen ist versicherungspflichtig nach dem AVG. ein Zuschneider, der Modellkostüme und -Mäntel für Damen nach Maß kopiert, bis zu 24 Schneidergehilfen beaufsichtigt und bei den Anproben zugezogen wird, auch wenn er bei den Näharbeiten selbst mit Hand anlegt. E. v. 14. IV. 16 — P 156/15 —, AVN. 16 S. 198 Nr. 134. Dagegen sind nicht versicherungspflichtig nach dem AVG. Personen, die in einer Damenmäntelfabrik die zugeschnittenen Teile an die Näherinnen unter Ausfüllung der Lohnbücher weitergeben und die von den Näherinnen zusammengenähten Teile fassionieren und dabei auf Einhaltung der Arbeitsordnung und Beseitigung von Fehlern sehen. E. v. 19. V. 16 — P 121/16 —, AVN. 16 S. 263 Nr. 161.

Maschinenfabrik. Transformatoren-Kontrolleure einer Fabrik für elektrische Maschinen und Dampfturbinen, welche die Fertigstellung von Transformatoren zu verfolgen und mechanisch nachzuprüfen, etwaige Unstimmigkeiten dem Meister zu melden und nach den Angaben des Prüfraums oder Konstruktionsbüros Fehler zu beseitigen haben, sind nicht versicherungspflichtig nach dem AVG. E. v. 26. VI. 17 — P 332/16 —, AVN. 17 S. 265 Nr. 253. Desgleichen ist nicht versicherungspflichtig nach dem AVG. ein Photograph, der mit Hilfe eines ihm beigegebenen Arbeiters alle im Betriebe der Maschinenfabrik erforderlichen photographischen Aufnahmen, Abzüge und Lichtpausen herstellt. E. v. 24. IV. 17 — P 34/17 —, AVN. 17 S. 224 Nr. 239.

Mühlen. Der Maschinenmeister einer Kunstmühle, dem die selbständige Versorgung einer Dampfmaschine, des Motorbetriebs für Wasserversorgung und der Zentralheizungsanlage anvertraut ist und hierbei Hilfskräfte unterstellt sind, ist versicherungspflichtig nach § 1 Abs. 1 Nr. 2 AVG., auch wenn er gelegentlich und zur Aushilfe das Heizen selbst mit besorgt. E. v. 19. I. 17 — P 277/16 —, AVN. 17 S. 101 Nr. 211.

Ölfabrik. Ein Lagermeister in einer Ölfabrik, dem 20 Arbeiter unterstellt sind und der für den Versand der Waren und neben dem Betriebsleiter für den Bestand des Lagers verantwortlich ist, ist nach § 1 Abs. 1 Nr. 2 AVG versicherungspflichtig. E. v. 15. XI. 16 — P 20/16 —, AVN. 17 S. 75 Nr. 192. Desgleichen ist versicherungspflichtig nach dieser Vorschrift der Pressemeister in einer Ölfabrik, dem etwa 20 Arbeiter unterstellt sind und dessen körperliche Mitarbeit hinter der beaufsichtigenden und anordnenden Tätigkeit zurücksteht. E. v. 6. VI. 17 — P 53/17 —, AVN. 17 S. 275 Nr. 255.

Porzellanmanufaktur. Modelleure einer Porzellanmanufaktur, die Modelle nicht nur nachbilden, sondern auch auf Grund eigener Studien entwerfen, sind nach § 1 Abs. 1 Nr. 2 AVG. versicherungspflichtig. E. v. 26. X. 20 — P 84/20 —, AVN. 21 S. 26 Nr. 448.

Putzgeschäft. Die Direktrice der Putzabteilung eines Warenhauses, die das Garnieren und Fertigstellen der Hüte nach den Wünschen der Kundschaft vornimmt und bei dem Verkaufe durch sachverständigen Rat mitwirkt, ist als Angestelte in gehobener Stellung nach § 1 Abs. 1 Nr. 2 AVG. versicherungspflichtig. E. v. 11. IX. 15 — P 58/15 —, AVN. 15 S. 226 Nr. 62.

Restaurants. Der Geschäftsführer eines Automatenrestaurants, der die Gäste zu begrüßen, den ordnungsmäßigen Gang der Apparate des Restaurants zu überwachen und die Aufräumer zu beaufsichtigen hat, ist nach § 1 Abs. 1 Nr. 2 AVG. versicherungspflichtig. E. v. 27. X. 16 — P 94/16 —, AVN. 17. S. 54 Nr. 184. Dagegen sind Büfettfräuleins in einem Automatenrestaurant, welche Eßwaren und Getränke gegen Gutschein an die Abräumer und gegen Barzahlung an das Publikum abgeben und Geld umwechseln, als Gewerbegehilfinnen anzusehen und deshalb nach dem AVG. nicht versicherungspflichtig. E. v. 8. XII. 15 — P 130/15 —, AVN. 16 S. 36 Nr. 84.

Sägewerk. Ein Sägemeister, der in einem Sägewerke die Arbeit zu überwachen, die Arbeiter zu belehren und Unregelmäßigkeiten im Betriebe anzuzeigen hat, ist nach § 1 Abs. 1 Nr. 2 AVG. versicherungspflichtig, auch wenn er im übrigen mit körperlichen Arbeiten im Betriebe beschäftigt wird. E. v. 18. VI. 15 — P 28/15 —, AVN. 15 S. 180 Nr. 45. Ferner ist für versicherungspflichtig nach dem AVG. erklärt worden der Obersäger eines Sägewerkes, der unter der Oberleitung der Geschäftsinhaber die Maschinen zu beaufsichtigen, die Stämme nach den Bestellungen zusammenzustellen und daneben gegenüber den Arbeitern gewisse, wenn auch dem Zeitaufwand nach zurücktretende Aufsichtsbefugnisse besitzt. E. v. 8. XII. 16 — P 136/16 —, AVN. 17 S. 182 Nr. 218.

Schiffswerft. Ein Photograph, der mit Hilfe eines ihm beigegebenen Arbeiters die im Betriebe einer Schiffswerft erforderlichen photographischen Aufnahmen, Abzüge und Lichtpausen herzustellen hat, ist nicht versicherungspflichtig nach dem AVG. E. v. 24. IV. 17 — P 34/17 —, AVN. 17 S. 224 Nr. 239.

Schirmfabrik. Die Zuschneiderin einer Schirmfabrik, die nach Grundmodellen die ihr zugeteilten Stoffe zuzuschneiden und an die Heimarbeiterinnen weiter zu geben, die fertige Arbeit abzunehmen und auf Richtigkeit und Fehlerlosigkeit nachzuprüfen hat, bei den notwendigen Abänderungen und Näharbeiten mit Hand anlegt, im übrigen aber keine Anordnungs-, Leitungs- und Aufsichtsbefugnisse besitzt, ist nicht versicherungspflichtig nach dem AVG. E. v. 18. III. 16 — P 159/15 —, AVN. 16 S. 171 Dr. 120.

Schuhfabrik. Der Schuhmodelleur einer mechanischen Schuhfabrik, der nach vorhandenen Leisten ein Schaftmodell auf Pappe herzustellen und zum Zwecke vorteilhaften Zuschneiden in seine einzelnen Teile zu zerlegen sowie die gefundenen Maße auf die üblichen Schuhgrößen zu übertragen hat, ist nach § 1 Abs. 1 Nr. 2 AVG. versicherungspflichtig. E. v. 22. VI. 18 — P 29/18 —, AVN. 18 S. 239 Nr. 304.

Spielwarenfabrik. Ein Flaschner, der in einer Spielwarenfabrik arbeitet und nur während 8 bis 10 Wochen des Jahres mit dem Entwerfen von Mustern und Schablonen beschäftigt wird, ist nicht versicherungspflichtig nach dem AVG. E. v. 17. V. 16 — P 131/15 —, AVN. 16 S. 215 Nr. 140.

Spinnerei. Ein Spinnmeister in einer Kammgarnspinnerei, dem ein Selfaktorsaal mit 12 Selfaktoren und 46 Arbeitern untersteht, der mit Genehmigung des Obermeisters Strafen wegen Verletzung der Fabrikordnung verhängen kann, der ferner kleinere schriftliche Arbeiten ausführt, ist nach § 1 Abs. 2 AVG. versicherungspflichtig, auch wenn er persönlich die Maschinen in Ordnung zu halten und kleinere Reparaturen vorzunehmen hat. E. v. 7. III. 16 — P 128/15 —, AVN. 16 S. 164 Nr. 115. Ein in einer Wollkämmerei und Kammgarnspinnerei beschäftigter Dubliermeister, der 6 Dubliermaschinen und 38 Personen zu beaufsichtigen hat, ist nach § 1 Abs. 1 Nr. 2 AVG. versicherungspflichtig, auch wenn er unter einem Obermeister steht und bei Änderungen und Reparaturen an den Maschinen Hand anzulegen hat. E. v. 26. II. 16 —, P 118/15 —, AVN. 16 S. 150 Nr. 110. Ein Appreturmeister in einer Spinnerei, der 10 bis 12 Arbeiter zu beaufsichtigen, ihre Arbeiten durchzusehen und zu prüfen hat, auch für deren Ausfall verantwortlich ist, ferner mit Genehmigung des Prokuristen Arbeiter annehmen und entlassen kann, ist versicherungspflichtig nach dem AVG., auch wenn er in erheblichem Umfang an der Presse selbst mitarbeitet. E. v. 19. V. 16 — P 165/15 —, AVN. 16

S. 221 Nr. 144. Ein Selfaktormeister in einer Kunstwollspinnerei, der 8 Spinnmaschinen in Gang zu setzen und ihren ordnungsmäßigen Gang zu überwachen, die Garnstärke fortlaufend zu prüfen, dabei die an den Maschinen beschäftigten Arbeiter (Fadenkinder) zu überwachen, das Gewicht des fertiggestellten Garnes und die Stundenzahl der Arbeiter anzuschreiben, auf die Beobachtung der Arbeitsordnung und auf Bestrafung von Zuwiderhandlungen hinzuwirken hat, ist nach § 1 Abs. 1 Nr. 2 AVG. versicherungspflichtig. E. v. 20. XI. 15 — P 76/15 —, AVN. 16 S. 28 Nr. 78. Der Waschmeister einer Wollkämmerei und Kammgarnspinnerei, der unter einem Obermeister Maschinen zu bewachen und zu führen, für das richtige Arbeiten und Beschicken der Wölfe und der Waschmaschinen zu sorgen, den Zu- und Ablauf der Waschwässer zu regeln, sie in der richtigen Temperatur zu halten, den Waschwässern die vorschriftsmäßigen Waschmittel beizufügen, das richtige Arbeiten der Transmissionen und Antriebe für die Maschinen zu beobachten und 9 Personen bei ihrer Arbeit zu beaufsichtigen hat und für ihre Arbeitsausführung dem Obermeister verantwortlich ist, ist nach § 1 Abs. 1 Nr. 2 AVG. versicherungspflichtig. E. v. 27. X. 15 — P 120/15 —, AVN. 16 S. 15 Nr. 75. Desgleichen ist versicherungspflichtig nach dem AVG. ein Angestellter einer Wollkämmerei und Kammgarnspinnerei, der in der Sortierabteilung die Anwesenheit der Arbeiter festzustellen, Aufstellungen und Listen über Arbeitszeit und Arbeitsleistung der Arbeiter zu fertigen, Schreibarbeiten und statistische Aufzeichnungen zu machen hat. E. v. 1. V. 15 — P 9/15 —, AVN. 15 S. 151 Nr. 34. Über die Versicherungspflicht von Stuhlmeistern und Webmeistern zu vgl. Webereien.

Steinbruch. Der Vorarbeiter eines Steinbruchs, der unter der fortdauernden Anleitung eines über mehrere Grubenbetriebe der Firma gesetzten Grubenverwalters die Aufsicht über 20 Arbeiter führt und körperlich mitarbeitet, insbesondere die erforderlichen Instandsetzungsarbeiten ausführt, den Kessel bedient und ein Schichten- und Versandbuch führt, auf die Aufsicht und die körperliche Mitarbeit etwa die gleiche Zeit verwendet und den gleichen Lohn bezieht wie die übrigen Arbeiter, ist nicht versicherungspflichtig nach dem AVG. E. v. 18. X. 16 — P 159/16 —, AVN. 17 S. 24 Nr. 177.

Straußfedernfabrik. Expedientinnen in einer Straußfedernfabrik, die in der Hauptsache die aus der Fabrik kommenden Federn teils in Papierdüten teils in Versandkartons hineinlegen und anheften und nur gelegentlich bei der Zusammenstellung der Kommissionen mitwirken, sind Gewerbegehilfinnen und deshalb nicht versicherungspflichtig nach dem AVG. E. v. 18. XII. 15 — P 63/15 —, AVN. 16 S. 54 Nr. 90.

Tapetenfabrik. Musterzeichnergehilfen, die nach den ihnen zur künstlerischen Ausführung aufgegebenen Ideen und Vorlagen Tapetenmuster selbständig entwerfen (sog. Entwerfer) sind versicherungspflichtig gemäß § 1 Abs. 1 Nr. 2 AVG., auch wenn sie unter fortgesetzter Aufsicht des Arbeitgebers arbeiten. E. v. 5. I 21 — P 249/20.

Tuchfabrik zu vgl. Kleiderfabrik, Webereien.

Uhrenfabrik. Personen, die in einer Uhrenfabrik die Uhren nachzuprüfen und zu regulieren haben (Regleure) sind nicht versicherungspflichtig nach dem AVG. E. v. 30. V. 17 — P 261/16 —, AVN. 18 S. 10 Nr. 266.

Uniformgeschäft. Zuschneider eines Uniformgeschäfts, das teils nach Maß teils auf Massenfabrikation arbeitet, sind versicherungspflichtig nach dem AVG., wenn sie mit dem Maßnehmen und selbständigen Zuschneiden nach den genommenen Maßen betraut sind, die Anprobe besorgen, über die Abnahmefähigkeit oder Verbesserungsbedürftigkeit der hergestellten Anzüge zu entscheiden und die von ihnen zugeschnittenen Röcke den Hausgewerbtreibenden abzunehmen, nachzuprüfen und die Abnahme zu bescheinigen haben. E. v. 16. VI. 16 — P 55/16 —, AVN 16 S. 242 Nr. 156.

Warenhaus zu vgl. § 20 unter Expedientin, Kontrolleurin, Packerinnen.

Wäschefabrik. Direktricen in einer Wäschefabrik, welche die Arbeit ausgeben, die Aufsicht führen und fehlerhaft abgelieferte Stücke ausbessern, sind nach § 1 Abs. 1 Nr. 2 AVG. versicherungspflichtig. E. v. 20. XI. 15 — P 77/15 —, AVN. 16 S. 26 Nr. 77. Desgleichen ist versicherungspflichtig nach § 1 Abs. 1 Nr. 3 AVG. eine Lageristin in einer Wäschefabrik, welche die fertige Plättwäsche vor dem Einräumen in das Lager besichtigt und säubert, ein Lagerbuch führt und die Wäsche zu den bestellten Sendungen zusammenstellt, sowie außerdem auch Rechnungen ausschreibt. E. v. 19. V. 16 — P 171/15 —, AVN. 16 S. 223 Nr. 146.

Wäschegeschäft. Der Zuschneider in einem Maßgeschäft für feine Herrenwäsche, der für die Herren Maß zu nehmen, sie nach eigenen Entwürfen oder nach Grundmodellen zuzuschneiden und die Anproben vorzunehmen hat, ist nach § 1 Abs. 1 Nr. 2 AVG. versicherungspflichtig. E. v. 14. II. 17 — P 248/16 —, AVN. 17 S. 106 Nr. 214. Ebenso sind versicherungspflichtig nach dem AVG. Direktricen, die in der Fabrik eines Herrenwäschegeschäfts 15 bis 20 Vorrichterinnen und Näherinnen bei ihren Arbeiten anleiten und beaufsichtigen, deren Arbeiten nachprüfen und verbessern lassen und die geleisteten Arbeiten in Lohnbücher eintragen. E. v. 8. XII. 15 — P 135/15 —, AVN. 16 S. 53 Nr. 89.

Webereien. Ein Stuhlmeister, der in einer Tuchfabrik unter einem Webmeister einen Websaal mit 30 Stühlen und 30 Webern leitet und beaufsichtigt sowie für die Inbetriebhaltung der Stühle zu sorgen hat, außerdem beim Ingangsetzen der Stühle mitzuwirken, auch kleinere Reparaturen auszuführen hat, ist nach § 1 Abs. 1 Nr. 2 AVG. versicherungspflichtig. E. v. 3. XII. 15 — P 26/15 —, AVN. 16 S. 66 Nr. 93. Dagegen ist ein sog. Webmeister in einer unter der unmittelbaren fachkundigen Leitung des Firmeninhabers stehenden mechanischen Weberei, welcher die Stühle vorzurichten und fortdauernd auf ihre Betriebsfähigkeit zu überwachen, die Kette einzulegen, für die Abstellung eintretender Mängel zu sorgen sowie die Wechselräder einzustellen und nach Bedarf abzuändern hat, dagegen keinerlei Aufsichts- und Leitungsbefugnisse gegenüber den Webern besitzt, auch keine Verantwortung für den Ausfall der Arbeit trägt, nicht versicherungspflichtig nach dem AVG. E. v. 18. III. 16 — P 163/15 —, AVN. 16 S. 165 Nr. 116. Der Liefermeister einer größeren Weberei, der die von den Webern fertig abgelieferte Ware auf Beschaffenheit, Schußzahl, Einstellung, Ausfall und Webfehler nachprüft und unter Zuziehung des Betriebsleiters über die Abnahme der Ware befindet, ist versicherungspflichtig nach § 1 Abs. 1 Nr. 2 AVG. E. v. 20. X. 17 — P 92/17 —, AVN. 18 S. 74 Nr. 273. Ebenso ist für versicherungspflichtig nach dem AVG. erklärt worden ein Garnausgeber einer Weberei, der für die richtige Verteilung des Garnes an die Weber verantwortlich ist, die mit dem Abwiegen und der Verteilung im einzelnen beauftragten Personen zu überwachen und ein Verzeichnis über die ausgegebenen Garne zu führen hat. E. v. 22. I. 16 — P 88/15 —, AVN. 16 S. 137 Nr. 101. Zu vgl. auch unter Spinnerei.

Werkstätten. Eine Werkstattschreiberin, die Arbeiten verrichtet, wie sie sonst in Büros ausgeführt werden, ist als Büroangestellte versicherungspflichtig nach dem AVG., sofern sie nicht mit niederen oder lediglich mechanischen Dienstleistungen beschäftigt wird. E. v. 8. I. 20 — P 94/19 —, AVN. 20 S. 56 Nr. 389. Dagegen ist ein Werkstattschreiber, der zur Beihilfe für einen Werkmeister lediglich Akkordkarten ausfüllt, im übrigen aber Botendienste leistet, nicht als Büroangestellter angesehen. E. v. 18. I. 19 — P 153/18 —, AVN. 19 S. 53 Nr. 334.

Wollkämmerei zu vgl. Spinnerei.

Zeitungsgewerbe. Versicherungspflichtig nach § 1 Abs. 1 Nr. 2 AVG. ist ein Büroangestellter, der neben sonstiger Tätigkeit täglich etwa 4 bis 6 Stunden lang Sitzungen der Gerichte und anderer Behörden besucht, den Inhalt der Verhandlungen aufzeichnet und seinem Arbeitgeber (Zeitungsredakteur) über die Sitzungen mündlich berichtet. E. v. 20. II. 15 — P 36/14 —, AVN. 15 S. 113 Nr. 29. Versicherungspflichtig sind auch Schnittmusterzeichnerinnen, die für einen Zeitungsverlag Schnittmusterzeichnungen nach Modezeichnungen oder Photographien anfertigen. E. v. 22. IV. 20 — P 27/20 —, AVN. 20 S. 201 Nr. 422.

Dagegen ist nicht versicherungspflichtig nach dem AVG. ein Berichterstatter, der für eine Zeitung Berichte über Gerichtsverhandlungen und dgl. liefert, für die Zahl der nach Ermessen der Schriftleitung benutzten Zeilen bezahlt wird und ebenso, wie die Schriftleitung, jederzeit die Geschäftsverbindung abbrechen kann. E. v. 23. II. 17 — P 179/16 —, AVN. 17 S. 197 Nr. 228. Wegen Zeitungsverkäufer zu vgl. § 20 unter Buchhandlung; wegen Versicherungspflicht eines sog. Schweizerdegen ob. unter Buchdruckerei.

Zentralheizungsfabrik. Obermonteure einer Fabrik für Zentralheizungen, die einer Montagegruppe von 3 bis 5 Arbeitern und Monteuren vorgesetzt sind, ihrerseits aber unter der fortdauernden Aufsicht der betriebsleitenden Ingenieure und besonderer Montagemeister stehen und für den Ausfall der Arbeit nicht verantwortlich sind, sind nicht versicherungspflichtig nach dem AVG. E. v. 28. II. 17 — P 245/16 —, AVN. 1917 S. 207 Nr. 231.

Ziegeleien. Ein Ziegelmeister, der den Betrieb einer Ziegelei zu leiten, die dort tätigen Arbeiter selbst anzunehmen und zu entlohnen hat, bei ihrer Entlassung aber an die Weisungen des Ziegeleibesitzers gebunden ist, die Arbeitszeit nach Beginn und Ende gemäß den Bestimmungen des Ziegeleibesitzers einzurichten hat, ist nicht selbständiger Unternehmer, sondern Angestellter des Ziegeleibesitzers und deshalb nach § 1 Abs. 1 Nr. 2 AVG. versicherungspflichtig. Dies gilt auch, wenn er die von ihm hergestellten Steine an den Ziegeleibesitzer zu überlassen hat und dabei im Hinblick auf die von ihm zu tragenden Arbeitslöhne vereinzelt mit Verlust arbeiten sollte. E. v. 20. X. 15 — P 112/15 —, AVN. 16 S. 10 Nr. 71.

Zigarrenfabriken. Ein Sortiermeister einer Zigarrenfabrik, der 10 bis 12 Sortiererinnen zu beaufsichtigen hat und für deren Arbeit verantwortlich ist, ist nach § 1 Abs. 1 Nr. 2 AVG. versicherungspflichtig, auch wenn er unter einem Obermeister steht und seine körperliche Mitarbeit dem Umfang der Aufsichtstätigkeit etwa gleichkommt. E. v. 28. III. 16 — P 147/15 —, AVN. 16

S. 175 Nr. 123. Dagegen ist ein sog. Kommissionswerkmeister, der in seinen eigenen Räumen für eine Zigarrenfabrik Zigarren herstellt, die dazu erforderlichen Arbeiter annimmt und entläßt, ihre Löhne festsetzt und die Arbeit unter sie verteilt, als selbständiger Gewerbtreibender nicht versicherungspflichtig nach dem AVG., auch wenn sein Betrieb durch einen Vertreter der Firma regelmäßig kontrolliert wird und er während der Dauer des Vertrags für andere Firmen nicht arbeiten darf. E. v. 6. III. 17 — P 109/16 —, AVN. 17 S. 209 Nr. 232.

Zuckerfabrik. Ein Zuckerkocher, der unter einem Siedemeister während der dreimonatigen Zuckerkampagne das Kochen der Füllmasse besorgt und dabei die ihm behilflichen Arbeiter beaufsichtigt, während des übrigen Teiles des Jahres aber wie ein Handarbeiter beschäftigt wird, ist nicht versicherungspflichtig nach dem AVG. E. v. 1. XII. 16 — P 106/16 —, AVN. 17 S. 32 Nr. 199.

Zum Schlusse wird hier noch auf folgende Entscheidungen des Oberschiedsgerichts, die von allgemeiner Bedeutung für industrielle usw. Betriebe sind, hingewiesen:

Der Lokomotivführer der Betriebsbahn eines industriellen Unternehmens, deren Züge nicht nur auf der Betriebsstätte, sondern erheblich darüber hinaus Personen und Materialien befördern und hierbei die Geleise einer öffentlichen Kleinbahn benutzen, ist versicherungspflichtig nach dem AVG. E. v. 1. XII. 16 — P 220/16 —, AVN. 17 S. 81 Nr. 197.

Ein Lagerverwalter in einer Fabrik, der die für den Betrieb erforderlichen Gebrauchsgegenstände (z. B. Öl, Nägel, Eisenzeug, Bürsten) in Empfang nimmt, an der Hand der Rechnungen die Ordnungsmäßigkeit der Lieferungen nachprüft, die Gegenstände auf schriftliche Anweisung der Betriebsleiter abgibt und über den Ein- und Ausgang Buch führt, ist nach § 1 Abs. 1 Nr. 2 AVG. versicherungspflichtig. E. v. 13. III. 16. — P 65/15 —, AVN. 16 S. 169 Nr. 118.

Ein Ewerführervize, der seine Aufträge im Kontor des Betriebs empfängt, aber befugt ist, bei ihrer Ausführung von den erteilten Weisungen im Bedarfsfall abzuweichen, ist nach § 1 Abs. 1 Nr. 2 AVG. versicherungspflichtig. E. v. 15. XII. 17 — P 27/17 —, AVN. 18 S. 168 Nr. 284.

Angestellte, die in einer ausländischen Zweigniederlassung eines inländischen Unternehmens beschäftigt sind, unterliegen nicht der Versicherungspflicht nach dem AVG. E. v. 16. VI. 16 — P 186/15—, AVN. 16 S. 267 Nr. 162.

§ 24.

Öffentlicher Dienst und freie Berufsarten.

1. Allgemeines.

Amtsanwaltschaft. Ein Amtsanwalt, dem eine Anwartschaft nach § 9 AVG. nicht gewährleistet ist, ist versicherungspflichtig nach dem AVG. E. v. 20. VII. 15 — P 53/15 —, AVN. 15 S. 192 Nr 52. Ein Rittergutsbesitzer, der als Amtsanwalt tätig ist und aus dem Rittergut etwa 6000 ℳ, aus der Amtsanwaltschaft etwa 950 ℳ jährlich bezieht, ist nicht versicherungspflichtig nach dem AVG., selbst wenn er auf die Geschäfte der Amtsanwaltschaft mehr Zeit verwendet als auf die Verwaltung des Ritterguts. E. v. 19. I. 16 — P 134/15 —, AVN. 16 S. 73 Nr. 98.

Amtsgericht zu vgl. Gerichtsbehörden.

Bürogeschäfte bei Behörden zu vgl. oben § 14 Büroangestellte.

Eisenbahnverwaltungen zu vgl. oben § 22 Verkehrswesen unter Eisenbahnen.

Feuerversicherungsanstalten, öffentliche. Der

Kommissär und Einnehmer einer öffentlichen Feuerversicherungsanstalt, der nur im Nebenberuf nach Art eines Versicherungsagenten beschäftigt ist, ist nach dem AVG. nicht versicherungspflichtig. E. v. 15. IX. 16 — P 17/15 —, AVN. 16 S. 294 Nr. 171.

Forstverwaltung. Wegen Versicherungspflicht von Waldhütern und Waldschützen zu vgl. oben § 19.

Gefälleinnehmerinnen einer Stadt, die von ihrem nicht büromäßig ausgestatteten Dienstzimmer aus Pflasterzoll erheben, Bescheinigungen über die Ein- und Durchfuhr von Bier ausstellen und Marktgebühren vereinnahmen, ohne sonst mit einer Buch- oder Rechnungsführung betraut zu sein, sind nicht versicherungspflichtig nach dem AVG. E. v. 4. V. 21 — P 27/21.

Gendarmerie. Ersatzgendarmen sind Angestellte im Sinne des § 1 Abs. 1 Nr. 2 AVG., sie gehören nicht zu den Personen des Soldatenstandes im Sinne des § 10 Abs. 1 Nr. 3 des bezeichneten Gesetzes. E. v. 9. X. 18 — P 121/18 —, AVN. 19 S. 20 Nr. 323.

Geometer zu vgl. Landmesser.

Gerichtsbehörden. Ein preußischer Gerichtsassessor, der zur Leitung einer öffentlichen Rechtsauskunftsstelle beurlaubt ist und für diese Tätigkeit einen monatlichen Entgelt bezieht, ist versicherungspflichtig nach § 1 Abs. 1 Nr. 1 AVG. E. v. 10. I. 17 — P 293/16 —, AVN. 17 S 100. Nr. 210. Desgleichen ist versicherungspflichtig nach § 1 Abs. 1 Nr. 2 AVG. ein bei einem Amtsgericht beschäftigter Kanzleigehilfe, der neben reinen Abschreibearbeiten Vordrucke in Urschrift und Abschrift auszufüllen und einfache Kostenrechnungen aufzustellen hat. E. v. 18. VI. 15 — P 51/15 —, AVN. 15 S. 186 Nr. 46. Ferner ist nach dieser Vorschrift als versicherungspflichtig erklärt ein bei einem preußischen Amtsgericht beschäftigter Hilfsschreiber, der neben reinen Abschreibearbeiten nach Vorlage Vordrucke für Ladungen, Kostenfestsetzungen, Bewilligung des Armenrechts und dgl. in Urschrift ausführt sowie Ausfertigungen von Anerkenntnis- und Versäumnisurteilen herstellt. E. v. 24. XI. 15 — P 33/15 —, AVN. 16 S. 49 Nr. 86.

Handwerkskammer. Ein bei einer Handwerkskammer beschäftigter Bürogehilfe, der die Lehrlingsrolle zu führen, die Gesellen- und Meisterprüfungen büromäßig vorzubereiten und Auskunft über Lehrverträge und Prüfungen zu erteilen hat, ist nach § 1 Abs. 1 Nr. 2 AVG. versicherungspflichtig. E. v. 3. IX. 15 — P 13/15 —, AVN. 15 S. 211 Nr. 58.

Heeresverwaltungen.

Fortifikation. „Maschinisten" bei einer Fortifikation, die den technischen Betrieb der Kraftstationen zu leiten, bei der Ausbildung von Aufsichtspersonal für die Bedienung von Scheinwerfern mitzuwirken haben und für die stete Kriegsbereitschaft der ihnen unterstellten Anlagen verantwortlich sind, sind als Angestellte in gehobener Stellung nach § 1 Abs. 1 Nr. 2 AVG. versicherungspflichtig. E. v. 30. VI. 15 — P 27/15 —, AVN. 15 S. 191 Nr. 50.

Munitionsfabrik. Ein Aushilfsrevisor in einer staatlichen Munitionsfabrik, dessen Beschäftigung teils in der Aufsicht über das Arbeitspersonal und über richtige Ausführung der Arbeiten teils in dem Führen oder Nachprüfen von Büchern und Listen besteht, ist als Angestellter in gehobener Stellung nach dem AVG. versicherungspflichtig, auch wenn er gegen täglichen Entgelt beschäftigt ist und der Arbeitsordnung untersteht. E. v. 29. IX. 14 — P 9/14 —, AVN. 14 S. 265 Nr. 17.

Pulverfabrik. Sogen. Meistergehilfe in einer staatlichen Pulverfabrik, der den Werkmeister bei Leitung des Betriebs zu unterstützen und zu vertreten, im übrigen eine Anzahl von Büroarbeiten auszuführen hat, ist als Angestellter in gehobener Stellung versicherungspflichtig. E. v. 16. VI. 14 — P 11/14 —, AVN. 14 S. 234 Nr. 14. Desgleichen ist ein in einer staatlichen Pulverfabrik beschäftigter Betriebsschreiber für versicherungspflichtig nach dem AVG. erklärt worden. E. v. 10. II. 14 — P 11/13 —, AVN. 14 S. 100 Nr. 3.

Landmesser. Ein Vermessungstechniker, der nicht nur mit Meßarbeiten, sondern auch in dem Büro des Katasterlandmessers mit Flächenberechnungen, Anlegung von Verzeichnissen und Kopierung von Plänen und Handrissen beschäftigt wird, ist versicherungspflichtig nach § 1 Abs. 1 Nr. 2 AVG. E. v. 9. XII. 20 — P 237/20 —, AVN. 21 S. 76 Nr. 466. Dagegen sind nicht versicherungspflichtig nach dem AVG. Landmessergehilfen, zu vgl. oben § 13 zu 3.

Patentanwaltschaft. Patentanwaltskandidaten sind während ihres Vorbereitungsdienstes bei einem Patentanwalte, sofern sie Entgelt beziehen, versicherungspflichtig nach dem AVG. E. v. 19. II. 20 — P 21/15 —, AVN. 20 S. 79 Nr. 402.

Pensionierte Beamte. Die Beschäftigung eines pensionierten Staatsbeamten, der ein Ruhegehalt von 2084 ℳ bezieht und wieder bei einer Behörde während der üblichen Geschäftsstunden gegen einen Jahresentgelt von 840 ℳ tätig ist, bildet nicht seinen Hauptberuf. Ein solcher Staatsbeamter ist mithin nicht versicherungspflichtig nach dem AVG. E. v. 27. X. 15 — P 94/15 —, AVN. 16 S. 48 Nr. 88. Ebenso ist für nicht versicherungspflichtig erklärt worden ein mit Pensionsberechtigung gegen ein Ruhegehalt von 5500 ℳ fest angestellter Staatsbeamter, der während seines Urlaubs bei Fortbezug seines Gehalts während des Krieges vorübergehend eine Privatstellung gegen einen monatlichen Entgelt von 240 *M* angenommen hatte. Die Tätigkeit in der Privatstellung bildet nicht seinen Hauptberuf. E. v. 27. IV. 18 — P 36/18 —, AVN. 18 S. 217 Nr. 303.

Polizeiverwaltung. Kriminalpolizeisergeanten sind nach § 1 Abs. 1 Nr. 2 AVG. versicherungspflichtig. E. v. 18. III. 16 — P 138/15 —, AVN. 16 S. 172 Nr. 121. Desgleichen ist versicherungspflichtig nach dem AVG. eine Fernsprechgehilfin bei einer Polizeiverwaltung, die Fernsprechvermittelungen über strafbare Handlungen entgegenzunehmen und dabei, soweit erforderlich, durch Rückfragen den Sachverhalt näher aufzuklären hat. E. v. 5. VI. 15 — P 24, 29/15 —, AVN. 15 S. 178 Nr. 43. Für versicherungspflichtig sind auch erklärt worden Rechercheure eines Detektivinstituts, die innerhalb des ihnen von dem Institute gegebenen Rahmens selbständig handeln. E. v. 15. XI. 19 — P 145/19 —, AVN. 20 S. 26 Nr. 375. Dagegen sind für nicht versicherungspflichtig nach dem AVG. erklärt: der Polizeisergeant einer kleinen Gemeinde, der in der Hauptsache öffentliche Gelder einkassiert und daneben einfache polizeiliche Dienste (Überwachung der Polizeistunde, Überbringung von Vorladungen, einfache Ermittelungen) verrichtet. E. v. 22. XII. 16 — P 114/16 —, AVN. 17 S. 90 Nr. 204; ebenso preußische Hilfsschutzleute im Außendienst. E. v. 25. VI. 19 — P 45/19 —, AVN. 19 S. 183 Nr. 358; der Hilfspolizeidiener einer Landgemeinde. E. v. 5. X. 17 — P 326/16 —, AVN. 18 S. 46 Nr. 269; sowie die Hilfsaufseherin in einem Polizeigefängnis. E. v. 5. IV. 18 — P 194/17 —, AVN. 18 S. 210 Nr. 300.

Für versicherungspflichtig nach dem AVG. sind

erklärt worden: Stadtbezirksaufseher einer größeren Stadt, denen der öffentliche Aufsichtsdienst über alle das städtische Gemeinwesen betreffenden Angelegenheiten insbesondere auf dem Gebiete der Wohlfahrts-, Gewerbe-, Bau- und Feuer-Polizei obliegt. E. v. 17. V. 16 — P178/15 —, AVN. 16 S. 216 Nr. 141; ferner auch die bei einer Polizeiverwaltung gegen ein Jahresgehalt von 6—900 *M.* beschäftigten Aufsichtsdamen für das Haltekinderwesen. E. v. 24. IX. 15 — P 43/15 —, AVN. 15 S. 234 Nr. 67, sowie die in Preußen als Einzelbeamte tätigen Fleischbeschauer, die nicht als selbständige Gewerbtreibende, sondern als Angestellte der örtlichen Polizeiverwaltung angesehen worden sind. E. v. 9. XI. 17 — P 134/17 —, AVN. 18 S. 92 Nr. 279. Zu vgl. auch oben unter Forstverwaltung und Gendarmerie.

Postverwaltung. Ein Postaushelfer, der für den Groß-Berliner Vorortverkehr Briefsendungen zu sortieren hat, wozu die Kenntnis der Leitpostanstalten und Ortschaften der einzelnen Vorortstrecken gehört, ist nach § 1 Abs. 1 Nr. 2 AVG. versicherungspflichtig. E. v. 9. VI. 16 — P 172/15 —, AVN. 16 S. 236 Nr. 152. Die Ehefrau eines Postverwalters, die ihrem Ehemanne von der vorgesetzten Behörde gegen die übliche Vergütung als Postgehilfin bestellt ist und auf ihren Dienst, ohne an bestimmte Dienststunden gebunden zu sein, neben der Führung ihres Haushalts durchschnittlich täglich etwa 5 Stunden verwendet, ist als Postgehilfin nicht im Hauptberufe beschäftigt und deshalb nach dem AVG. nicht versicherungspflichtig. E. v. 18. XII. 15 — P 106/15 —, AVN. 16 S. 68 Nr. 95.

Rechtsanwaltschaft. Die Büroangestellte eines Rechtsanwalts, die täglich 1 bis 2 Stunden mit der

Aufnahme von Stenogrammen nach Diktat und mit der Übertragung der Stenogramme auf die Schreibmaschine beschäftigt ist (Stenotypistin), ist versicherungspflichtig nach dem AVG. E. v. 29. IV. 14 — P 10/14 —, AVN. 14 S. 211 Nr. 9. Zu vgl. im übrigen oben § 14.

Sicherheitsdienst zu vgl. Polizeiverwaltung.

Sparkasse. Eine bei einer öffentlichen, gemeinnützigen Sparkasse beschäftigte Person, die den Sparern das Sparbuch abzunehmen, das Konto aus aus dem nach Nummern geordneten Kartenschrank herauszusuchen und den vom Sparer genannten, einzuzahlenden oder auszuzahlenden Betrag mit Blei in die dafür vorgesehene Stelle des Sparbuchs einzutragen hat, ist nicht Handlungsgehilfin nach § 1 Abs. 1 Nr. 3 AVG., sondern Bürogehilfin nach § 1 Abs. 1 Nr. 2 und als solche versicherungspflichtig nach dem AVG. E. v. 30. I. 17 — P 236/16 —, AVN. 18 S. 3 Nr. 260.

Städtische Verwaltungen.

Der Bürgermeister einer Stadt ist als Angestellter der Stadtgemeinde in leitender Stellung nach § 1 Abs. 1 Nr. 1 AVG. versicherungspflichtig, sofern ihm eine Anwartschaft auf Grund des § 9 AVG nicht gewährleistet ist. E. v. 18. XII. 15 — P 14/15 —, AVN. 16 S. 55 Nr. 91.

Städtischer Gärtner, der unter Oberleitung des städtischen Garten- und Friedhofverwalters eine größere Zahl von Arbeitern (10 bis 12) anzuweisen und zu beaufsichtigen hat, ist nach § 1 Abs. 1 Nr. 2 AVG. versicherungspflichtig. E. v. 20. VII. 15 — P 45/15 —, AVN. 15 S. 193 Nr. 53.

Näherin, die von der Gemeinde mit Zustimmung der Schulbehörde zur Erteilung des lehrplanmäßigen Handarbeitsunterrichts in der Volksschule angestellt ist, ist als Lehrerin nach § 1 Abs. 1 Nr. 5 AVG. versicherungspflichtig, auch wenn sie eine durch eine Prüfung abgeschlossene Vorbildung nicht genossen hat. E. v. 11. IX. 15 — P 23/15 —, AVN. 15 S. 229 Nr. 64.

Städtischer Wäger, auf Privatdienstvertrag angestellt, der die städtische Wage zu bedienen und die hiermit verbundenen schriftlichen Arbeiten zu erledigen hat, ist weder als Handlungsgehilfe noch als Bürobeamter noch gemäß § 1 Abs. 1 Nr. 2 AVG. versicherungspflichtig. E. v. 19. V. 20 — P 31/20 —, AVN. 20 S. 212 Nr. 427.

Trichinenbeschauer, die von einer Stadtgemeinde für bestimmte Bezirke angestellt und vom Stadtrat verpflichtet sind, sind als Gemeindeangestellte nach § 1 Abs. 1 Nr. 2 AVG. versicherungspflichtig. E. v. 24. XI. 15 — P 55/15 —, AVN. 16 S. 32 Nr. 82, ebenso die in einem städtischen Schlachthaus angestellten Trichinenschauerinnen. E. v. 23. I. 15 — P 34/14 —, AVN. 15 S. 52 Nr. 26.

Zu vgl. auch Polizeiverwaltung, Steuerverwaltung sowie § 14.

Steuerverwaltung. Eine bei einer Steuerbehörde angestellte Maschinenschreiberin, die außer reinen Abschreibarbeiten Vordrucke auf Grund verschiedener Unterlagen auszufüllen und bei Bearbeitung der Kartothek durch Eintragung von Vermerken mitzuwirken hat, ist nach § 1 Abs. 1 Nr. 2 AVG. versicherungspflichtig. E. v. 24. IX. 15 — P 8./15 —, AVN. 16 S. 4 Nr. 68. Desgleichen ein in einem städtischen Steuerbüro angestellter Hilfsschreiber, der mit Eintragungen in Listen und Registern, Anfertigung von Kontrollbogen, formularmäßiger Anfertigung von Steuerfestsetzungsbescheiden beschäftigt wird. E. v. 23. I. 15 — P 35/14 —, AVN. 15 S. 52 Nr. 25. Zu vgl. ferner § 14.

Telegraphenverwaltung. Ein bei einem Telegraphenamt beschäftigter Hugheskontrolleur, der abgehende Telegramme mit der Urschrift zu vergleichen und gegebenenfalls berichtigen zu lassen hat, für Fehler bei der Übermittelung mit verantwortlich ist und die Beförderungs- und Empfangsvermerke auszufüllen hat, ist nach § 1 Abs. 1 Nr. 2 AVG. versicherungspflichtig. E. v. 1. XII. 16 — P 241/16 —, AVN. 17 S. 82 Nr. 198.

2. Gesundheitspflege und Krankendienst.

Badekuren zu vgl. Sanatorium.

Ermittler bei Krankenkassen. Ein Krankenbesucher, der in wesentlichem Umfang auch als Ermittler tätig ist, ist nach § 1 Abs. 1 Nr. 2 AVG. versicherungsplfichtig. E. v. 15. V. 18 — P 34/18—, AVN. 18 S. 223 Nr. 307. Zu vgl. auch Krankenbesucher.

Haltekinderwesen. Die bei einer Polizeiverwaltung gegen Jahresgehalt angestellten Aufsichtsdamen für das Haltekinderwesen sind als Angestellte in gehobener Stellung nach § 1 Abs. 1 Nr. 2 AVG. versicherungspflichtig. E. v. 24. IX. 15 — P 43/15 —, AVN. 15 S. 234 Nr. 67.

Hebammen sind selbständige Gewerbtreibende und deshalb nicht versicherungspflichtig nach dem AVG., auch wenn sie von einem Kreise als Kreishebammen bestellt sind und bestimmte Verpflichtungen übernommen haben, einer Disziplinargewalt des Kreises unterliegen und bestimmte Beihilfen, namentlich zwecks Teilnahme an Fortbildungskursen und Nachprüfungen sowie eine Altersversorgung beziehen, hinsichtlich der eigentlichen Vergütung ihrer Berufstätigkeit dagegen auf die Gebühren der ihre Hilfe beanspruchenden Personen angewiesen sind. E. v. 24. IX. 15 — P 46/15 —, AVN. 16 S. 5 Nr. 69. Bezirkshebammen sind auch dann nicht versicherungspflichtig nach dem AVG., wenn ihnen vom Kreise ein verhältnismäßig geringfügiges Mindesteinkommen gewährleistet ist oder ein verhältnismäßig geringfügiges Gehalt gewährt wird. E. v. 12. I. 18 — P 193, 200/17 —, AVN. 18 S. 170 Nr. 286.

Heilgehilfen. Staatlich geprüfter Heilgehilfe, der auf der Unfallstation eines Hüttenwerkes bei Betriebsunfällen selbständig Verbände anlegt, Wiederbelebungsversuche an Verunglückten vornimmt, sie entweder einem Arzte oder einem Krankenhaus überweist und sie in leichteren Fällen unter der Oberleitung eines Arztes weiter behandelt, ist nach § 1 Abs. 1 Nr. 2 AVG. versicherungspflichtig. E. v. 19. V. 16 — P 19/16 —, AVN. 16 S. 222 Nr. 145. Zu vgl. auch Sanatorium.

Heilstätte zu vgl. Kinderheilstätte.

Irrenanstalten. Eine ausgebildete Pflegerin in einer staatlichen Irrenanstalt, welche im Küchendienst mit selbständigen Anordnungsbefugnissen verwendet wird, ist versicherungspflichtig nach § 1 Abs. 1 Nr. 2 AVG. E. v. 15. XII. 16 — P 139/16 —, AVN. 17 S. 87 Nr. 203. Desgleichen sind versicherungspflichtig nach dem AVG.: Handwerker, die nach Art eines Werkmeisters in Werkstätten einer Irrenanstalt die Kranken zur Beschäftigung anzuleiten und zu überwachen haben, auch für die zu den einzelnen Werkstätten gehörigen Vorratslager verantwortlich sind und die Buchführung darüber zu besorgen haben. E. v. 20. III. 17 — P 152/16 —, AVN. 17 S. 249 Nr. 248.

Kinderheilstätte. Kinderpflegerinnen in einer Heilstätte, in der erholungsbedürftige Kinder während einiger Wochen Aufnahme finden, sind nicht versicherungspflichtig nach dem AVG. E. v. 18. III. 16 — P 114/15 —, AVN. 16 S. 167 Nr. 117.

Kinderheim. Aufseherinnen in einem städtischen Heime für verlassene Kinder, die unter der Leitung von Hauseltern die körperliche Pflege der Kinder besorgen und häusliche Arbeiten verrichten, sind nicht versicherungspflichtig nach dem AVG., auch wenn sie bei ihrer Tätigkeit erzieherisch auf die Kinder einwirken. E. v. 23. XI. 17 — P 318/16 —, AVN. 1918 S. 96 Nr. 281.

Krankenbesucher einer Krankenkasse, der tatsächliche Feststellungen einfachster Art zu treffen und sie kurz in ein einfaches Formular einzutragen hat, daneben Botendienste und Abschreibarbeiten verrichtet, ist nicht versicherungspflichtig nach dem AVG. E. v. 18. IV. 17 — P 225/16 —, AVN. 17 S. 223 Nr. 238. Zu vgl. dagegen Ermittler bei Krankenkassen, die versicherungspflichtig sind, unter Ermittler.

Krankenhaus. Die Oberwäscherin eines Universiversitätskrankenhauses, die unter Aufsicht des Verwaltungsinspektors den Betrieb des Waschhauses, der Plätt-, Roll- und Nähstube zu leiten, daneben aber körperlich mitzuarbeiten hat, ist nicht versicherungspflichtig nach dem AVG., auch wenn ihr mehrere Waschmädchen und Flickfrauen unterstellt sind. E. v. 11. XI. 20 — P 154/20 —, AVN. 21 S. 58 Nr. 458.

Krankenkassen-Einkassierer, die Gelder und Schriftstücke abzutragen, die Beiträge von den Arbeitgebern gegen Aushändigung vorbereiteter Pauschalquittungen einzuziehen und auf Verlangen der Arbeitgeber die Zusammensetzung der Beitragsforderung aus den mitgeführten Konten zu erläutern haben, sind nicht versicherungspflichtig nach dem AVG., auch wenn sie bei Gelegenheit der Beitragseinziehung auf Befragen an der Hand der Kassensatzung Auskünfte über Versicherungspflicht, Beitragshöhe und ähnliches zu erteilen und An- und Abmeldungen entgegenzunehmen haben. E. v. 19. I. 17 — P 133/16 —, AVN. 17 S. 95 Nr. 207. Zu vgl. ferner unter Ermittler, Krankenbesucher, Krankenpfleger.

Krankenkontrolleur zu vgl. Krankenbesucher.

Krankenpfleger. Berufsmäßige Krankenpfleger die für wechselnde Auftraggeber tätig sind, sind in der Regel als selbständige Gewerbtreibende nicht versicherungspflichtig nach dem AVG. E. v. 10. III. 17 — P 230/16 —, AVN. 17 S. 213 Nr. 234. Zu vgl. auch Krankenschwestern.

Krankenschwestern. Die wechselnden Arbeitgeber, bei denen eine Krankenschwester gegen Entgelt Privatpflegen übernimmt, sind nicht beitragspflichtig nach dem AVG. Dabei ist die Frage offen gelassen, ob die Krankenschwester als selbständige Gewerbtreibende oder als Angestellte der Oberin der Schwesternschaft anzusehen ist. E. v. 10. XI. 16 — P 233/16 —, AVN. 17 S. 71 Nr. 190. Lehrschwestern, d. h. weibliche Personen, die zum Zwecke der Ausbildung in der Krankenpflege in einem Krankenhause beschäftigt werden, sind nicht versicherungspflichtig nach dem AVG. E. v. 31. III. 17 — P 153/16 —, AVN. 17 S. 227 Nr. 241. Eine Krankenschwester des „Deutschen Frauenvereins vom Roten Kreuz für die Kolonien" ist während ihrer Beschäftigung in den deutschen Schutzgebieten nicht versicherungspflichtig nach dem AVG. E. v. 9. I. 18 — P 120/17 —, AVN. 18 S. 187 Nr. 289.

Laborantin in einer ärztlichen Bildungsanstalt, die unter Aufsicht und Verantwortlichkeit von Ärzten Nährböden und Impfstoffe herstellt sowie bakteriologisch-diagnostische Untersuchungen vornimmt und für diesen Beruf vorgebildet ist, ist versicherungspflichtig nach dem AVG. E. v. 25. I. 19 — P 151/18 —, AVN. 19 S. 56 Nr. 336.

Lehrschwester zu vgl. Krankenschwester.

Massage zu vgl. Sanatorium.

Pflegerinnen zu vgl. Irrenanstalt, Kinderheilstätte, Kinderheim, Krankenpfleger, Krankenschwester.

Sanatorium. Badewärter, die in einem Sanatorium Wasser- und medizinische Bäder aller Art, insbesondere Licht- und Moorbäder vorzubereiten und zu verabfolgen, die Massage zu besorgen, daneben aber das Publikum zu bedienen, Zellen und Badegeräte zu reinigen und die sonst notwendigen niederen Dienste zu leisten haben, sind nicht versicherungspflichtig nach dem AVG., auch wenn sie als Heilgehilfen und Masseure staatlich geprüft sind. E. v. 9. VI. 16 — P198/15 —, AVN. 16 S. 237 Nr. 153.

Unfallstation zu vgl. Heilgehilfe.

Zahnheilkunde. Das Empfangsfräulein bei einem Zahnarzt, deren Tätigkeit sich auf die üblichen Hilfeleistungen beschränkt, wie Empfang der Patienten, Staubwischen, Halten von Spülgläsern, Kopfhalten, Hämmern von Goldfüllungen, Zureichen und Reinigen der Instrumente, Abschreiben von Rechnungen, Bedienen des Fernsprechers, ist nicht versicherungspflichtig nach dem AVG. E. v. 11. IX. 15 — P 70/15 —, AVN. 15 S. 228 Nr. 63. Desgleichen ist nicht versicherungspflichtig nach dem AVG. ein Zahntechniker in einem kleineren Orte, welcher lediglich im Laboratorium nach den Anordnungen seines Arbeitgebers tätig ist und nur vereinzelt in Abwesenheit des Arbeitgebers in leichteren Fällen Zähne zieht, dagegen sonst mit der Behandlung, insbesondere mit dem Einsetzen von Gebissen, dem Abdrucknehmen usw. nichts zu tun hat. E. v. 25 X. 16 — P 24/16—, AVN. 17 S. 49 Nr. 181.

3. Wohlfahrtsdienst.

Aufsichtsdamen für Haltekinderwesen zu vgl. oben zu 2 unter Haltekinderwesen.

Diakonissen. Eine bei einer Diakonissenanstalt beschäftigte Diakonisse, die neben freiem Unterhalte monatlich 15 *M* in bar für Kleidung und kleinere Lebensbedürfnisse erhält, ist nach § 7 AVG. versicherungsfrei. E. v. 26. V. 16 — P 62/16 —, AVN. 16 S. 227 Nr. 149.

Frauenheim. Erziehungsgehilfen eines Frauenheims für verwahrloste schulentlassene weibliche Personen, die unter der Aufsicht und nach den Anweisungen des Anstaltsleiters und der ihm beigegebenen Schwestern je eine Arbeitsgruppe von 15 bis 20 Mädchen bei der Arbeit zu beaufsichtigen und anzuleiten haben, selbst mitarbeiten und erzieherisch einwirken, sind versicherungspflichtig nach § 1 Abs. 1 Nr. 2 AVG. E. v. 26. I. 18 — P 176/17 —, AVN. 18 S. 199 Nr. 294.

Kinderbewahranstalt. Eine von ihrem Mutterhause zur Beschäftigung in einer auswärtigen Kinderbewahranstalt entsandte Kinderschwester, der das Mutterhaus freien Unterhalt und freie Kleidung zu gewähren hat, ist nach § 7 AVG. auch dann versicherungsfrei, wenn sie an Stelle des Unterhalts den zu seiner Beschaffung erforderlichen Geldbetrag erhält. E. v. 9. II. 17 — P 138/16 —, AVN. 18 S. 5 Nr. 262.

Kinderheim zu vgl. oben zu 2.

Krüppelheim. Ein im Dienste eines Krüppelheims stehender Schuhmacher, der in der Hauptsache für den eigenen Bedarf der Anstalt arbeitet und daneben Pfleglinge als Lehrlinge im Schuhmachergewerbe ausbildet, ist weder nach § 1 Abs. 1 Nr. 2 noch nach Nr. 5 AVG. versicherungspflichtig. E. v. 16. I. 17 — P 168/16 —, AVN. 17 S. 184 Nr. 219.

Milchhallen, gemeinnützige. Milchverkäuferinnen, die im Dienste einer gemeinnützigen, keine Erwerbszwecke verfolgenden Gesellschaft in einem

Milchhäuschen Milch zu verkaufen und niedere Dienste (Reinigen der Verkaufsstände und Fußböden sowie des an das Häuschen angrenzenden Straßenteils, Spülen der Milchkannen, Kochgefäße und dgl.) zu verrichten haben, sind weder Handlungsgehilfinnen noch Angestellte in gehobener Stellung und deshalb nicht versicherungspflichtig nach dem AVG. E. v. 19. V. 16 — P 185/15 —, AVN. 16 S. 220 Nr. 143.

Volksküche. Die Leiterin der Suppenküche eines Volksküchenvereins, die den Küchenbetrieb und das Küchenpersonal zu beaufsichtigen, die erforderlichen Anordnungen im Rahmen der allgemeinen Weisungen selbständig zu treffen und im Notfalle körperlich mitzuarbeiten hat, ist versicherungspflichtig nach § 1 Abs. 1 Nr. 1 AVG. E. v. 8. VI. 21 — P 123 21.

Vorsteherin einer Wohltätigkeitsanstalt. Eine von ihrem Manne getrennt lebende Ehefrau, die als Vorsteherin einer Wohltätigkeitsanstalt tätig ist und dafür neben freiem Unterhalt monatlich 50 *M.* bar bezieht, ist versicherungspflichtig nach dem AVG. E. v. 30. VI. 15 — P 39/15 —, AVN. 15 S. 188 Nr. 48.

4. Kunst und Wissenschaft.

Artisten zu vgl. § 16 (Bühnen- und Orchestermitglieder).

Assistenten an Hochschul- und ähnlichen Instituten zu vgl. Hochschulen, Technische Versuchsanstalten.

Bibliotheken. Ein akademisch vorgebildeter Hilfsarbeiter an einer Universitätsbibliothek, der den Bibliothekaren bei ihren wissenschaftlichen Arbeiten Hilfe leistet und ausreichend Zeit und Gelegenheit zu eigener wissenschaftlicher Tätigkeit hat, ist nicht versicherungspflichtig nach dem AVG. E. v. 29. VI. 18 — P 61/18 —, AVN. 18 S. 241 Nr. 315.

Erzieher zu vgl. Lehrer und Erzieher § 17.

Fechtunterricht. Ein von einem Universitätsfechtmeister beschäftigter Fechtlehrer ist weder als Angestellter nach § 1 Abs. 1 Nr. 2 noch als Lehrer nach § 1 Abs. 1 Nr. 5 AVG. versicherungspflichtig. E. v. 30. VI. 17 — P 296/16 —, AVN. 17 S. 276 Nr. 256.

Fortbildungsschule. Eine mit der Erteilung von Zeichenunterricht an einer städtischen Fortbildungsschule beschäftigte Person ist versicherungspflichtig nach § 1 Abs. 1 Nr. 5 AVG., auch wenn sie zum Lehrberuf nicht vorgebildet ist. E. v. 28. II. 17 — P 277/16 —, AVN. 17 S. 200 Nr. 230. Handwerksmeister, die an städtischen Fortbildungs- und Fachschulen in Fachklassen Unterricht in den von ihnen ausgeübten Handwerken erteilen, sind Lehrer im Sinne des § 1 Abs. 1 Nr. 5 AVG. und deshalb versicherungspflichtig nach diesem Gesetze. E. v. 4. VII. 17 — P 94/17 —, AVN. 17 S. 278 Nr. 238. Zu vgl. im übrigen oben § 17.

Hochschulen. Ein Assistent an einem Hochschulinstitute, der die Studierenden bei ihren Arbeiten unter Aufsicht des Institutsleiters unterweist und Gelegenheit zu selbständiger wissenschaftlicher Arbeit und Forschung hat, ist nach dem AVG. nicht versicherungspflichtig, auch wenn er Vorlesungen nicht abhält. E. v. 19. II. 16 — P 181/16 —, AVN. 16 S. 142 Nr. 105. Ein Assistent eines einer Hochschule angegliederten Instituts, der eine wissenschaftliche Tätigkeit ausübt, ist nicht versicherungspflichtig nach dem AVG., auch wenn er an bestimmte Dienststunden gebunden ist und bestimmte, ihm zugewiesene Arbeiten zu erledigen hat. E. v. 5. X. 17 — P 88/17 —, AVN. 18 S. 62 Nr. 271. Zu vgl. oben Bibliothek sowie § 17.

Künstler, die als außerordentliche Lehrer an einer staatlichen Kunstschule angestellt sind, sind nicht versicherungspflichtig nach dem AVG., wenn ihre Lehrtätigkeit ihnen ausreichend Zeit zu freier künstlerischer Tätigkeit läßt und sie eine solche auch tatsächlich ausüben. E. v. 9. XII. 19 — P 97/19 —, AVN. 20 S. 31 Nr. 380.

Kunstmalerei. Ein auf einer Kunstgewerbeschule vorgebildeter, in einem Atelier für Dekorationsmalerei beschäftigter Zeichner, der Skizzen und Entwürfe für Ausmalung von Zimmern und Kirchen anzufertigen, teilweise auch bei deren Ausführung mitzuwirken hat, ist versicherungspflichtig nach § 1 Abs. 1 Nr. 2 AVG. E. v. 10. I. 17 — P 192/16 —, AVN. 17 S. 94 Nr. 206. Das gleiche gilt von einem Theatermaler, der nach eigenen Skizzen neue Dekorationen zu malen und alte Dekorationen zu erneuern und zu ändern hat. E. v. 25. I. 19 — P 152/18 —, AVN. 19 S. 57 Nr. 337.

Lehrer zu vgl. oben § 17.

Lichtspieltheater zu vgl. oben § 16 (Bühnen).

Malerei zu vgl. Kunstmalerei.

Modelleure. Der Modelleur einer Devotionalienfabrik, der Medaillen für religiöse Zwecke herstellt und dabei künstlerisches Empfinden zu betätigen hat, ist nach § 1 Abs. 1 Nr. 2 AVG. versicherungspflichtig, auch wenn er zwar nicht bei den Verzierungen, wohl aber in der Wiedergabe der eigentlichen Motive an die Vorlagen gebunden ist. E. v. 2. II. 17 — P 163/16 —, AVN. 17 S. 103 Nr. 212. Desgleichen sind für versicherungspflichtig erklärt Modelleure einer Porzellanmanufaktur, die Modelle nicht nur nachbilden, sondern auch auf Grund eigener Studien entwerfen. E. v. 26. X. 20 — P 84/20 —, AVN. 21 S. 26 Nr. 448.

Orchester zu vgl. oben § 16 (Orchester).

Rezitator zu vgl. oben § 16 (Bühnen).

Schauspieler zu vgl. oben § 16 (Bühnen).

Schulen zu vgl. Lehrer und Erzieher § 17.

Technische Versuchsanstalten. Ein an einer Technischen Versuchsanstalt gegen Entgelt beschäftigter Assistent, der chemische und physikalische Untersuchungen des der Versuchsanstalt von der Industrie und anderen Instituten überwiesenen Materials vorzunehmen und Methoden für technische und andere Zwecke nachzuprüfen, aber eine Lehrtätigkeit nicht wahrzunehmen hat, ist als Angestellter in höherer Stellung im Sinne des § 1 Abs. 1 Nr. 2 AVG. versicherungspflichtig. E. v. 3. IX. 15 — P 47/15 —, AVN. 15 S. 210 Nr. 57.

Theater zu vgl. § 16 (Bühnen).

Theatermaler zu vgl. Kunstmalerei.

Turnlehrer zu vgl. § 17 (Lehrer).

Universitäten zu vgl. Hochschulen.

Universitätsbibliothek zu vgl. Bibliotheken.

Universitätskrankenhaus. Oberwäscherin, die unter Aufsicht des Verwaltungsinspektors den Waschhausbetrieb leitet, ist nicht versicherungspflichtig nach dem AVG., auch wenn ihr mehrere Waschmädchen und Flickfrauen unterstellt sind. E. v. 11. XI. 20 — P 154/20 —, AVN. 21 S. 58 Nr. 458.

Volksschulen zu vgl. § 17 (Lehrer).

Zeichenunterricht zu vgl. § 17 (Lehrer).

Zeichner. Schnittmusterzeichnerinnen, die für einen Zeitungsverlag Schnittmusterzeichnungen nach Modezeichnungen oder Photographien anfertigen, sind versicherungspflichtig nach dem AVG. E. v. 22. IV. 20 — P 27/20 —, AVN. 20 S. 201 Nr. 422.

Zuschneidekunst. Personen, die in der Zuschneidekunst unterweisen, sind versicherungspflichtig nach dem AVG. E. v. 26. X. 20 — P 193, 234/20 —, AVN. 21 S. 27 Nr. 449.

5. Kirchendienst.

Choralist einer katholischen Kirche, der mit den übrigen Choralisten täglich bei der Messe den Choral zu singen, bei den Psalmen die lateinischen Texte zu rezitieren und an den Sonn- und Festtagen im Kirchenchor mitzusingen hat, ist nicht versicherungspflichtig nach dem AVG. E. v. 15. VI. 17 — P 258/16 —, AVN. 17 S. 262 Nr. 252.

Küster, der den Altar zum Gottesdienst herzurichten, dem Priester behilflich zu sein, Kirche und Sakristei zu reinigen und in Ordnung zu halten, die Kirchengeräte zu verwahren und rein zu halten, die Sonn- und Feiertage einzuläuten, bei Krankenversehgängen die Laterne zu tragen und hierbei ebenso wie bei Trauungen, Taufen und Beerdigungen dem Priester zu respondieren hat, ist nicht versicherungspflichtig nach dem AVG. E. v. 3. V. 16 — P 14/16 —, AVN. 16 S. 190 Nr. 130.

§ 25.

Häuslicher Dienst.

Aufseherinnen eines Kinderheims, denen die Kinderpflege obliegt, zu vgl. Kinderpflege.

Hausfräulein, das im Haushalt der Dienstherrschaft keine Leitungs- und Anordnungsbefugnisse hat, vielmehr im wesentlichen mit Arbeiten eines Dienstboten befaßt ist, ist nicht versicherungspflichtig nach dem AVG., auch wenn es die Mahlzeiten am Tische der Dienstherrschaft einnimmt. E. v. 3. XII. 15 — P 97/15 —, AVN. 16 S. 30 Nr. 80

Herrschaftsköchin zu vgl. Köchin.

Kinderfräulein. Ein auf einer höheren Töchterschule vorgebildetes und als Kindergärtnerin I. Klasse geprüftes Kinderfräulein, das die ihr anvertrauten Kinder nicht nur zu beaufsichtigen und zu pflegen, sondern auch bei ihren Schularbeiten anzuleiten hat, ist versicherungspflichtig nach § 1 Abs. 1 Nr. 2 AVG., auch wenn sie das Kinderzimmer und ihr eigenes Zimmer aufzuräumen und die Kleider der Kinder in Ordnung zu halten hat. E. v. 23. II. 17 — P 255/16 —, AVN. 17 S 246 Nr. 246. Dagegen ist die Versicherungspflicht verneint worden bei einer als „Kinderfräulein" tätigen Kindergärtnerin II. Klasse, die mit den ihr anvertrauten Kindern spazieren zu gehen, sie zu beaufsichtigen, mit ihnen zu spielen, das Kinderzimmer und ihr eigenes Zimmer zu reinigen hat. E. v. 16. VI. 16. — P 95/16 —, AVN. 16 S. 241 Nr. 155.

Kindergärtnerin zu vgl. Kinderfräulein.

Kinderpflege. Aufseherinnen in einem städtischen Heime für verlassene Kinder, die unter der Leitung von Hauseltern die körperliche Pflege der Kinder besorgen und häusliche Arbeiten verrichten, sind nicht versicherungspflichtig nach dem AVG., auch wenn sie bei ihrer Tätigkeit erzieherisch auf die Kinder einwirken. E. v. 23. XI. 17 — P 318/16 —, AVN. 18 S. 96 Nr. 281.

Köchin. Eine Herrschaftsköchin (Mamsell) auf einem Landgut, die unter der Oberleitung der Ehefrau des Dienstherrn sämtliche Mahlzeiten kocht und daneben Küchen- und niedere häusliche Dienste verrichtet, in Abwesenheit der Hausfrau die Arbeit der anderen 4 Dienstmädchen einteilt und auch sonst beaufsichtigt, ist nicht versicherungspflichtig nach dem AVG. E. v. 26. II. 16. — P 148/15 —, AVN. 16 S. 159 Nr. 112.

Küchendienst zu vgl. Köchin.

Mamsell zu vgl. Köchin.

C.

Ausnahmen von der Versicherungspflicht.

(Versicherungsfreiheit und Befreiungen von der Versicherungspflicht.)

§ 26.

Vorübergehende Dienstleistungen.

I. Nach § 8 AVG. bestimmt der Bundesrat (jetzt Reichsrat), wieweit vorübergehende Dienstleistungen versicherungsfrei bleiben. Auf Grund dieser Vorschrift hat der Bundesrat bestimmt, daß versicherungsfrei bleiben:

„1. vorübergehende Dienstleistungen als Handlungsgehilfe, Gehilfe in Apotheken, Bühnen- oder Orchestermitglied, Lehrer oder Erzieher, wenn sie
   a) von Personen, die überhaupt berufsmäßig keine die Versicherungspflicht begründende Beschäftigung ausüben, nur gelegentlich, insbesondere zur gelegentlichen Aushilfe ausgeführt werden,
   b) von Personen, die sonst berufsmäßig keine die Versicherungspflicht begründende Beschäftigung ausüben, zwar in regelmäßiger Wiederkehr, aber nur nebenher und gegen einen geringfügigen Entgelt ausgeführt werden. Als geringfügig gilt ein Entgelt, wenn er für den Lebensunterhalt während des Zeitraums, innerhalb dessen die Beschäftigung in regelmäßiger Wiederkehr ausgeübt wird, nicht wesentlich ist;

2. vorübergehende Dienstleistungen von Deutschen, die bei einer amtlichen Vertretung des Reichs oder eines Bundesstaats im Ausland aushilfsweise beschäftigt werden."

(Bekanntmachung, betreffend die Ausführung des § 8 des Versicherungsgesetzes für Angestellte, vom 9. Juli 1913, RGBl. S. 571.)

II. Das Oberschiedsgericht hat zu diesen Vorschriften folgende grundsätzlichen Entscheidungen erlassen:

Eine Ehefrau, deren Ehemann 4770 *M.* jährliches Einkommen hat und die neben Führung des Hauswesens durch Erteilung von Musikunterricht jährlich etwa 350 *M.* verdient, ist nach Nr. 1b der zur Ausführung des § 8 AVG. ergangenen Bekanntmachung vom 9. Juli 1913 versicherungsfrei. E. v. 11. IX. 15 — P 105/15 —, AVN. 15 S. 225 Nr. 61.

Eine Witwe, die ihrem unverheirateten Bruder den Haushalt führt und dafür für sich und ihre beiden Kinder freie Wohnung und freien Unterhalt erhält, wird dadurch nicht versicherungspflichtig nach dem AVG., daß sie während einiger Monate bei einem Postamt als Markenverkäuferin gegen ein Tagegeld von 2,50 *M.* bei achtstündiger Arbeitszeit beschäftigt wird. E. v. 22. I. 16 — P 162/15 —, AVN. 16 S. 138 Nr. 102.

Eine vorübergehende Beschäftigung, die nach der Bekanntmachung vom 9. Juli 1913 (RGBl. S. 571) versicherungsfrei ist, ist keine an sich versicherungspflichtige Beschäftigung nach der Bekanntmachung vom 30. September 1916 (RGBl. S. 1097). E. v. 9. X. 18 — P 110/18 —, AVN. 19 S. 19 Nr. 322.

Ein Kolonialwarenhändler, der täglich etwa zwei Stunden für eine kaufmännische Firma gegen ein monatliches Entgelt von 60 *M.* Buchführungsarbeiten ausführt, ist versicherungspflichtig nach § 1 Abs. 1 Nr. 3 AVG. (Die Anwendbarkeit der Bekanntmachung vom 9. Juli 1913 ist also abgelehnt.) E. v. 29. XI. 16 — P 254/16 —, AVN. 17 S. 178 Nr. 215.

Zu vgl. im übrigen oben § 10 (Hauptberuf).

§ 27.
Sonstige Fälle der Versicherungsfreiheit kraft Gesetzes.

1. Das AVG. kennt noch eine Reihe von Fällen, in denen Versicherungsfreiheit kraft Gesetzes eintritt. Diese Fälle sind in den §§ 9, 10, 14 des Gesetzes enthalten*).

2. Das Oberschiedsgericht hat hierzu folgende Entscheidungen getroffen:

Versicherungsfrei sind nach § 9 AVG. Reichs-, Staats- und Gemeindebeamte, „wenn ihnen Anwartschaft auf Ruhegeld und Hinterbliebenenrenten im Mindestbetrage nach den Sätzen einer vom Bundesrat festzusetzenden Gehaltsklasse (§ 16) gewährleistet ist." Hiernach ist ein Amtsanwalt, dem eine dem § 9 AVG. entsprechende Anwartschaft nicht gewährleistet ist, versicherungspflichtig nach dem AVG. E. v. 20. VII. 15 — P 53/15 —, AVN. 15 S. 192 Nr. 52.

Die Versicherungsfreiheit nach § 9 AVG. besteht nur für die Dauer des im Abs. 1 daselbst bezeichneten Beschäftigungsverhältnisses. E. v. 5. I. 21 P 183/20 —, AVN. 21 S. 92 Nr. 471.

Die durch § 9 AVG. bestimmte Versicherungsfreiheit erstreckt sich auch auf nebenhergehende Beschäftigungsverhältnisse, wenn der Schwerpunkt der wirtschaftlichen Stellung in der unter § 9 fallenden Tätigkeit liegt. E. v. 27. X. 20 — P 205/20 —, AVN. 21 S. 57 Nr. 457.

Hat eine der im § 9 Abs. 3 AVG. bezeichneten Stellen die Versicherungsfreiheit mit rückwirkender Kraft ausgesprochen, so können die Beiträge nach § 213 AVG. zurückgefordert werden; § 228 Abs. 2

---

*) Über Versicherungsfreiheit von Beschäftigungen, für die als Entgelt nur freier Unterhalt oder sogen. Taschengeld gewährt wird (§ 7 AVG.), siehe das Nähere oben § 5 zu 3.

a. a. O. ist nicht anwendbar. E. v. 25. XI. 20 — P 187/20 —, AVN. 21 S. 70 Nr. 462.

Zur Entscheidung der Frage, von welchem Zeitpunkt an für einen Angestellten Versicherungsfreiheit nach § 9 AVG. eingetreten ist, sind nicht die Instanzen der Angestelltenversicherung, sondern die im § 9 Abs. 3 a. a. O. bezeichneten Stellen zuständig. E. v. 31. V. 19 — P 57/19 —, AVN. 19 S. 181 Nr. 356.

Durch die Zugehörigkeit zu einer landesgesetzlichen Fürsorgeeinrichtung, welche im Sinne des § 9 AVG. Versicherungsfreiheit herbeiführt, wird die Anwartschaft für die reichsgesetzlichen Leistungen der Angestelltenversicherung nicht aufrecht erhalten. E. v. 26. II. 20 — P 209/19 —, AVN. 20 S. 81 Nr. 404.

Versicherungsfrei sind nach § 10 Abs. 1 Nr. 3 AVG. „Personen des Soldatenstandes“, die eine der im § 1 des Gesetzes bezeichneten Tätigkeiten im Dienste oder während der Vorbereitung zu einer bürgerlichen Beschäftigung ausüben, auf die § 9 des Gesetzes anzuwenden ist. Das Oberschiedsgericht hat entschieden, daß Ersatzgendarmen nicht zu den Personen des Soldatenstandes im Sinne des § 10 Abs. 1 Nr. 3 AVG. gehören; diese sind vielmehr Angestellte im Sinne des § 1 Abs. 1 Nr. 2 AVG. und deshalb versicherungspflichtig. E. v. 9. X. 18 — P 121/18 —, AVN. 19 S. 20 Nr. 323.

Beschäftigungen, die zwar ihrer Art nach unter § 1 Abs. 1 AVG. fallen, aber wegen Vorliegens der besonderen Voraussetzungen des § 9 versicherungsfrei sind, sind als „an sich versicherungspflichtig“ im Sinne des § 1 der Bekanntmachung über Versicherungspflicht von Angestellten für Beschäftigungen während des Krieges vom 30. September 1916 (RGBl. S. 1097) anzusehen. E. v. 12. I. 18 — P 198/17 —, AVN. 18 S. 189 Nr. 290.

Schließlich ist an dieser Stelle noch auf die Vorschrift des § 170 Abs. 3 AVG. hinzuweisen, wonach derjenige Versicherte beitragsfrei ist, der Ruhegeld nach dem AVG. bezieht. Zu dieser Vorschrift hat das Oberschiedsgericht in einem Falle Stellung genommen, in welchem das Ruhegeld gemäß §§ 73ff. AVG. ruhte. Das Oberschiedsgericht hat entschieden, daß auch in diesem Falle Beitragsfreiheit besteht. E. v. 29. IV. 20 — P 43/20 —, AVN. 20 S. 202 Nr. 423.

§ 28.

Befreiung von der Versicherungspflicht auf Antrag (§§ 11, 397 AVG.).

Über einen Antrag auf Befreiung von der Versicherungspflicht nach § 11 AVG. darf nur entschieden werden, wenn die Versicherungspflicht feststeht. E. v. 27. XI. 18 — P 106/18 —, AVN. 19 S. 38 Nr. 327.

Eine Witwenzusatzrente, die der Witwe eines Eisenbahnbauassistenten von der Abteilung B der Pensionskasse für die Arbeiter der Preußisch-Hessischen Eisenbahngemeinschaft bewilligt ist, ist nicht als ein Ruhegeld, Wartegeld oder ähnlicher Bezug anzusehen, der von einem Versicherungsträger der reichsgesetzlichen Arbeiterversicherung*) im Sinne des § 11 AVG. bewilligt ist. E. v. 4. IV. 17 — P 83/16 —, AVN. 17 S. 232 Nr. 244.

Die Befreiung von der Versicherungspflicht nach § 11 AVG. tritt erst mit dem Tage ein, an dem der Antrag beim Rentenausschuß (§ 12) eingegangen ist. Die Sondervorschriften des § 229 Abs. 2 AVG. sind hier nicht anwendbar. E. v. 19. II. 16 — P 101/15 —, AVN. 16 S. 148 Nr. 108. Auch

---

*) Als Träger der reichsgesetzlichen Arbeiterversicherung, und zwar als Sonderanstalt, gilt nur die Abteilung A.

die Befreiung von der Versicherungspflicht aus § 397 AVG. wird erst mit dem Tage wirksam, an welchem der Befreiungstag gestellt ist. E. v. 26. II. 16 — P 3/16 —, AVN. 16 S. 162 Nr. 114.

Der Widerruf der Befreiung von der Versicherungspflicht im Sinne der §§ 11, 13 AVG. wird erst mit der Rechtskraft des Beschlusses (des Rentenausschusses, Schiedsgerichts oder Oberschiedsgerichts) wirksam. E. v. 17. X. 17 — P 64/17 —, AVN. 18 S. 79 Nr. 276.

Der Verzicht auf die gemäß § 397 AVG. ausgesprochene Befreiung hat keine rückwirkende Kraft. Die §§ 11 ff. AVG. sind auf die Fälle des § 397 nicht direkt, aber analog anwendbar. E. v. 15. VI. 18 — P 53/18 —, AVN. 18 S. 236 Nr. 312.

Zur Entscheidung darüber, ob eine Anwartschaft auf Hinterbliebenenfürsorge im Falle des § 11 AVG. (Befreiung von der Versicherungspflicht auf Antrag) gewährleistet ist, sind die im § 9 Abs. 3 AVG. bezeichneten Stellen zuständig. Ihre Entscheidung ist für die Instanzen der Angestelltenversicherung (zu vgl. § 12 AVG.) bindend. E. v. 19. I. 16 — P 132/15 —, AVN. 16 S. 70 Nr. 96. Im Verfahren gemäß § 11 AVG. ist der Rentenausschuß nicht verpflichtet, eine Entscheidung der obersten Verwaltungsbehörde über die Gewährleistung von Hinterbliebenenfürsorge herbeizuführen. E. v. 26. II. 20 — P 157/19 —, AVN. 20 S. 82 Nr. 405.

Ein Anspruch auf Entscheidung der Spruchbehörden der Angestelltenversicherung darüber, ob eine Person an sich versicherungspflichtig sein würde, wenn sie nicht auf Grund des § 9 AVG. befreit wäre, besteht nicht. E. v. 1. V. 15 — P 39/14 —, AVN. 15 S. 154 Nr. 36. Ein Amtsanwalt, dem eine dem § 9 AVG. entsprechende Anwartschaft nicht gewährleistet ist, ist nicht versicherungsfrei. E. v. 20. VII. 15 — P 53/15 —, AVN. 15 S. 192 Nr. 52.

Streit über die Befreiung von der Versicherungspflicht aus § 397 AVG. wird nach § 210 AVG. entschieden. E. v. 26. II. 16 — P 3/16 —, AVN. 16 S. 162 Nr. 114.

In einem Streite über die Befreiung von der Versicherungspflicht aus § 397 AVG. ist auch der Arbeitgeber zur Einlegung der Beschwerde berechtigt. E. v. 28. IX. 20 — P 105/20 —, AVN. 21 S. 10 Nr. 440.

D.

Versicherungspflicht nach einzelnen Verordnungen.

§ 29.

Bekanntmachung vom 26. August 1915.

1. Die Bekanntmachung, betreffend die Angestelltenversicherung während des Krieges, vom 26. August 1915 (RGBl. S. 531 ff.) bestimmt im § 1 folgendes:

„Die Zeiten, in denen Versicherte im gegenwärtigen Kriege dem Deutschen Reiche oder der Österreichisch-Ungarischen Monarchie Kriegs-, Sanitäts- oder ähnliche Dienste geleistet haben, werden, soweit sie in vollen Kalendermonaten bestehen, auf die Wartezeiten und bei Berechnung der Versicherungsleistungen an Ruhegeld und Hinterbliebenenrenten nach dem Versicherungsgesetz für Angestellte als Beitragszeiten angerechnet, ohne daß Beiträge entrichtet zu werden brauchen."

Hierzu hat das Oberschiedsgericht folgende grundsätzlichen Entscheidungen getroffen:

§ 1 der Bekanntmachung vom 26. August 1915 ist auch auf solche Kriegs-, Sanitäts- oder ähnliche Dienste anwendbar, welche an sich versicherungspflichtig sind. E. v. 4. V. 21 — P 88/21.

Ein Bauingenieur, der bei einer Fortifikation auf Privatdienstvertrag gegen einen zwischen 20 und

12 *M.* wechselnden Tagesentgelt beschäftigt ist, leistet nicht Kriegs- oder ähnliche Dienste im Sinne des § 1 der Bek., betr. die Angestelltenversicherung während des Krieges, vom 26. August 1915. E. v. 4. IV. 17 — P 268/16 —, AVN. 17 S. 216 Nr. 237.

Ein durch Privatdienstvertrag angenommener Bauleiter bei Ausbauarbeiten einer Feldstellung leistet weder Kriegsdienste noch ihnen ähnliche Dienste im Sinne der Verordnung, betreffend die Angestelltenversicherung während des Krieges, vom 26. August 1915, auch wenn er dabei den Gefahren des Krieges ausgesetzt ist. E. v. 12. XI. 19 — P 90/19 —, AVN. 20 S. 13 Nr. 373.

Als Kriegsdienstzeit im Sinne der Bek., betr. die Angestelltenversicherung während des Krieges, vom 26. August 1915 gilt die Zeit nicht, in der ein Angestellter auf Reklamation seines früheren Arbeitgebers vom Kriegsdienst beurlaubt und im Betriebe dieses Arbeitgebers tätig ist. E. v. 6. XI. 17 — P 280/16 —, AVN. 18 S. 81 Nr. 277.

Die Zeit, während der ein Kriegsteilnehmer eine militärische Gefängnisstrafe verbüßt, gilt als Kriegsdienstzeit im Sinne der Verordnung vom 26. August 1915. E. v. 11. III. 20 — P 171/19 —, AVN. 20 S. 159 Nr. 410.

Der Monat August 1914 ist jedenfalls dann als voller Kalendermonat im Sinne der Bekanntmachung, betreffend die Angestelltenversicherung während des Krieges, vom 26. August 1915 anzusehen, wenn ein Versicherter bereits am 1. August 1914 die Reise nach seinem Gestellungsort angetreten hat, um diesen rechtzeitig zu erreichen. E. v. 29. I. 20 — P 172/19 —, AVN. 20 S. 73 Nr. 396.

Ist in den Versicherungsbedingungen einer Ersatzkasse (§§ 372ff. AVG.) bestimmt, daß die

Leistungen in allen Fällen mindestens diejenige Höhe haben müssen, welche erreicht worden wäre, wenn der Fürsorgeberechtigte während der ganzen Dauer seiner Zugehörigkeit zur Ersatzkasse auf Grund der zur Zeit geltenden reichsgesetzlichen Bestimmungen versichert gewesen wäre, so ist auch § 1 der Bekanntmachung vom 26. August 1915 anwendbar. E. v. 5. III. 20 — P 197/19 —, AVN. 20 S. 155 Nr. 408.

In den Fällen des § 1 der Bek. vom 26. August 1915 werden die Beitragszeiten auf die Wartezeiten und bei Berechnung der Versicherungsleistungen als auf Grund der Versicherungspflicht zurückgelegte Beitragszeiten angerechnet. E. v. 29. X. 19 — P 124/19 —, AVN. 20 S. 32 Nr. 381. Das gleiche gilt, wenn eine Ersatzkasse (§§ 372 ff. AVG.) in ihren Satzungen eine dem § 1 der Bek. v. 26. August 1915 entsprechende Bestimmung getroffen hat. E. v. 29. X. 19 — P 124/19 —, AVN. 20 S. 32 Nr. 381.

Für Kriegsteilnehmer, an deren Angehörige der Arbeitgeber einen Teil ihres bisherigen Gehalts als Unterstützung während des Krieges weiterzahlt, sind auch, soweit es sich nicht um volle Kalendermonate handelt, Beiträge nach dem AVG. nicht zu entrichten. E. v. 11. II. 16 — P 180/15 —, AVN. 16 S. 143 Nr. 106.

Ein zum Heeresdienst eingezogener Handlungsgehilfe, der während eines achtwöchigen Urlaubs als Büroangestellter beschäftigt worden ist, ist nach § 1 Abs. 1 Nr. 2 AVG. versicherungspflichtig. E. v. 19. VI. 18 — P 64/18 —, AVN. 18 S. 238 Nr. 313.

Die Rückerstattung von Beiträgen nach § 4 der Bek. vom 26. August 1915 umfaßt nicht nur Beiträge für volle Kalendermonate, in denen Kriegsdienste geleistet sind, sondern auch

Beiträge für Monatsteile. E. v. 18. I. 19 — P 165/18 —, AVN. 19 S. 55 Nr. 335.

Wegen des Anspruchs auf Erstattung des nach § 392 Abs. 3 AVG. abgetretenen Betrags an die Hinterbliebenen von Kriegsteilnehmern (§ 10 der Bek. v. 26. August 1915) siehe unten Kap. 7 § 50.

§ 30.

Bekanntmachung vom 30. September 1916.

1. Die Bekanntmachung über Versicherungspflicht von Angestellten für Beschäftigungen während des Krieges vom 30. September 1916 (RGBl. S. 1097) bestimmt im § 1 folgendes:

„Personen, die vor dem gegenwärtigen Kriege eine an sich nach dem Versicherungsgesetz für Angestellte versicherungspflichtige Tätigkeit nicht ausgeübt haben und auch nach Beendigung des Krieges voraussichtlich nicht ausüben werden, sind hinsichtlich einer nur für die Dauer des Kriegszustandes angenommenen, an sich versicherungspflichtigen Beschäftigung nicht versicherungspflichtig nach dem Versicherungsgesetz für Angestellte."

2. Das Oberschiedsgericht hat zu dieser Vorschrift folgende Entscheidungen erlassen:

a) Allgemeines. Für die Beurteilung der vor dem Kriege bestehenden versicherungspflichtigen Verhältnisse im Sinne der Bek. vom 30. September 1916 ist derjenige Zustand maßgebend, wie er unmittelbar vor dem Kriege als ein dauernder bestanden hatte. E. v. 22. II. 18 — P 211/17 —, AVN. 18 S. 205 Nr. 296.

Die Versicherungspflicht hinsichtlich einer nur für die Kriegsdauer übernommenen Beschäftigung kann nicht nach den wechselnden Erklärungen der Angestellten für einzelne

Zeitabschnitte verschieden beurteilt werden. E. v. 5. X. 18 — P 93/18 —, AVN. 19 S. 10 Nr. 318; E. v. 16. III. 21 — P 40/21.

Die Bekanntmachung vom 30. September 1916 setzt nicht voraus, daß die Übernahme einer an sich versicherungspflichtigen Beschäftigung durch den Krieg veranlaßt ist, es genügt, daß sie zeitlich nur für die Dauer des Krieges beabsichtigt ist. E. v. 30. IV. 19 — P 44/19 —, AVN. 19 S. 78 Nr. 346.

Die Frage, ob ein Angestellter im Sinne der Bekanntmachung vom 30. September 1916 nach Beendigung des Krieges eine versicherungspflichtige Tätigkeit voraussichtlich nicht ausüben wird, ist auch nach der inzwischen eingetretenen Beendigung des Krieges nach den zur Zeit der Entscheidung bestehenden Verhältnissen zu beurteilen. E. v. 19. V. 20 — P 86/20 —, AVN. 21 S. 7 Nr. 437.

b) Als „an sich versicherungspflichtig" im Sinne des § 1 der Bek. v. 30. September 1916 sind auch angesehen solche Beschäftigungen,

welche zwar ihrer Art nach unter § 1 Abs. 1 AVG. fallen, aber wegen eines 5000 *M* übersteigenden Jahresarbeitsverdienstes der Versicherungspflicht nicht unterliegen. E. v. 23. II. 17 — P 141/16 —, AVN. 17 S. 198 Nr. 229;

welche zwar ihrer Art nach unter § 1 Abs. 1 AVG. fallen, aber wegen Vorliegens der besonderen Voraussetzungen des § 9 AVG. versicherungsfrei sind. E. v. 12. I. 18 — P 198/17 —, AVN. 18 S. 189 Nr. 290.

Dagegen sind als „an sich versicherungspflichtig" im Sinne dieser Vorschrift nicht angesehen:

Beschäftigungen, die vor dem Inkrafttreten des AVG. oder außerhalb dessen Geltungs-

gebiets ausgeführt worden sind. E. v. 20. II. 17 — P 322/16 —, AVN. 18 S. 6 Nr. 263;
vorübergehende Beschäftigungen, die nach der Bek. vom 9. Juli 1913 (RGBl. S. 571) versicherungsfrei sind. E. v. 9. X. 18 — P 110/18 —, AVN. 19 S. 19 Nr. 322;
die Beschäftigung eines Ehegatten durch einen anderen (§ 6 AVG.) E. v. 20. III. 17 — P 288/16 —, AVN. 17 S. 214 Nr. 235;
eine Beschäftigung ohne Entgelt. E. v. 25. IX. 18 — P 83/18 —, AVN. 19 S. 13 Nr. 320;
in den Fällen des § 1 Abs. 1 Nr. 1, 2, 6 AVG. eine Beschäftigung, die nicht im Hauptberuf ausgeübt wird. E. v. 26. II. 18 — P 182/17 —, AVN. 18 S. 186 Nr. 288.

c) Fälle besonderer Art.

Ein Schüler, der nach der Reifeprüfung eine an sich versicherungspflichtige Beschäftigung während des Krieges übernimmt, nach Beendigung des Krieges aber studieren wird, ist nach der Bek. vom 30. September 1916 nicht versicherungspflichtig. E. v. 25. V. 18 — P 46/18 —, AVN. 18 S. 225 Nr. 309.

Ein unbesoldeter Referendar, der nach dem Kriege seinen Vorbereitungsdienst voraussichtlich fortsetzen wird, ist für die während des Krieges übernommene, an sich versicherungspflichtige Beschäftigung auf Grund der Bek. vom 30. September 1916 nicht versicherungspflichtig. E. v. 7. XII. 18 — P 146/18 —, AVN. 19 S. 43 Nr. 331.

Die Versicherungsfreiheit einer zweifellos nur für die Dauer des Krieges angenommenen, an sich versicherungspflichtigen Beschäftigung einer Ehefrau (zu vgl. Bekanntmachung vom 30. September 1916 — RGBl.

S. 1097 —), wird dadurch nicht aufgehoben, daß sie infolge eines von ihrem Willen unabhängigen, äußeren Ereignisses, z. B. des Todes ihres Ehemannes, ihre nunmehr versicherungspflichtige Beschäftigung fortsetzt. E. v. 11. XI. 20 — P 136/20 —, AVN. 21 S. 54 Nr. 455.

Wird eine Ehefrau durch das Verhalten ihres Ehemannes zur Erhebung der Scheidungsklage veranlaßt, so gilt, wenn die Frau durch die Scheidung zur Übernahme einer versicherungspflichtigen Beschäftigung genötigt wird, diese Folge mit der Erhebung der Klage als voraussehbar im Sinne des § 1 der Bekanntmachung vom 30. September 1916, und nicht erst mit der Rechtskraft des Scheidungsurteils. E. v. 30. VI. 21 — P 133/21.

Verlobt sich eine Angestellte während der Dauer einer Kriegsbeschäftigung und war infolgedessen anzunehmen, daß sie eine versicherungspflichtige Beschäftigung über den 30. November 1920 hinaus voraussichtlich nicht ausüben wird, so tritt mit dem Zeitpunkt der Verlobung Versicherungsfreiheit auf Grund der Bekanntmachung vom 30. September 1916 ein. E. v. 25. V. 21 — P 56/21.

Versicherungsfreiheit auf Grund der Bekanntmachung über Versicherungspflicht von Angestellten für Beschäftigungen während des Krieges vom 30. September 1916 ist dann nicht gegeben, wenn eine versicherungspflichtige Tätigkeit über die Dauer des Krieges hinaus beabsichtigt war und der Angestellte vor Beendigung des Krieges verstorben ist. E. v. 27. X. 20 — P 126/20 —, AVN. 21 S. 30 Nr. 451.

3. Ausdehnung der Verordnung vom 30. September 1916.

Nach der Verordnung, betr. Übergangsvorschriften zur Angestelltenversicherung, vom 6. Januar 1920 (RGBl. S. 131) ist hinter § 1 der Verordnung vom 30. September 1916 als neuer § 1a folgende Vorschrift eingeschaltet:

„Die Vorschriften des § 1 gelten hinsichtlich einer während der Dauer des Kriegszustandes angenommenen, an sich nach dem AVG. versicherungspflichtigen Tätigkeit auch bis zum Ablauf des sechsten Monats nach Beendigung des Krieges."

Durch Bekanntmachung vom 25. Mai 1920 (RGBl. 1081) ist weiter bestimmt, daß als Zeitpunkt der Kriegsbeendigung oder des Friedensschlusses der 10. Januar 1920 gilt. § 2 dieser Bekanntmachung bestimmt jedoch, daß „Fristen", die von dem Zeitpunkt der Kriegsbeendigung oder des Friedensschlusses ab laufen, erst mit dem Tage der Verkündigung dieser Bekanntmachung (d. i. dem 27. Mai 1920) beginnen.

Das Oberschiedsgericht hat zu diesen Bestimmungen folgende Grundsätze ausgesprochen.

Die Bestimmung des § 1a der Verordnung vom 6. Januar 1920 (RGBl. S. 131), daß die Vorschrift des § 1 der Bekanntmachung vom 30. September 1916 (RGBl. S. 1097) bis zum Ablauf des sechsten Monats nach Beendigung des Krieges gelten soll, enthält eine Frist im Sinne der Bekanntmachung vom 25. Mai 1920 (RGBl. S. 1081). E. v. 16. XI. 20 — P 166/20 —, AVN. 21 S. 71 Nr. 463.

Die Zeitdauer des § 1 der Verordnung vom 30. September 1916 bzw. des § 1a der Verordnung vom 6. Januar 1920 endete hiernach am 30. November 1920.

§ 31.

Bekanntmachung vom 28. August 1918.

Die Bekanntmachung über Ausdehnung der Versicherungspflicht in der Angestelltenversicherung vom 28. August 1918 (RGBl. S. 1085) bestimmt im § 1 folgendes:

„Angestellte, die nach dem AVG. versichert sind und aus der Versicherungspflicht ausscheiden würden, weil sich ihr Jahresarbeitsverdienst auf über 5000 M erhöht, bleiben versicherungspflichtig, sofern ihr Jahresarbeitsverdienst 7000 M nicht übersteigt."*)

Hierzu hat das Oberschiedsgericht folgende Entscheidung getroffen:

Kriegsteilnehmer, die bis zu ihrer Einziehung zum Heeresdienst versicherungspflichtig waren, bleiben es gemäß § 1 der Bekanntmachung vom 28. August 1918, sofern sie nach ihrer Entlassung eine Stellung mit einem 5000 M übersteigenden Jahresarbeitsverdienst übernehmen, falls der Jahresarbeitsverdienst 7000 M nicht überschreitet. E. v. 12. V. 20 — P 65/20 —, AVN. 20 S. 205 Nr. 426.

Angestellte im Sinne des § 4 der Bekanntmachung vom 28. August 1918 sind Angestellte, die nach dem AVG. versicherungspflichtig waren und nach Ausbruch des Krieges aus der Versicherungspflicht wegen Erhöhung ihres Jahresarbeitsverdienstes auf über 5000 M ausgeschieden sind. Diese Personen sind berechtigt, sich unter den im § 3 Abs. 2 der Bekanntmachung vom 28. August 1918 bezeichneten Bedingungen und mit

*) Durch das Gesetz über weitere Ausdehnung der Versicherungspflicht in der Angestelltenversicherung vom 31. Mai 1920 (RGBl. S. 1144) ist die Versicherungsgrenze (§ 1 Abs. 3 AVG) allgemein auf 15000 M Jahresarbeitsverdienst erhöht Eine weitere Erhöhung der Versicherungsgrenze auf 30000 M ist durch Gesetz v. 23. Juli 1921 (RGBl. S. 1173) eingeführt.

der dort bestimmten Rechtswirkung freiwillig weiter zu versichern. E. v. 24. II. 21 — P 225/20.

Freiwillig entrichtete Beiträge, auf welche die Voraussetzungen des § 4 der Bekanntmachung vom 28. August 1918 zutreffen, gelten als Pflichtbeiträge nicht nur im Sinne des § 48, sondern auch des § 396 AVG. E. v. 24. II. 21 — P 222/20.

Kap. 3.
Freiwillige Versicherung.

§ 32.
Freiwillige Selbstversicherung.

Die freiwillige Versicherung ist entweder freiwillige Selbstversicherung (§ 394 AVG.) oder freiwillige Weiterversicherung (§ 15 AVG.). Die freiwillige Selbstversicherung war auf ihren Antrag Angestellten mit einem Jahresarbeitsverdienste von 5000 bis unter 10000 *M.* gestattet. Der Antrag mußte im ersten Jahre nach dem Inkrafttreten des AVG. (1. I. 13) gestellt sein. Vorbedingung war der Nachweis, daß die Antragsteller in den letzten 4 Kalenderjahren vor dem Inkrafttreten des Gesetzes eine nach diesem Gesetz ohne Rücksicht auf das Jahreseinkommen versicherungspflichtige Beschäftigung in mindestens 30 Kalendermonaten ausgeübt haben (§ 394 Abs. 1 AVG.).

Selbstversicherungsberechtigt sind ferner auch Angestellte, die in die Klasse der Kleinunternehmer übergetreten sind. Das Gesetz (§ 394 Abs. 2) bestimmt in dieser Beziehung folgendes: „Dasselbe Recht steht Personen zu, die in ihrem Betriebe regelmäßig höchstens 3 versicherungspflichtige Personen beschäftigen, vorausgesetzt, daß sie in mindestens 30 Kalendermonaten eine den Bestimmungen des § 1 AVG. entsprechende Beschäftigung ausgeübt haben.“

Zu diesen Vorschriften hat das Oberschiedsgericht folgende Entscheidungen getroffen:

Ein Angestellter, der sich nach § 394 Abs. 1 AVG. versichert hat, kann die Selbstversicherung jederzeit in einer niedrigeren Gehaltsklasse als der anfänglich gewählten fortsetzen. E. v. 13. IV. 18 — P 16/18 —, AVN. 18 S. 220 Nr. 305.

Die freiwillige Versicherung aus § 394 Abs. 2 AVG. ist höchstens in derjenigen Gehaltsklasse zulässig, welche dem durchschnittlichen Verdienst in den letzten 6 Monaten vor Stellung des Antrags auf Zulassung zur Versicherung entspricht oder am nächsten kommt (zu vgl. § 18 AVG.). E. v. 3. V. 16 — P 145/15 —, AVN. 16 S. 212 Nr. 137.

Streit über die Feststellung der Gehaltsklasse für die freiwillige Versicherung aus § 394 Abs. 2 AVG. wird nach § 210 AVG. entschieden. E. v. 3. V. 16 — P 145/15 —, AVN. 16 S. 212 Nr. 137.

§ 33.

Freiwillige Weiterversicherung.

Nach § 15 AVG. ist die freiwillige Versicherung solchen Personen gestattet, welche aus einer versicherungspflichtigen Beschäftigung ausscheiden (z. B. infolge Verheiratung oder infolge Überschreitens der Gehaltsgrenze für die Versicherungspflicht*) — § 1 Abs. 3). Vorbedingung ist, daß der Versicherte mindestens 6 Beitragsmonate auf Grund der Versicherungspflicht zurückgelegt hat. Hat er 120 Beitragsmonate zurückgelegt, so kann er sich die bis dahin erworbene Anwartschaft durch Zahlung einer Anerkennungsgebühr (§ 172 Abs. 2) erhalten. Unter den gleichen Voraussetzungen kann die Versicherung auch

*) Zu vgl. auch § 4 der VO. über Ausdehnung der Versicherungspflicht in der Angestelltenversicherung vom 28. VIII. 1918 (RGBl. S. 1085), ferner § 2 Abs. 3, § 6 des Gesetzes über weitere Ausdehnung der Versicherungspflicht in der Angestelltenversicherung vom 31. Mai 1920 (RGBl. S. 1144).

während des Aufenthalts des Versicherten im Ausland freiwillig fortgesetzt oder aufrecht erhalten werden.

Hierzu hat das Oberschiedsgericht folgende Entscheidungen getroffen:

Das Recht zur freiwilligen Weiterversicherung nach § 15 AVG. steht auch Personen zu, die gemäß § 11 AVG. von der Versicherungspflicht befreit sind. E. v. 13. IV. 18 — P 14/18 —, AVN. 18 S. 214 Nr. 301.

Die freiwillige Weiterversicherung nach § 15 Abs. 1 AGV. ist nach dem endgültigen Erlöschen der Anwartschaft (§§ 49, 50 AVG.)*) unzulässig. E. v. 22. II. 18 — P 83/17 — AVN. 18 S. 195 Nr. 295.

Sind irrtümlich geleistete Beiträge als vermeintliche Pflichtbeiträge geleistet und nach § 208 AVG. nicht beanstandet, so begründen sie auch das Recht zur freiwilligen Fortsetzung der Versicherung nach § 15 AVG. E. v. 3. II. 21 — P 127/20.

Ein versicherter Angestellter, der gemäß § 390 AVG. von der eigenen Beitragsleistung befreit ist, ist beim Ausscheiden aus der versicherungspflichtigen Beschäftigung berechtigt, im Rahmen des § 18 AVG. die vollen Beiträge zu entrichten. Ein Verzicht auf die Befreiung liegt hierin nicht. E. v. 9. XII. 20 — P 227/20 —, AVN. 21 S. 77 Nr. 467.

Nach § 2 des Gesetzes über weitere Ausdehnung der Versicherungspflicht in der Angestelltenversicherung vom 31. Mai 1920 (RGBl. S. 1144) werden für Angestellte, die nach der Verordnung vom 28. August 1918 (RGBl. S. 1085) in Verbindung

---

*) Zu vgl. ferner § 1 der VO. über Verlängerung von Fristen in der Angestelltenversicherung vom 28. III. 1918 (RGBl. S. 167); § 2 der VO. betr. die Auslegung der Begriffe Friedensschluß und Kriegsende auf dem Gebiete der Arbeiter- und Angestelltenversicherung, vom 25. V. 1920 (RGBl. S. 1081) und die §§ 2, 10 des Gesetzes über weitere Ausdehnung der Versicherungspflicht in der Angestelltenversicherung vom 31. V. 1920 (RGBl. S. 1144), wodurch die Fristen für Erlöschen und Wiederaufleben der Anwartschaft verlängert sind.

mit dem AVG. versicherungspflichtig waren, infolge Erhöhung ihres Jahresarbeitsverdienstes aus der Versicherungspflicht ausgeschieden sind und nunmehr auf Grund des § 1 des Gesetzes vom 31. Mai 1920 — d. h. wenn ihr Jahresarbeitsverdienst 15000 ℳ nicht übersteigt — wieder versicherungspflichtig werden, die Kalendermonate der Zwischenzeit als Beitragsmonate im Sinne des § 15 AVG. angerechnet. Das Oberschiedsgericht hat hierzu den Grundsatz aufgestellt, daß § 2 des Gesetzes vom 31. Mai 1920 nicht anwendbar ist, wenn der Versicherungsfall vor dem Tage des Inkrafttretens dieses Gesetzes, d. h. vor dem 1. Mai 1920, eingetreten ist. E. v. 16. XII. 20 — P 224/20 —, AVN. 21 S. 90 Nr. 469.

Wegen der Berechtigung Angestellter im Sinne des § 4 der Bek. vom 28. August 1918, sich unter den im § 3 Abs. 2 der bezeichneten Bekanntmachung angegebenen Bedingungen und mit der dort bestimmten Rechtswirkung freiwillig weiter zu versichern, zu vgl. oben § 31 vorletzter Absatz.

§ 34.

Gemeinsame Grundsätze.

Das Oberschiedsgericht hat hinsichtlich der freiwilligen Versicherung folgende gemeinsame Grundsätze aufgestellt:

Freiwillige Beiträge dürfen nach Eintritt des Versicherungsfalls nicht mehr entrichtet werden. E. v. 29. X. 19 — P 139/19 —, AVN. 20 S. 5 Nr. 367.

Gestundete freiwillige Beiträge können auch nach dem Tode des Versicherten rechtswirksam entrichtet werden. E. v. 27. IX. 19 — P 72/19 —, AVN. 19 S. 197 Nr. 366.

Die Entrichtung freiwilliger Beiträge in der Zeit zwischen dem Ausscheiden aus der versiche rungspflichtigen Beschäftigung und der Verheiratung zum Zwecke der Erhaltung der Anwartschaft schließt den Anspruch auf Beitragserstattung nach § 62 AVG. nicht aus. E. v. 4. II. 20 — P 202/19 —, AVN. 20 S. 76 Nr. 399.

Kap. 4.

Die Leistungen der Angestelltenversicherung.

§ 35.

Allgemeines.

1. Anwartschaft. Zur Erhaltung der Anwartschaft (§ 49 AVG.) genügt nicht die Ausübung einer versicherungspflichtigen Beschäftigung, es bedarf vielmehr auch der Entrichtung von Beiträgen. E. v. 13. I. 21 — P 152/20.

Scheidet ein Angestellter aus dem die Zugehörigkeit zu einer Ersatzkasse begründenden Beschäftigungsverhältnis aus, so wird ein Erlöschen der Anwartschaft nicht schon dadurch verhindert, daß nach den Satzungen der Ersatzkasse die dort begründete Versicherung fortdauert oder sich in eine beitragsfreie Versicherung umwandelt. E. v. 20. IV. 21 — P 69/21.

Durch die Zugehörigkeit zu einer landesgesetzlichen Fürsorgeeinrichtung, welche im Sinne des § 9 des Versicherungsgesetzes für Angestellte Versicherungsfreiheit herbeiführt, wird die Anwartschaft für die reichsgesetzlichen Leistungen der Angestelltenversicherung nicht aufrecht erhalten. E. v. 26. II. 20 P 209/19 —, AVN. 20 S. 81 Nr. 404.

Wiederaufleben einer erloschenen Anwartschaft. Pflichtbeiträge können gemäß § 50 Abs. 1 AVG. in Verbindung mit § 1 Nr. 1 der Bekanntmachung vom 28. März 1918 (RGBl. S. 167) auch durch die Hinterbliebenen des Versicherten nachentrichtet werden. E. v. 13. I. 21 — P 109/20.

Nach § 2 des Gesetzes über weitere Ausdehnung der Versicherungspflicht in der Angestelltenversicherung vom 31. Mai 1920 (RGBl. S. 1144) werden für Angestellte, die nach der Verordnung vom 28. August 1918 (RGBl. S. 1085) in Verbindung mit dem AVG. versicherungspflichtig waren, infolge Erhöhung ihres Jahresarbeitsverdienstes aus der Versicherungspflicht ausgeschieden sind und nunmehr auf Grund des § 1 des Gesetzes vom 31. Mai 1920 — d. h. wenn ihr Jahresarbeitsverdienst 15000 ℳ nicht übersteigt — wieder versicherungspflichtig werden, die Kalendermonate der Zwischenzeit als Beitragsmonate im Sinne des § 49 AVG., der von dem Erlöschen der Anwartschaft handelt, angerechnet.

Hierzu hat das Oberschiedsgericht entschieden, daß § 2 des Gesetzes vom 31. Mai 1920 nicht anwendbar ist, wenn der Versicherungsfall vor dem 1. Mai 1920, dem Tage des Inkrafttretens dieses Gesetzes, eingetreten ist. Jedoch kann in diesem Falle die Erhaltung der Anwartschaft auf dem Wege des § 10 dieses Gesetzes herbeigeführt werden, und zwar auch von den Hinterbliebenen des Versicherten. E. v. 16. XII. 20 — P 224/20 —, AVN. 21 S. 90 Nr. 469.

2. Wartezeit. Bei Berechnung der Wartezeit nach § 48 AVG. kann jeder Kalendermonat nur einmal gezählt werden, auch wenn für ihn auf Grund des § 177 AVG. von mehreren Arbeitgebern Beiträge entrichtet worden sind. E. v. 9. XII. 19 — P 152/19 —, AVN. 20 S. 44 Nr. 385.

Als Beitragsmonate für die Erfüllung der Wartezeit gelten auch Monate, in denen der Versicherte nur zeitweise beschäftigt worden ist. Der Tod des Versicherten im letzten Monat der Wartezeit hindert nicht die Anrechnung dieses Monats auf die Wartezeit. E. v. 5. VII. 19 — P 81/19 —, AVN. 19 S. 192 Nr. 362.

Bei Abkürzung der Wartezeit durch Einzahlung der Prämienreserve (§ 395 AVG.) ist für die Beitragserstattung nach § 398 AVG. der Betrag zugrunde zu legen, der während der Zeit an Beiträgen zu entrichten gewesen wäre, um welche die Wartezeit abgekürzt ist. E. v. 13. V. 19 — P 35/19 —, AVN. 19 S. 80 Nr. 348. Dies gilt auch für die Berechnung des Ruhegeldes. E. v. 12. V. 20 — P 195/19 —, AVN. 20 S. 204 Nr. 425.

Abgesehen von dem Falle des § 395 AVG. ist eine Abkürzung der Wartezeit durch Vorauszahlung der zu ihrer Erfüllung noch fehlenden Beiträge nicht zulässig. E. v. 10. II. 21 — P 212/20.

In den Fällen des § 1 der Bekanntmachung, betreffend die Angestelltenversicherung während des Krieges, vom 26. August 1915 (RGBl. S. 531) werden die Beitragszeiten als solche auf Grund der Versicherungspflicht angerechnet. E. v. 29. X. 19 — P 124/19 —, AVN. 20 S. 32 Nr. 381.

Freiwillige Beiträge dürfen nach Eintritt des Versicherungsfalls nicht entrichtet werden. E. v. 29. X. 19 — P 139/19 —, AVN. 20 S. 5 Nr. 367.

3. Anrechnungsfähige Zeiten (Ersatztatsachen). Die Teilnahme eines Versicherten an einem Musterungstermine gilt nicht als Ersatztatsache im Sinne des § 51 Nr. 1 AVG. E. v. 13. X. 20 — P 115/20 —, AVN. 21 S. 25 Nr. 446.

Vorübergehende Stellungslosigkeit vor einer Erkrankung schließt die Anrechnung der Krankheitszeit als Ersatztatsache nach § 51 Nr. 3 AVG. nicht aus. E. v. 9. XII. 20 — P 153/20 —, AVN. 21 S. 74 Nr. 465.

Die Vorschrift des § 54 Abs. 2 AVG. ist keine zwingende; der Nachweis von Krankheitszeiten kann auch auf andere Weise als durch behördliche Bescheinigungen erbracht werden. E. v. 8. IV. 20 — P 39/20 —, AVN. 20 S. 183 Nr. 413.

4. Beanstandungsrecht der Reichsversicherungsanstalt aus § 208 AVG. Nach § 208 AVG. kann der Rentenanspruch nicht mit der Begründung abgelehnt werden, daß die Beiträge zu Unrecht entrichtet seien, wenn die Reichsversicherungsanstalt nicht innerhalb eines Jahres nach Einzahlung der Beiträge die Versicherungspflicht oder das Recht zu freiwilliger Versicherung beanstandet hat.

Zu dieser für die Praxis sehr bedeutsamen Vorschrift hat das Oberschiedsgericht die folgenden grundsätzlichen Entscheidungen getroffen:

Beiträge, die nicht nach § 208 AVG. beanstandet sind, können als Pflichtbeiträge oder als freiwillige Beiträge gelten. Welcher Art die Beiträge sind, richtet sich nach den Umständen des Falles. E. v. 9. XII. 19 — P 128/19 —, AVN. 20 S. 43 Nr. 384.

Sind Beiträge nach § 208 AVG. nicht rechtzeitig beanstandet, so ist auch bei unverändertem Beschäftigungsverhältnis die Beanstandung der späteren Beiträge zulässig — also nicht nur dann, wenn in der Art des Beschäftigungsverhältnisses inzwischen eine Änderung eingetreten ist. E. v. 25. VI. 19 — P 46/19 —, AVN. 19 S. 185 Nr. 359.

Die Vorschrift des § 208 AVG. trifft auch solche Fälle, in denen die Beiträge nach Eintritt des Versicherungsfalls (d. h. der Berufsunfähigkeit, § 25 AVG.) entrichtet worden sind. E. v. 28. V. 19 — P 60/19 —, AVN. 19 S. 165 Nr. 352.

Die Beanstandung nach § 208 AVG. ist auch nach dem Tode des Versicherten noch zulässig. E. v. 15. I. 20 — P 120/19 —, AVN. 20 S. 61 Nr. 392.

Eine Beanstandung nach § 208 AVG. ist auch noch während des Berufungsverfahrens zulässig. E. v. 22. I. 20 — P 177/19 —, AVN. 20 S. 63 Nr. 393.

Zu Beanstandungen gemäß § 208 AVG. ist auch der Rentenausschuß berechtigt. E. v. 27. IX. 19, P 91/19 —, AVN. 19 S. 195 Nr. 364.

Die Vorschrift des § 208 AVG. gilt auch für Abfindungen. E. v. 15. I. 20 — P 120/19 —, AVN. 20 S. 61 Nr. 392; ferner auch für die Zuschußleistungen nach § 366 AVG. E. v. 31. V. 19 — P 48/19 —, AVN. 19 S. 166 Nr. 353.

Innerhalb der Jahresfrist des § 208 AVG. ist die Unwirksamkeit von Beiträgen auch ohne besondere Beanstandungserklärung der Reichsversicherungsanstalt für Angestellte, also von Amtswegen zu berücksichtigen. E. v. 5. VII. 21 — P 155/21.

Die Vorschrift des § 208 AVG. ist nicht anwendbar auf Beiträge, die für einen kriegsverschollenen Angestellten über den in dem gerichtlichen Ausschlußurteil als Todestag festgestellten Zeitpunkt hinaus entrichtet werden. E. v. 20. I. 21 — P 271/20.

5. Ruhen der Rente. Nach § 76 AVG. ruhen Ruhegeld und Rente, solange sich der Berechtigte ohne Zustimmung des Rentenausschusses gewöhnlich im Ausland aufhält.

Diese Vorschrift betreffen folgende Entscheidungen:

Der Rentenausschuß ist befugt, der im § 76 AVG. vorgesehenen Zustimmung zum Aufenthalt des Berechtigten im Ausland rückwirkende Kraft beizulegen. E. v. 2. XII. 19 — P 173/19 —, AVN. 20 S. 42 Nr. 383.

Die Entscheidung des Rentenausschusses über die Zustimmung zum gewöhnlichen Aufenthalt des Versicherten im Ausland (§ 76 AVG.) kann nicht selbständig durch Beschwerde angefochten werden. E. v. 26. II. 20 — P 198/19 —, AVN. 20 S. 83 Nr. 407.

6. Sonstige allgemeine Grundsätze für die Versicherungsleistungen. Eine Ehefrau bedarf zur Geltendmachung von Ansprüchen auf Leistungen aus der Angestelltenversicherung und zur Verfügung darüber der Zustimmung ihres Ehe-

mannes nicht. Die Vorschriften des bürgerlichen Rechts über Eingebrachtes und Vorbehaltsgut der Frau (§§ 1366 ff. BGB.) gelten hier nicht. E. v. 30. XI. 18 — P 197/17 —, AVN. 19 S. 42 Nr. 330.

Sind nach § 67 AVG. zum Bezuge der bis zum Todestage fälligen Beträge Bezugsberechtigte (Ehegatte, Kinder, Vater, Mutter, u. U. Geschwister) nicht vorhanden, so tritt die Erbfolge nach bürgerlichem Rechte ein. E. v. 9. XI. 18 — P 38/18 —, AVN. 19 S. 39 Nr. 328.

Stirbt ein Versicherter vor Erfüllung der Wartezeit, so steht den Eltern ein Anspruch auf Leistungen der Angestelltenversicherung weder auf Grund eigenen Rechts (§ 398 AVG.) noch als Erbe des Verstorbenen zu. E. v. 19. III. 19 — P 15/19 —, AVN. 19 S. 67 Nr. 341.

Ein Anerkenntnis des Anspruchs ist auch dann rechtswirksam, wenn es sich nur auf den Grund des Anspruchs bezieht. E. v. 16. IV. 19 — P 12/19 —, AVN. 19 S. 77 Nr. 345.

Unverschuldete Verzögerung der Antragstellung rechtfertigt nicht die Gewährung der Rente von einem früheren als dem im § 23 AVG. bestimmten Zeitpunkt. E. v. 3. VI. 20 — P 67/20 —, AVN. 20 S. 217 Nr. 430.

6. Heilverfahren. Ein Anspruch auf Hausgeld setzt die Unterbringung des Erkrankten in einem Krankenhaus oder in einer Anstalt für Genesende durch die Reichsversicherungsanstalt für Angestellte (§ 37 Abs. 1 AVG.) voraus. E. v. 18. V. 21 — P 108/21.

7. Verjährung der Leistungen. Die Vorschrift des § 228 Abs. 3 AVG. findet — unbeschadet der Wirkung des § 23 aaO. — auch im Falle des § 63 aaO. in der Weise Anwendung, daß nicht der Leibrentenanspruch als solcher, sondern der Anspruch auf die jeweils fällig werdenden Rentenleistungen der Verjährung unterliegt. E. v. 5. VII. 21 — P 138/21.

§ 36.

Ruhegeld.

1. Zum Begriff Berufsunfähigkeit. Versicherte, die zur Ausfüllung ihrer bisherigen Berufsstellung nicht mehr imstande sind, können auf andere nach § 1 AVG. versicherte Tätigkeiten nur dann verwiesen werden, wenn diese ihrer bisherigen Tätigkeit im wesentlichen gleichartig sind und annähernd gesellschaftlich gleichstehen. E. v. 5. III. 19 — P 171/18 —, AVN. 19 S. 65 Nr. 339.

2. Dauernde und vorübergehende Berufsunfähigkeit. Bei vorübergehender Berufsunfähigkeit (§ 25 Abs. 2 AVG.) tritt der Versicherungsfall nach 26 Wochen seit Beginn der Berufsunfähigkeit ein. Erst mit diesem Zeitpunkt scheidet der Versicherte aus der Versicherung aus (§ 1 Abs. 3 AVG.), bis dahin geleistete Beiträge sind auf die Wartezeit anrechnungsfähig. E. v. 5. III. 19 — P 170/18 —, AVN. 19 S. 59 Nr. 338.

Stellt sich im Verlauf einer Krankheit heraus, daß sie keine Aussicht auf Heilung bietet, so ist zu prüfen, ob der ungünstige Ausgang durch Hinzutritt besonderer, nicht voraussehbarer Umstände veranlaßt ist. Ist dies der Fall, so ist bis zum Eintritt dieser Umstände vorübergehende und von da an dauernde Berufsunfähigkeit anzunehmen. E. v. 28. V. 19 — P 13/19 —, AVN. 19 S. 163 Nr. 350.

3. Berechnung des Ruhegeldes. Bei Abkürzung der Wartezeit durch Einzahlung der Prämienreserve (§ 395 AVG.) ist für die Berechnung des Ruhegeldes der Betrag zugrunde zu legen, der während der Zeit an Beiträgen zu entrichten gewesen wäre, um welchen die Wartezeit abgekürzt ist. E. v. 12. V. 20 — P 195/19 —, AVN. 20 S. 204 Nr. 425.

§ 37.

Hinterbliebenenrenten.

1. Witwenrente (§ 28 AVG.). Ist der Anspruch auf Witwenrente nicht erhoben (§ 67 AVG.), so ist er nicht vererblich. E. v. 29. IV. 20 — P 46/20 —, AVN. 20 S. 198 Nr. 419.

2. Waisenrente (§§ 29—31 AVG.). Die Annahme an Kindesstatt hat den Wegfall der Waisenrente nicht zur Folge. E. v. 13. X. 20 — P 161/20 —, AVN. 21 S. 26 Nr. 447.

Die Vorschrift des § 396 Abs. 2 AVG., wonach bei der Berechnung der Witwen- und Witwerrenten nur der Wert der in den ersten sechzig Beitragsmonaten entrichteten Beiträge berücksichtigt wird, findet nach § 57 Abs. 2 auch auf die Berechnung der Waisenrenten Anwendung. E. v. 29. IX. 20 — P 73/20 —, AVN. 21 S. 20 Nr. 442.

3. Gemeinsame Grundsätze. Ein Anspruch auf Hinterbliebenenrente besteht nicht, wenn Beiträge überhaupt nicht entrichtet sind. E. v. 15. IV. 20 — P 71/20 —, AVN. 20 S. 184 Nr. 414.

Zur Entscheidung über einen Antrag auf Hinterbliebenenrente ist der Rentenausschuß nicht zuständig, wenn der Versicherte lediglich bei einer Versicherungseinrichtung versichert war, deren Zulassung als Ersatzkasse (§§ 372 ff. AVG.) beantragt, aber noch nicht bewilligt ist. E. v. 8. IV. 20 — P 213/19 —, AVN. 20 S. 196 Nr. 417.

Freiwillig entrichtete Beiträge, auf welche die Voraussetzungen des § 4 der Bekanntmachung vom 28. August 1918 (RGBl. S. 1085) zutreffen, gelten als Pflichtbeiträge nicht nur im Sinne des § 48, sondern auch des § 396 AVG. E. v. 24. II. 21 — P 222/20.

§ 38.

Leibrente (§ 63 AVG.).

Ein Anspruch auf Leibrente (§ 63 AVG.) besteht nicht, wenn die Versicherte wegen Berufsunfähigkeit (§ 25 AVG.) aus einer versicherungspflichtigen Beschäftigung ausscheidet. E. v. 20. IX. 16 — P 197/15 —, AVN. 17 S. 4 Nr. 174.

Versicherungsfall der Leibrente ist das Ausscheiden aus der versicherungspflichtigen Beschäftigung. Für die Stellung des Antrags auf Leibrente ist — abgesehen von der allgemeinen Verjährungsvorschrift des § 228 Abs. 3 AVG. — eine Frist nicht gesetzt. Ob die Annahme der Vorinstanzen zutrifft, daß die Gewährung einer Leibrente die Aufrechterhaltung der Anwartschaft voraussetze, ist dahin gestellt gelassen. Dagegen ist die Auffassung, daß der Antrag auf Leibrente nur solange zulässig sei, als die Anwartschaft noch nicht endgültig erloschen sei, als irrig erklärt. E. v. 30. XI. 18 — P 97/18 —, AVN. 19 S. 41 Nr. 329.

Freiwillige Fortsetzung der Versicherung schließt den Anspruch auf Leibrente (§ 63 AVG.) aus. E. v. 11. V. 21 — P 92/21.

Die Vorschrift des § 228 Abs. 3 AVG. findet — unbeschadet der Wirkung des § 23 aaO. — auch im Falle des § 63 aaO. in der Weise Anwendung, daß nicht der Leibrentenanspruch als solcher, sondern der Anspruch auf die jeweils fällig werdenden Rentenleistungen der Verjährung unterliegt. E. v. 5. VII. 21 — P 138/21.

§ 39.

Erstattung von Beiträgen.

1. Bei Todesfällen weiblicher Angestellter (§ 60 AVG.).

Der Anspruch auf Beitragserstattung (Abfindung) nach § 60 AVG. setzt für alle dort aufgeführten Personen voraus, daß sie mit der Versicherten zur Zeit ihres Todes in häuslicher Gemeinschaft gelebt haben. E. v. 9. XII. 19 — P 133/19 —, AVN. 20 S. 30 Nr. 379.

Der Anspruch auf Abfindung nach § 60 AVG. setzt die Zurücklegung einer Wartezeit von 60 Beitragsmonaten auf Grund der Versicherungspflicht voraus. E. v. 5. VII. 19 — P 69/19 —, AVN. 19 S. 192 Nr. 361.

Der Erstattungsanspruch nach § 60 AVG. setzt regelmäßig voraus, daß der wesentliche Unterhalt an die anspruchsberechtigten Verwandten der Versicherten bis zu deren Tode fortgewährt worden ist, es sei denn, daß die Versicherte nur vorübergehend durch äußere Umstände an der Fortgewährung der Leistungen verhindert war. E. v. 26. I. 21 — P 242/20.

Als wesentlich unterhalten im Sinne des § 60 des Versicherungsgesetzes für Angestellte gilt derjenige, dessen Lebensunterhalt durch Wegfall der Unterstützung gefährdet würde. E. v. 25. VI. 19 — P 62/19 —, AVN. 19 S. 191 Nr. 360.

Ein Anspruch auf Abfindung nach § 60 AVG. ist jedenfalls dann unvererblich, wenn er nicht erhoben ist. E. v. 23. VI. 20 — P 3/20 —, AVN. 21 S. 8 Nr. 438.

Die Vorschrift des § 208 AVG. über das Beanstandungsrecht der Reichsversicherungsanstalt gilt auch für die Beitragserstattung (Abfindung). E. v. 15. I. 20 — P 120/19 —, AVN. 20 S. 61 Nr. 392.

Im Sinne des § 60 Abs. 1 AVG. ist in den Genuß eines Ruhegeldes auch derjenige getreten, bei dem gleichzeitig mit der Bewilligung des Ruhegeldes die Zahlung des Ruhegeldes gemäß § 38 Abs. 3 AVG. für die Dauer eines gewährten Heilverfahrens eingestellt worden ist. E. v. 18. V. 21 — P 29/21.

Den im § 60 Abs. 2 AVG. bezeichneten Anspruchsberechtigten steht die Nachentrichtung von Pflichtbeiträgen gemäß § 10 Abs. 2 des Ges. v. 31. Mai 1920 (RGBl. S. 1144) zu. E. v. 10. III. 21 — P 31/21.

Ein Anspruch auf Abfindung nach § 60 AVG. besteht nicht, wenn die Versicherte gemäß § 390 aaO. von der eigenen Beitragsleistung befreit war. E. v. 10. II. 21 — P 267/20.

2. Bei Verheiratung weiblicher Versicherter (§ 62 AVG.).

Der Erstattungsanspruch aus § 62 AVG. setzt voraus, daß die Versicherte infolge Eingehung der Ehe aus der versicherungspflichtigen Beschäftigung ausscheidet. E. v. 16. IV. 19 — P 31/19 —, AVN. 19 S. 71 Nr. 344.

Eine weitere Voraussetzung für den Anspruch auf Beitragserstattung aus § 62 AVG. ist die Erhaltung der Anwartschaft. E. v. 29. X. 19 — P 139/19 —, AVN. 20 S. 5 Nr. 367.

Die Verheiratung kann nach § 62 AVG. nicht schon dann als Ursache des Ausscheidens einer Versicherten aus der versicherungspflichtigen Beschäftigung angesehen werden, wenn sie irgendwie zu dem Ausscheiden beigetragen hat, sondern sie muß dazu wesentlich mitgewirkt haben, so daß sie auch nach der Auffassung des Lebens vernünftiger Weise als Ursache betrachtet wird. E. v. 16. XII. 19 — P 179, 181/19 —, AVN. 20 S. 48 Nr. 388.

Der Anspruch auf Beitragserstattung nach § 62 AVG. ist gegeben, auch wenn durch ungewöhnliche Hindernisse (Teilnahme des Ehemannes am Kriege, Unmöglichkeit, eine Wohnung zu finden u. dgl.) die Begründung des gemeinsamen Haushalts hinausgeschoben wird und infolgedessen die Ehefrau erst längere Zeit nach der Verheiratung aus der versicherungspflichtigen Beschäftigung ausscheidet. E. v. 16. XII. 19 — P 180/19 —, AVN. 20 S. 47 Nr. 387.

Dadurch, daß zwischen der Verheiratung und dem Ausscheiden aus der versicherungspflichtigen Beschäftigung infolge von Stellenlosigkeit oder Teilnahme des Ehemanns am Kriege ein beträchtlicher Zeitraum liegt, wird der ursächliche Zusammenhang im Sinne des § 62 AVG. nicht ausgeschlossen. E. v. 16. XII. 19 — P 183/19 —, AVN. 20 S. 45 Nr. 386.

Ein ursächlicher Zusammenhang zwischen dem Ausscheiden aus der versicherungspflichtigen Beschäftigung und der Verheiratung ist auch dann anzunehmen, wenn die Angestellte ihre Stellung zwar ohne Rücksicht auf ihre Verheiratung verloren, ihre Bemühungen um eine neue versicherungspflichtige Stellung aber erst infolge ihrer Verheiratung aufgegeben hat. E. v. 15. IV. 20 — P 203/19 —, AVN. 20 S. 185 Nr. 415.

Scheidet eine Versicherte längere Zeit ($1^1/_2$ Jahre) nach der Verheiratung aus der versicherungspflichtigen Beschäftigung nach Eintritt der Schwangerschaft aus, so ist der Anspruch auf Beitragserstattung nach § 62 AVG. begründet, wenn die Verhältnisse die Annahme rechtfertigen, daß sie von vornherein die Absicht gehabt hat, infolge ihrer Verheiratung aus der versicherungspflichtigen Beschäftigung auszuscheiden. E. v. 4. II. 20 — P 184/19 —, AVN. 20 S. 75 Nr. 398.

Der ursächliche Zusammenhang zwischen dem Ausscheiden aus der versicherungspflichtigen Beschäftigung im Sinne des § 62 AVG. und der Verheiratung wird dadurch nicht ausgeschlossen, daß die Angestellte vor ihrer Verheiratung wegen Erkrankung eine zufolge Überschreitung der Versicherungsgrenze versicherungsfreie, jedoch später wieder versicherungspflichtig gewordene Beschäftigung aufgegeben hat, sofern anzunehmen ist, daß sie nur durch ihre Krankheit verhindert worden ist, ihre Beschäftigung fortzusetzen. E. v. 1. VI. 21 — P 112/21.

Ist die Absicht des Ausscheidens einer weiblichen Versicherten aus der versicherungspflichtigen Beschäftigung wegen ihrer bevorstehenden Heirat nachgewiesen, so wird der ursächliche Zusammenhang im Sinne des § 62 AVG. dadurch nicht aufgehoben, daß vor der tatsächlichen Aufgabe der Beschäftigung der Jahresarbeitsverdienst die gesetzliche Höchstgrenze der Versicherungspflicht überschritten hat. E. v. 27. X. 20 — P 182/20 —, AVN. 21 S. 43 Nr. 452.

Einer Versicherten, welche die Absicht hat, sich zu verheiraten, durch einen Unfall aus dem versicherungspflichtigen Beschäftigungsverhältnis ausscheiden muß, sich nach Wiederherstellung verheiratet und infolgedessen die versicherungspflichtige Beschäftigung nicht wieder aufnimmt, steht ein Anspruch auf Beitragserstattung nach § 62 AVG. zu. E. v. 4. II. 20 — P 199/19 —, AVN. 20 S. 74 Nr. 397.

Der Anspruch auf Beitragserstattung aus § 62 AVG. wird dadurch nicht ausgeschlossen, daß zur Zeit der Heirat zufolge Überschreitens der Höchstgehaltgrenze eine Versicherungspflicht vorübergehend nicht gegeben war. E. v. 4. XI. 20 — P 191/20 —, AVN. 21 S. 47 Nr. 454.

Der Antrag auf Erstattung der Beiträge aus § 62 AVG. wird dadurch nicht ausgeschlossen, daß durch eine nachträgliche Gehaltserhöhung mit rückwirkender Kraft vor dem Ausscheiden aus der Beschäftigung eine Überschreitung der gesetzlichen Versicherungsgrenze (§ 1 Abs. 3 AVG.) herbeigeführt wird. E. v. 25. XI. 20 — P 180/20 —, AVN. 21 S. 56 Nr. 456.

Die Entrichtung freiwilliger Beiträge in der Zeit zwischen dem Ausscheiden aus der versicherungspflichtigen Beschäftigung und der Verheiratung zum Zwecke der Erhaltung der Anwartschaft schließt den Anspruch auf Beitragserstattung nach § 62 AVG. nicht aus. E. v. 4. II. 20 — P 202/19 —, AVN. 20 S. 76 Nr. 399.

Ein Anspruch aus § 62 AVG. ist nicht gegeben, wenn die Versicherte zufolge Überschreitung der gesetzlichen Höchstgehaltsgrenze aus der Versicherungspflicht ausscheidet. Durch Weiterentrichtung freiwilliger Beiträge bis zu dem durch Heirat verursachten Ausscheiden aus der Beschäftigung kann der Antrag auf Beitragserstattung nicht begründet werden. E. v. 15. IV. 20 — P 5/20 —, AVN. 20 S. 199 Nr. 420.

Ist eine Versicherte infolge Verheiratung aus der versicherungspflichtigen Beschäftigung ausgeschieden, hat sie aber nach der Verheiratung die Versicherung freiwillig fortgesetzt, so kann sie nicht nachträglich Beitragserstattung auf Grund des § 62 AVG. fordern. E. v. 27. IX. 19 — P 95/19 —, AVN. 19 S. 195 Nr. 363.

Ein Ausscheiden aus der versicherungspflichtigen Beschäftigung infolge Verheiratung liegt nicht vor, wenn die Versicherte, die ihre versicherungspflichtige Beschäftigung zunächst auch nach Geburt eines Kindes beibehalten hat, sie später aus anderen Gründen wirtschaftlicher Natur (z. B. zur Ersparung eines Dienstboten) aufgibt. E. v. 8. I. 20 — P 186/19 —, AVN. 20 S. 59 Nr. 390.

Ein Anspruch auf Beitragserstattung nach § 62 AVG. besteht nicht, wenn eine weibliche Versicherte nach der Verheiratung längere Zeit die versicherungspflichtige Beschäftigung fortgesetzt hat und schließlich wegen Krankheit ausscheidet. E. v. 29. I. 20 — P 204/19 —, AVN. 20 S. 72 Nr. 395.

Ein Erstattungsanspruch nach § 62 AVG. ist nicht gegeben, wenn die Versicherte vor dem Inkrafttreten des Reichsgesetzes vom 31. Mai 1920 (RGBl. S. 1144) aus einer wegen Überschreitung der Gehaltshöchstgrenze von 7000 ℳ (Bek. vom 28. August 1918, RGBl. S. 1085) versicherungsfreien Beschäftigung ausgeschieden ist. E. v. 27. IV. 21 — P 70/21*).

Bei dem Ausscheiden eines Angestellten aus einem nach § 9 AVG. versicherungsfreien Beschäftigungsverhältnisse besteht auch bezüglich früherer versicherungspflichtiger Beschäftigungsverhältnisse kein

*) Dieser Grundsatz ist neuerdings wesentlich eingeschränkt.

Anspruch aus § 62 AVG. Dies gilt sowohl für öffentliche Beamtinnen als auch für die durch Privatdienstvertrag auf Kündigung Angestellten. E. v. 14. IV. 21 — P 55/21.

Ein Anspruch auf Erstattung von Beiträgen nach § 62 AVG. besteht nicht, wenn die Versicherte gemäß § 390 AVG. von der eigenen Beitragsleistung befreit war. E. v. 26. XI. 19 — P 123/19 —, AVN. 20 S. 27 Nr. 376.

Gegenüber dem Anspruch auf Erstattung von Beiträgen (§ 62 AVG.) ist die Aufrechnung mit den Kosten eines von der Reichsversicherungsanstalt für Angestellte gewährten Heilverfahrens nicht zulässig. E. v. 16. XI. 20 — P 197/20 —, AVN. 21 S. 60 Nr. 459.

Die Beitragserstattung nach § 62 AVG. ist eine „reichsgesetzliche Leistung" im Sinne des § 382 AVG. und ist daher, auch wenn eine Ersatzkasse beteiligt ist, von den Instanzen der Angestelltenversicherung festzustellen. E. v. 19. II. 20 — P 206/19 —, AVN. 20 S. 80 Nr. 403.

Der Erstattungsanspruch aus § 62 AVG. beschränkt sich im Falle des § 382 aaO. für die Zeit der Zugehörigkeit zur Ersatzkasse im Höchstfall auf die eigenen satzungsmäßigen Beitragsanteile. E. v. 5. VII. 21 — P 143/21.

3. Bei vorzeitigen Todesfällen Versicherter (§ 398 AVG.).

Der Erstattungsanspruch aus § 398 AVG. setzt voraus, daß die Anwartschaft aufrecht erhalten ist. E. v. 12. III. 19 — P 14/19 —, AVN. 19 S. 66 Nr. 340.

§ 34 Satz 1 AVG., wonach der Rentenausschuß den Todestag Verschollener nach billigem Ermessen feststellt, gilt auch für die Beitragserstattung nach § 398 a. a. O. E. v. 22. I. 20 — P 159/19 —, AVN. 20 S. 64 Nr. 394.

Zu den „hinterlassenen Kindern" im Sinne des § 398 AVG. gehören nicht die unehelichen Kinder eines männlichen Versicherten. E. v. 18. VI. 19 — P 66/19 —, AVN. 19 S. 182 Nr. 357.

Erstattungsansprüche aus § 398 AVG. sind jedenfalls dann nicht vererblich, wenn sie nicht erhoben sind. E. v. 27. V. 20 — P 66/20 —, AVN. 20 S. 216 Nr. 429.

Für die Berechnung der Beitragserstattung nach § 398 ist bei einer Abkürzung der Wartezeit durch Einzahlung der Prämienreserve (§ 395 AVG.) der Betrag zugrunde zu legen, der während der Zeit an Beiträgen zu entrichten gewesen wäre, um welche die Wartezeit abgekürzt ist. E. v. 13. V. 19 — P 35/19 —, AVN. 19 S. 80 Nr. 348.

Ein Erstattungsanspruch nach § 398 AVG. besteht nicht, wenn der Versicherte gemäß § 390 AVG. von der eigenen Beitragsleistung befreit war. E. v. 26. III. 19 — P 27/19 —, AVN. 19 S. 70 Nr. 343.

Kann beim Tode des Versicherten ein Anspruch auf Witwenrente nach §§ 22, 396 AVG. geltend gemacht werden, so ist ein Anspruch auf Beitragserstattung nach § 398 aaO. ausgeschlossen, auch wenn wegen verspäteter Geltendmachung des Rentenanspruchs (§ 23) und der der Witwe nach § 64 aaO. zustehenden Abfindung tatsächlich Leistungen aus der Angestelltenversicherung nicht gewährt worden sind. E. v. 18. V. 21 — P 115/21.

Die im § 398 letzter Satz AVG. bestimmte Frist ist eine Ausschlußfrist. Wegen Versäumung dieser Frist kann auf Grund des § 331 AVG. Wiedereinsetzung in den vorigen Stand nicht erteilt werden. E. v. 26. II. 20 — P 160/19 —, AVN. 20 S. 83 Nr. 406.

Der Lauf der Frist des § 398 AVG. letzter Satz beginnt auch dann mit dem Tode des Versicherten, wenn bis zu diesem Zeitpunkt für ihn Beiträge nicht entrichtet sind. E. v. 10. VI. 20 — P 2/20 —, AVN. 20 S. 221 Nr. 433.

Bei Ansprüchen auf Beitragserstattung (§ 398 AVG.) ist die Revision unzulässig. E. v 10. II. 14 — P 9/13 —, AVN. 14 S. 95 Nr. 1.

Die Beitragserstattung gemäß § 398 AVG. gehört zu den „reichsgesetzlichen Leistungen" des § 382 Abs. 1 Satz 1, 2 AVG. E. v. 5. VII. 19 — P 81/19 —, AVN. 19 S. 192 Nr. 362.

4. Beitragserstattung an berufsunfähige Kriegsteilnehmer.

Nach der Verordnung, betr. Erstattung von Beiträgen zur Angestelltenversicherung an berufsunfähige Kriegsteilnehmer, vom 26. Mai 1916 (RGBl. S. 425) ist den bei der Reichsversicherungsanstalt für Angestellte Versicherten, die im Weltkrieg dem Deutschen Reiche oder einem mit ihm verbündeten oder befreundeten Staate Kriegs-, Sanitäts- oder ähnliche Dienste geleistet haben und infolge ihrer Teilnahme am Kriege dauernd berufsunfähig (§ 25 Abs. 1 AVG.) geworden sind, auf ihren Antrag die Hälfte der für sie an die Reichsversicherungsanstalt für Angestellte entrichteten Pflichtbeiträge zu erstatten. Bei freiwilliger Versicherung werden drei Viertel der eingezahlten Beiträge erstattet.

Hierzu hat das Oberschiedsgericht folgende Entscheidungen getroffen:

Der Erstattungsanspruch aus der Bekanntmachung vom 26. Mai 1916 setzt die Erhaltung der Anwartschaft voraus. E. v. 11. VI. 19 — P 61/19 —, AVN. S. 169 Nr. 354.

Hat die oberste Militärbehörde den ursächlichen Zusammenhang eines Leidens mit einer durch den Krieg herbeigeführten Dienstbeschädigung anerkannt, so sind die Instanzen der Angestelltenversicherung nicht berechtigt, diesen Zusammenhang auf Grund eines Gutachtens abzulehnen (§ 3 Abs. 2 der Bek. v. 26. V. 1916). E. v. 26. XI. 19 — P 84/15 —, AVN. 20 S. 28 Nr. 377.

Bei Ansprüchen berufsunfähiger Kriegsteilnehmer auf Erstattung von Beiträgen gemäß Bek. v. 26. Mai 1916 ist das Rechtsmittel der Revision ausgeschlossen. E. v. 19. I. 18 — P 122/17 —, AVN. 18 S. 190 Nr. 291.

Kap. 5.
Beitragsstreitigkeiten besonderer Art*).

§ 40.
Allgemeines.

Ist über die Versicherungspflicht bereits nach § 210 AVG. rechtskräftig entschieden, so kann diese Frage nicht durch ein Verfahren über Beitragsleistung nach § 210 a. a. O. von neuem zur Entscheidung gebracht werden. E. v. 13. X. 20 — P 82, 83/20 —, AVN. 21 S. 24 Nr. 445.

Während des Schwebens eines Streitverfahrens über die Versicherungspflicht hat die Reichsversicherungsanstalt keinen Anspruch auf Abführung von Beitragsteilen, die der Arbeitgeber dem Arbeitnehmer abzieht. E. v. 18. V. 21 — P 72/21.

Beitragsstreitigkeiten aus § 210 AVG. können beim Vorliegen der Voraussetzungen des § 52 der Verordnung über Geschäftsgang und Verfahren der Schiedsgerichte für Angestelltenversicherung vom 21. Juni 1913 (RGBl. S. 329) in der Fassung der Verordnung vom 13. Januar 1919 (RGBl. S. 42) auch von Amts wegen an das Oberschiedsgericht zur

*) Über die Frage der Versicherungspflicht einer Person wird nach dem AVG. formell im Rahmen eines Beitragsstreits entschieden. Das gleiche gilt für die Frage der Befreiung eines Angestellten von der eigenen Beitragsleistung nach § 390 ff. AVG. Die zu diesen Fragen ergangenen Entscheidungen werden in den Kapiteln 2 und 7 erörtert. Bei den Beitragserstattungen in den Fällen der §§ 60, 62, 398, AVG. handelt es sich um Leistungen der Angestelltenversicherung die im Spruchverfahren festzustellen sind. Diese Fälle sind oben im Kap. 4 § 39 behandelt worden Im Kap. 5 sind die Grundsätze aufgenommen, die das Oberschiedsgericht in Beitragsstreitigkeiten anderer Art aufgestellt hat.

Entscheidung abgegeben werden. E. v. 29. X. 19 — P 107/19 —, AVN. 20 S. 10 Nr. 371.

Nach § 50 Abs. 1 AVG. in Verbindung mit § 1 Nr. 1 der Bekanntmachung vom 28. März 1918 (RGBl. S. 167) können Pflichtbeiträge auch durch die Hinterbliebenen des Versicherten nachentrichtet werden. E. v. 13. I. 21 — P 109/20.

Die Nachentrichtung von Pflichtbeiträgen nach § 10 Abs. 2 des Gesetzes v. 31. Mai 1920 (RGBl. S. 1144) steht auch den im § 60 Abs. 2 AVG. bezeichneten Anspruchsberechtigten zu. E. v. 10. III. 21 — P 31/21.

Ist ein Versicherter von seinem neuen inländischen Wohnort aus in der Lage, die Beiträge zur Angestelltenversicherung zu entrichten, so reicht die vorangegangene Ausweisung aus seinem Beschäftigungsort infolge einer drohenden feindlichen Besetzung nicht aus, die Voraussetzungen des § 8 der Bekanntmachung vom 26. August 1915 (RGBl. S. 531) zu erfüllen. E. v. 16. III. 21 — P 241/20.

Beitragsfrei nach § 170 Abs. 3 AVG. ist auch derjenige, dessen Ruhegeld gemäß § 73 ff. AVG. ruht. E. v. 29. IV. 20 — P 43/20 —, AVN. 20 S. 202 Nr. 423.

§ 41.
Beitragspflicht des Arbeitgebers.

Das Versicherungsverhältnis nach dem AVG. entsteht beim Vorliegen der gesetzlichen Voraussetzungen mit dem Eintritt in die versicherungspflichtige Beschäftigung. Der Arbeitgeber ist zur vollen Zahlung der Beiträge verpflichtet, auch wenn inzwischen das Beschäftigungsverhältnis zu Ende gegangen ist und er die rechtzeitige Entrichtung der Beiträge zufolge einer die Versicherungspflicht verneinenden Auskunft der zuständigen Behörde unterlassen hatte. E. v. 3. V. 16 — P 12/16 —, AVN. 16 S. 210 Nr. 136.

Die Weigerung des Angestellten, sich die Versicherungskarte gemäß § 188 Satz 1 AVG. ausstellen zu lassen, befreit den Arbeitgeber nicht von der ihm nach § 176 AVG. obliegenden Beitragspflicht. E. v. 14. IV. 16 — P 32/16 —, AVN. 16 S. 189 Nr. 129.

Die Vorschrift des § 177 AVG., wonach bei mehreren Arbeitgebern ein jeder von ihnen 8 Hundertstel des für die Beschäftigung gezahlten Entgelts als Beitrag zu zahlen hat, gilt nicht für solche Arbeitgeber, welche den Versicherten während des vollen Monats im Hauptberuf beschäftigen. E. v. 19. V. 15 — P 18/15 —, AVN. 15 S. 207 Nr. 40.

Für einen Angestellten, der nicht den ganzen Vertragsmonat hindurch beschäftigt worden ist, sind nach § 177 AVG. 8 Hundertstel des für die Beschäftigung gezahlten Entgelts als Beitrag nur insoweit zu zahlen, als sie nicht den nach § 172 a. a. O. für den vollen Monat sich berechnenden Beitrag übersteigen. E. v. 25. V. 18 — P 36/17 —, AVN. 18 S. 226 Nr. 310.

Bei Berechnung der Wartezeit nach § 48 AVG. kann jeder Kalendermonat nur einmal gezählt werden, auch wenn für ihn auf Grund des § 177 a. a. O. von mehreren Arbeitgebern Beiträge entrichtet worden sind. E. v. 9. XII. 19 — P 152/19 —, AVN. 20 S. 44 Nr. 385.

Für Kriegsteilnehmer, an deren Angehörige der Arbeitgeber einen Teil ihres bisherigen Gehalts als Unterstützung während des Krieges weiterzahlt, sind auch, soweit es sich nicht um volle Kalendermonate handelt, Beiträge nach dem AVG. nicht zu entrichten. E. v. 11. II. 16 — P 180/15 —, AVN. 16 S. 143 Nr. 106.

Ein Arbeitgeber ist zur Nachzahlung der Beitragshälften eines früher von ihm beschäftigten

Versicherungspflichtigen dann nicht verpflichtet, wenn infolge Verschuldens der Reichsversicherungsanstalt für Angestellte der Abzug dieser Beitragsteile vom Barlohn des Versicherungspflichtigen unterblieben ist. E. v. 25. XI. 20 — P 41/20 —, AVN. 21 S. 68 Nr. 460.

Für Beiträge zur Angestelltenversicherung, die aus der Beschäftigung von versicherungspflichtigen Personen durch den Konkursverwalter fällig werden, kann dieser nach Aufhebung des Konkursverfahrens persönlich nicht vor den Instanzen der Angestelltenversicherung haftbar gemacht werden. Der Konkursverwalter haftet mithin nicht persönlich für Versicherungsbeiträge, die nach der Schlußverteilung im Konkurse nicht getilgt sind, auch wenn sie als Massekosten hätten getilgt werden müssen. Bestreitet der Konkursverwalter, die Anmeldung der Masseforderung erhalten zu haben, so kann er, falls er die Anmeldung doch erhalten hat, nur vor den bürgerlichen Gerichten belangt werden. E. v. 30. VI. 17 — P 270/16 —, AVN. 17 S. 277 Nr. 257.

Arbeitgeber der von einem Postagenten zu seiner Vertretung und Aushilfe in den Geschäften der Postagentur mit Genehmigung der Postverwaltung angenommen, von dem Postagenten aus seiner Gesamtvergütung entlohnten Vertreterinnen ist die Postverwaltung, nicht der Postagent persönlich. E. v. 6. IV. 21 — P 16/21.

Beitragspflichtiger Arbeitgeber eines preußischen Katastergehilfen ist nicht der Katasterkontrolleur, sondern der preußische Staat. E. v. 11. XII. 18 — P 113/18 —, AVN. 19 S. 44 Nr. 332.

Beitragspflichtiger Arbeitgeber der Mitglieder eines Orchesters, das in einer Gastwirtschaft Musikvorträge veranstaltet, ist — sofern nicht besondere Umstände eine abweichende Beurteilung rechtfertigen — nicht der Kapellmeister, sondern der Wirt auch dann, wenn nur zwischen diesem und dem Kapellmeister ein Vertrag besteht, der Kapellmeister ohne Mitwirkung des Wirtes über die Annahme und Entlassung der Musiker befindet und die einzelnen Musiker aus der vereinbarten Gesamtvergütung entlohnt. E. v. 23. VI. 16 — P 2/16 —, AVN. 16 S. 246 Nr. 158.

Beitragspflichtige Arbeitgeberin eines für die Sommermonate in einem Badeorte zusammengestellten, an bestimmte Spielzeiten gebundenen Orchesters ist, soweit nicht besondere Verhältnisse eine Ausnahme bedingen, die Badeverwaltung, auch wenn der Vertrag allein zwischen dieser und dem Kapellmeister geschlossen ist und der letztere in der Auswahl, Annahme und Entlassung der Musiker freie Hand behält und eine Gesamtvergütung bezieht, aus der er die Vergütungen der einzelnen Musiker zu decken hat E. v. 30. VI. 16 — P 93/16 —, AVN. 16 S. 261 Nr. 160. Dagegen ist nicht beitragspflichtiger Arbeitgeber der Inhaber eines Varieté-Theaterunternehmens hinsichtlich der Mitglieder einer geschlossenen Artistengruppe, die in dem Unternehmen auf Grund eines einheitlichen Vertrags gegen eine Gesamtvergütung Vorstellungen veranstaltet. E. v. 19. I. 18 — P 196/17 —, AVN. 18 S. 193 Nr. 293.

§ 42.

Unwirksame Beiträge.

1. Über das Beanstandungsrecht der Reichsversicherungsanstalt gemäß § 208 AVG. zu vgl. oben Kap. 4 § 35 zu 4.

2. Gestundete freiwillige Beiträge können auch nach dem Tode des Versicherten rechtswirksam entrichtet werden. E. v. 27. IX. 19 — P 72/19 —, AVN. 19 S. 197 Nr. 366.

§ 43.
Irrtümlich geleistete Beiträge.

Beiträge, die in der irrtümlichen Annahme der Versicherungspflicht entrichtet sind, können vom Versicherten nicht mehr zurückgefordert werden, wenn sie mit seiner Einwilligung als für die freiwillige Weiterversicherung entrichtet gelten. E. v. 25. V. 21 — P 86/21.

Beiträge, die in der irrtümlichen Annahme der Versicherungspflicht entrichtet worden sind, können nach § 209 Abs. 2, 3 zurückgefordert werden. Die Vorschrift des § 209 Abs. 2 gilt nicht für Beiträge, die in der irrtümlichen Annahme des Rechtes zur Weiterversicherung entrichtet worden sind. Deshalb findet auf einen Anspruch auf Rückforderung solcher Beiträge nicht die Verjährungsvorschrift des § 209 Abs. 2, sondern die des § 228 Abs. 2 AVG. Anwendung. E. v. 26. X. 20 — P 119/20 —, AVN. 21 S. 44 Nr. 453.

Irrtum über die Höhe der zu entrichtenden Beiträge ist kein Irrtum über die Versicherungspflicht im Sinne der Vorschrift des § 209 AVG. E. v. 30. IV. 19 — P 38/19 —, AVN. 19 S. 79 Nr. 347.

Hat eine der im § 9 Abs. 3 bezeichneten Stellen die Versicherungsfreiheit mit rückwirkender Kraft ausgesprochen, so können die Beiträge auf Grund der Vorschrift des § 213 AVG. zurückverlangt werden. § 228 Abs. 2 findet in diesem Falle keine Anwendung. E. v. 25. XI. 20 — P 187/20 —, AVN. 21 S. 70 Nr. 462.

Als „verfallen“ im Sinne des § 213 AVG. gelten nur die Beiträge, deren Rückforderung nach § 209 Abs. 2 und 3 AVG. ausgeschlossen ist, nicht aber auch die Beiträge, hinsichtlich deren sonst der Anspruch auf Rückerstattung nach § 228 Abs. 2 a. a. O. verjährt wäre. E. v. 27. I. 21 — P 179/20.

§ 44.

Rückerstattung von Beiträgen nach der Bek. v. 26. August 1915.

Nach § 1 der Bekanntmachung, betr. die Angestelltenversicherung während des Krieges, vom 26. August 1915 (RGBl. S. 531) werden Zeiten, in denen Versicherte Kriegs-, Sanitäts- oder ähnliche Dienste geleistet haben, soweit sie in vollen Kalendermonaten bestehen, auf die Wartezeiten und bei Berechnung der Versicherungsleistungen an Ruhegeld und Hinterbliebenenrenten nach dem AVG. als Beitragszeiten angerechnet, ohne daß Beiträge entrichtet zu werden brauchen.

Beiträge, die für diese Zeiten entrichtet worden sind, werden dem Arbeitgeber auf seinen Antrag zurückgezahlt, sofern sie nicht bereits nach § 398 AVG. zurückerstattet sind. Der Arbeitgeber hat in diesem Falle dem Angestellten den von ihm eingezogenen Beitragsteil zu erstatten (§ 4 der Bekanntmachung).

Das Oberschiedsgericht hat entschieden, daß die Rückerstattung von Beiträgen nach § 4 dieser Bekanntmachung nicht nur Beiträge für volle Kalendermonate, in denen Kriegs- usw. Dienste geleistet sind, sondern auch Beiträge für Monatsteile umfaßt. E. v. 18. I. 19 — P 165/18 —, AVN. 19 S. 55 Nr. 335.

§ 45.

Verjährung.

Die Frist des § 209 Abs. 3 AVG. ist eine Verjährungsfrist. Die Verjährung wird auch durch Geltendmachung des Anspruchs bei der Reichsversicherungsanstalt für Angestellte unterbrochen. E. v. 10. VI. 20 — P 55/20 —, AVN. 20 S. 219 Nr. 432.

Die Verjährung rückständiger Beiträge wird durch die an den Arbeitgeber gerichtete Mahnung der Reichsversicherungsanstalt für Angestellte unterbrochen. E. v. 18. IV. 17 — P 334/16 —, AVN. 17 S. 225 Nr. 240.

§ 8 Abs. 1 des Gesetzes, betr. den Schutz der infolge des Krieges an der Wahrnehmung ihrer Rechte behinderten Personen, vom 4. August 1914 (RGBl. S. 328) gilt auch für die Verjährung rückständiger Beiträge zur Angestelltenversicherung. E. v. 27. X. 20 — P 201/20 —, AVN. 21 S. 29 Nr. 450.

Die Verjährungsvorschrift des § 209 AVG. findet nicht Anwendung, wenn kein Irrtum über die Versicherungspflicht, sondern nur Irrtum über die Höhe der zu entrichtenden Beiträge bestanden hat. E. v. 30. IV. 19 — P 38/19 —, AVN. 19 S. 79 Nr. 347.

Der Anspruch auf Rückforderung der in der irrtümlichen Annahme des Rechtes zur Weiterversicherung entrichteten Beiträge unterliegt der sechsmonatigen Verjährung des § 228 Abs. 2 AVG., nicht der zehnjährigen Verjährung des § 209 Abs. 2 AVG. E. v. 26. X. 20 — P 119/20 —, AVN. 21 S. 44 Nr. 453.

Die Verjährungsvorschrift des § 228 Abs. 2 AVG. ist nicht anwendbar, wenn die Beiträge in dem Falle zurückverlangt werden, daß eine der im § 9 Abs. 3 AVG. bezeichneten Stellen die Versicherungsfreiheit mit rückwirkender Kraft ausgesprochen hat. In diesem Falle findet § 213 AVG. Anwendung. E. v. 25. XI. 20 — P 187/20 —, AVN. 21 S. 70 Nr. 462.

Als „verfallen" im Sinne des § 213 AVG. gelten nur die Beiträge, deren Rückforderung nach § 209 Abs. 2, 3 AVG. ausgeschlossen ist; nicht aber auch die Beiträge, hinsichtlich deren sonst der Anspruch auf Rückerstattung nach § 228 Abs. 2 a. a. O. verjährt ist.

Die Verjährungsfrist des § 228 Abs. 1 AVG. für einen für den letzten Monat eines Kalenderjahres zu zahlenden Beitrag beginnt mit Ablauf dieses Kalenderjahres, obwohl die gesetzliche Einzahlungsfrist bis zum 15. des nächsten Monats läuft (§ 181 Abs. 1 VAG.).

Kap. 6.
Zuschuß- und Ersatzkassen.

§ 46.
Zuschußkassen (§§ 365 ff. AVG.).

Die Verpflichtung der Reichsversicherungsanstalt für Angestellte zur Gewährung eines Zuschusses zu den Kassenleistungen gemäß § 366 AVG. setzt das Vorliegen eines Versicherungsfalls der im AVG. bezeichneten Art voraus. Ein solcher liegt bei Berufsunfähigkeit nur dann vor, wenn die Voraussetzungen des § 25 des Gesetzes erfüllt sind. E. v. 28. X. 14 — P 15/14 —, AVN. 15 S. 18 Nr. 19.

Der Anspruch der Zuschußkasse aus § 366 AVG. setzt die Erhaltung der Anwartschaft für die Ansprüche des einzelnen Mitglieds nach diesem Gesetze nicht voraus. E. v. 31. V. 19 — P 48/19 —, AVN. 19 S. 166 Nr. 353.

Eine Zuschußkasse im Sinne des § 365 AVG., die seit dem Inkrafttreten dieses Gesetzes gemäß § 365 die Beiträge an die Reichsversicherungsanstalt aus ihren Mitteln entrichtet hat, kann den Anspruch auf Leistung eines Zuschusses aus § 366 a. a. O. auch dann geltend machen, wenn sie erst nachträglich ihre Satzung den Vorschriften des AVG. mit rückwirkender Kraft angepaßt hat. E. v. 11. IX. 15 — P 16/14 —, AVN. 15 S. 231 Nr. 65.

Nach § 365 Abs. 1 Satz 3 AVG. werden die satzungsmäßigen Leistungen der Zuschußkassen, wenn sie von der Reichsversicherunssanstalt mit zu decken sind, in dem Verfahren nach dem AVG. festgestellt und bei Streit darüber in demselben Verfahren entschieden. Diese Vorschrift gilt für Wohlfahrtseinrichtungen im Sinne des § 370 AVG. nur in Höhe der von der Reichsversicherungsanstalt zu gewährenden Leistungen, darüber hinaus nur insoweit, als den Mitgliedern ein Rechtsanspruch auf die satzungsmäßigen Leitungen zusteht. Besteht kein Rechtsanspruch, so sind die Instanzen der Angestelltenversicherung nicht berechtigt, in die Selbstverwaltungsbefugnis der Kassen einzugreifen. E. v. 14. IV. 16 — P 152/15 —, AVN. 16 S. 195 Nr. 133.

Ein Anspruch einer Zuschußkasse gegen die Reichsversicherungsanstalt auf Leistung eines einmaligen Zuschusses zur Bestreitung der Kassenleistungen der Zuschußkasse nach § 366 AVG. ist nicht begründet, wenn bei satzungsmäßiger Erstattung von Beiträgen die Reichsversicherungsanstalt nach § 398 AVG. an der Beitragserstattung beteiligt ist. E. v. 18. XII. 18 — P 147/18 —, AVN. 19 S. 52 Nr. 333.

Die Grundsätze zu § 208 AVG. über das Beanstandungsrecht der Reichsversicherungsanstalt (zu vgl. oben Kap. 4 § 35 Nr. 4) gelten auch für die Zuschußleistungen nach § 366 AVG. E. v. 31. V. 19 — P 48/19 —, AVN. 19 S. 166 Nr. 353.

§ 47.

Ersatzkassen (§§ 372 ff. AVG.).

Nach § 373 Abs. 1 AVG. gilt die Beteiligung bei einer zugelassenen Ersatzkasse der Versicherung bei der Reichsversicherungsanstalt für Angestellte gleich. Eine „Beteiligung" bei einer zugelassenen Ersatzkasse im Sinne dieser Vorschrift liegt nur vor, wenn der Versicherungspflichtige bei einer Unternehmung beschäftigt ist, für welche die Kasse errichtet ist. E. v. 19. V. 20 — P 212/19 —, AVN. 20 S. 215 Nr. 428.

Scheidet ein Angestellter aus dem die Zugehörigkeit zu einer Ersatzkasse begründenden Beschäftigungsverhältnis aus, so wird ein Erlöschen der Anwartschaft nicht schon dadurch verhindert, daß nach den Satzungen der Ersatzkasse die dort begründete Versicherung fortdauert oder sich in eine beitragsfreie Versicherung umwandelt. E. v. 20. IV. 21 — P 69/21.

Ein zwangsversicherter Angestellter, der vor dem 5. Dezember 1911 bei einem — demnächst als Ersatzkasse zugelassenen — Versicherungsverein versichert war, kann beim Übertritt in ein Beschäftigungsverhältnis, zu einem einer Ersatzkasse nicht angeschlossenen Unternehmen auf Grund freiwilliger Weiterversicherung bei der Ersatzkasse nicht von der eigenen Beitragsleistung befreit werden (§ 390 Abs. 1 AVG.). E. v. 14. IV. 17 — P 16/17 —, AVN. 17 S. 259 Nr. 250.

Beim Übertritt eines Angestellten von der Ersatzkasse zur Reichsversicherungsanstalt kann dieser Befreiung von der eigenen Beitragsleistung verlangen, auch wenn während der Zugehörigkeit zur Ersatzkasse die vollen Beiträge geleistet worden sind, sofern für den Versicherten neben der Zugehörigkeit zur Ersatzkasse ein privater Lebensversicherungsvertrag bestand, der den Erfordernissen des § 390 AVG. entspricht. Dies gilt jedenfalls dann, wenn der Antrag rechtzeitig (§ 391 AVG.) gestellt worden ist. E. v. 15. X. 19 — P 67/19 —, AVN. 20 S. 6 Nr. 368.

Der Antrag auf Befreiung von der eigenen Beitragsleistung im Sinne der vorerwähnten Entscheidung ist rechtzeitig, wenn er bei oder in angemessener Frist nach dem Übertritt der Angestellten von der Ersatzkasse zur Reichsversicherungsanstalt gestellt wird. E. v. 8. XI. 19 — P 78/19 —, AVN. 20 S. 40 Nr. 382.

Angestellte, die beim Inkrafttreten des AVG. zwar einer Ersatzkasse angehört, aber wegen ihrer Beschäftigung bei einer dieser nicht angeschlossenen Unternehmung bei der Reichsversicherungsanstalt versichert waren und erst später zufolge Übertritts in ein entsprechendes Beschäftigungsverhältnis

Pflichtmitglieder der Ersatzkasse geworden sind, können auf Grund ihrer Zugehörigkeit zur Ersatzkasse bei einem ferneren Wechsel des Beschäftigungsverhältnisses Befreiung von der eigenen Beitragsleistung aus § 390 AVG. nicht beanspruchen. E. v. 16. VI. 20 — P 75/20 —, AVN. 21 S. 4 Nr. 436.

Ist ein Versicherter lediglich bei einer Versicherungseinrichtung versichert, deren Zulassung als Ersatzkasse beantragt, aber noch nicht bewilligt ist, so ist zur Entscheidung über einen Antrag auf Hinterbliebenenrente der Rentenausschuß der Angestelltenversicherung nicht zuständig. E. v. 8. IV. 20 — P 213/19 —, AVN. 20 S. 196 Nr. 417.

Hat eine Ersatzkasse dem Antrag der Witwe des Versicherten auf Beitragserstattung gemäß § 398 AVG. irrtümlicherweise entsprochen, so kann die Ersatzkasse, wenn der Witwe später ein Anspruch auf Hinterbliebenenrente gegen die Reichsversicherungsanstalt für Angestellte zuerkannt wird, nicht verlangen, daß ihre Forderung auf Rückzahlung des erstatteten Betrags gegen die Rentenansprüche der Witwe aufgerechnet wird. E. v. 3. VI. 20 — P 22/20 —, AVN. 20 S. 218 Nr. 431.

Die reichsgesetzlichen Leistungen, zu denen im Falle der § 382 AVG. die Reichsversicherungsanstalt für Angestellte gegenüber den Mitgliedern von Ersatzkassen verpflichtet ist, sind auch für die Zeit der Zugehörigkeit zur Ersatzkasse nach den gesetzlichen Gehaltsklassen zu bemessen und nicht nach den satzungsgemäß geleisteten Versicherungsbeiträgen. E. v. 5. I. 21 — P 245/20 —, AVN, 21 S. 93 Nr. 472.

Die Beitragserstattung nach § 62 AVG. ist eine „reichsgesetzliche Leistung" im Sinne des § 382 Abs. 1 Satz 1, 2 AVG. E. v. 19. II. 20 — P 206/19 —, AVN. 20 S. 80 Nr. 403; E. v. 5. I. 21 — P 245/20 —,

AVN. 21 S. 93 Nr. 472. Das gleiche gilt auch für die Beitragserstattung gemäß § 398 AVG. E. v. 5. VII. 19 — P 81/19 —, AVN. 19 S. 192 Nr. 362.

Hat eine Ersatzkasse in ihren Satzungen eine dem § 1 der Bekanntmachung, betr. die Angestelltenversicherung während des Krieges, vom 26. August 1915 (RGBl. S. 531) entsprechende Bestimmung getroffen, so werden in den Fällen des § 1 jener Bekanntmachung die Beitragszeiten als solche angerechnet, welche auf Grund der Versicherungspflicht zurückgelegt sind. E. v. 29. X. 19 — P 124/19 —, AVN. 20 S. 32 Nr. 381.

Ist in den Versicherungsbedingungen einer Ersatzkasse bestimmt, daß die Leistungen in allen Fällen mindestens diejenige Höhe haben müssen, welche erreicht worden wäre, wenn der Fürsorgeberechtigte während der ganzen Dauer seiner Zugehörigkeit zur Ersatzkasse auf Grund der zur Zeit geltenden reichsgesetzlichen Bestimmungen versichert gewesen wäre, so ist auch § 1 der Bekanntmachung vom 26. August 1915 (RGBl. S. 531) anwendbar. E. v. 5. III. 20 — P 197/19 —, AVN. 20 S. 155 Nr. 408.

Im Falle der § 382 AVG. beschränkt sich der Erstattungsanspruch aus § 62 a. a. O. für die Zeit der Zugehörigkeit zur Ersatzkasse im Höchstfall auf die eigenen satzungsmäßigen Beitragsanteile. E. v. 5. VII. 21 — P 143/21.

Werden nach der Satzung einer Ersatzkasse für die Berechnung der Wartezeit und der Pensionsleistung auch Monatsteile einer Kriegsdienstzeit voll angerechnet, so gelten — über § 1 der Bekanntmachung vom 26. August 1915 hinaus — auch für die Berechnung der reichsgesetzlichen Leistungen (§ 382 AVG.) diese Monatsteile als Beitragsmonate im Sinne des § 396 AVG. E. v. 27. IV. 21 — P 89/20.

§ 6 der Bekanntmachung, betr. die Angestelltenversicherung während des Krieges, vom 26. August 1915 gilt auch für die zugelassenen öffentlichrechtlichen Ersatzkassen der §§ 387ff. AVG. E. v. 27. IV. 21 — P 89/20.

Kap. 7.

Versicherungsverträge mit Lebensversicherungsunternehmungen.

§ 48.

Befreiung der Versicherten von der eigenen Beitragsleistung.

Dis Befreiung von der eigenen Beitragsleistung gemäß § 390 AVG. setzt voraus, daß der vor dem 5. Dezember 1911 geschlossene Versicherungsvertrag am 1. Januar 1913 noch fortbesteht; er darf also nicht durch Ablauf seiner Gültigkeitsdauer, Auszahlung der Versicherungssumme u. dgl. endgültig beseitigt sein. Die zum Zwecke der Erhöhung der Prämien auf das Mindestmaß des § 390 des Gesetzes abgeschlossene Nachversicherung äußert ihre Wirkung für die Befreiung von der Beitragsleistung nur insoweit und solange, als der vor dem 5. Dezember 1911 geschlossene Versicherungsvertrag fortbesteht. E. v. 24. III. 14 — P 15, 18/13 —, AVN. 14 S. 118 Nr. 5.

Die gesetzlichen Voraussetzungen der Befreiung von der eigenen Beitragsleistung (§ 390 AVG.) können nicht durch ein Anerkenntnis der Reichsversicherungsanstalt ersetzt werden. E. v. 16. XI. 18 — P 140/18 —, AVN. 19 S. 36 Nr. 326.

Ein Anspruch auf Befreiung nach § 390 AVG. besteht nicht, wenn eine vor dem 5. Dezember 1911 durch Kündigung der Versicherungsgesellschaft erloschene Versicherung nach diesem Zeitpunkt durch eine neue Vereinbarung wieder in Kraft gesetzt worden ist. E. v. 28. X. 17 — P 29/14 —, AVN. 15 S. 37 Nr. 22.

Der Antrag auf Befreiung von der eigenen Beitragsleistung nach § 390 AVG. ist begründet, wenn ein vor dem 5. Dezember 1911 abgeschlossener und nach diesem Zeitpunkt in einen prämienfreien Vertrag umgewandelter Lebensversicherungsvertrag am 1. Januar 1913 noch besteht und wenn noch vor dem 1. Januar 1913 ein neuer Lebensversicherungsvertrag geschlossen ist, der den Versicherten am 1. Januar 1913 zur Zahlung einer mindestens den seinen Gehaltsverhältnissen zur Zeit des Antrags entsprechenden Beiträgen gleichkommenden Jahresprämie verpflichtet. Die Befreiung erstreckt sich zeitlich nicht über die Dauer des vor dem 5. Dezember 1911 geschlossenen Lebensversicherungsvertrags hinaus. E. v. 24. III. 14 — P 13, 14/13 —, AVN. 14 S. 120 Nr. 6.

Ein Befreiungsrecht aus § 390 AVG. ist gegeben, wenn die vor dem 5. Dezember 1911 abgeschlossene Lebensversicherung zum Zwecke ihrer Erhöhung unter Übernahme der Prämienreserve in eine neue Lebensversicherung umgewandelt wird. Der entgegenstehende Grundsatz, den das Oberschiedsgericht unter dem 28. Oktober 1914 aufgestellt hatte (zu vgl. AVN. 15 S. 78 Nr. 23), ist aufgegeben. E. v. 31. III. 20 — P 28/20 —, AVN. 20 S. 182 Nr. 412.

Ein Lebensversicherungsvertrag ist rechtswirksam zustande gekommen, sobald der Versicherungsnehmer dem zum Vertragsschluß seitens der Gesellschaft ermächtigten Agenten den schriftlichen Versicherungsvertrag vorgelegt und sich mit der von diesem unter der Bedingung einer bestimmten Karenzzeit abgegebenen Annahmeerklärung mündlich einverstanden erklärt hat. E. v. 29. IV. 14 — P 7/14 —, AVN. 14 S. 213 Nr. 10.

Der Antrag auf Befreiung nach § 390 AVG. kann.

falls er nicht in der ersten Aufnahmekarte gestellt ist (§ 391 Abs. 1), nur innerhalb einer angemessenen Frist nachgeholt werden. E. v. 23. I. 15 — P 26/14 —, AVN. 15 S. 56 Nr. 28.

Der Antrag auf Befreiung von der eigenen Beitragsleistung nach § 5 des Gesetzes vom 31. Mai 1920 (RGBl. S. 1144) kann, wenn es nicht bis zum 1. September 1920 gestellt ist, innerhalb einer angemessenen Frist nachgeholt werden. E. v. 20. IV. 21 — P 90/21

Innerhalb der vorbezeichneten Frist kann ein Angesteller, der bis zum 30. Juni 1920 den Abschluß eines Lebensversicherungsvertrages gemäß § 5 Abs. 1 des Gesetzes vom 31. Mai 1920 beantragt hat, Befreiung von der eigenen Beitragsleistung auch dann verlangen, wenn er erst nach dem 1. Mai 1920 unter den Voraussetzungen des § 5 a. a. O. versicherungspflichtig geworden ist. E. v. 20 IV. 21 — P 90/21.

Der Antrag auf Befreiung von der eigenen Beitragsleistung kann nach § 5 des Gesetzes vom 31. Mai 1920 nicht als begründet gelten, wenn der Versicherte vor dem 30. Juni 1920 bei einer Versicherungsgesellschaft den Abschluß eines Versicherungsvertrags nur mündlich beantragt hat, obwohl nach den Versicherungsbedingungen der Gesellschaft zur Wirksamkeit des Antrags Schriftlichkeit erforderlich ist. E. v. 22. VI. 21 — P 126/21.

Ist der Befreiungsantrag nach § 5 des Gesetzes vom 31. Mai 1920 bis zum 1. September 1920 gestellt worden, so ist der für entsprechend anwendbar erklärten Vorschrift des § 391 Abs. 1 Satz 2 AVG. genügt, wenn innerhalb einer angemessenen Frist nach dem 1. September 1920 der vor Ablauf des 30. Juni 1920 beantragte, aber nicht rechtzeitig ausgefertigte Versicherungsschein vorgelegt wird. E. v. 16. VI. 21 — P 131/21.

Der Antrag auf Befreiung nach § 390 AVG. ist begründet, wenn der Angestellte vor dem 5. Dezember 1911 eine sog. Risiko-(Umtausch-)Versicherung abgeschlossen und den ihm vertragsmäßig nach dieser Versicherung zustehenden Antrag auf Umwandlung der Versicherung zwar innerhalb der im Vertrage bestimmten Zeit, aber erst nach dem 5. Dezember 1911 gestellt hat. E. v. 21. IV. 15 — P 33/14 —, AVN. 15 S. 152 Nr. 35.

Die Befreiung von der eigenen Beitragsleistung gemäß § 390 AVG. wird dadurch nicht ausgeschlossen, daß die Beiträge zur privaten Versicherung durch eine einmalige Kapitalzahlung (Mise) abgelöst worden sind. E. v. 16. VI. 14 — P 12/13 —, AVN. 14 S. 254 Nr. 15.

Der Abschluß eines Versicherungsvertrags mit einer ausländischen, im Inland zum Geschäftsbetrieb nicht zugelassenen privaten Lebensversicherungsgesellschaft gewährt keinen Anspruch auf Befreiung von der eigenen Beitragsleistung nach § 390 AVG. E. v. 10. II. 14 — P 4, 5, 6, 8/13 —, AVN. 14 S. 97 Nr. 2. Ausländische öffentliche Lebensversicherungsunternehmungen, die zum Geschäftsbetrieb im Deutschen Reiche nicht zugelassen sind, fallen nicht unter den § 390 AVG. E. v. 24. III. 14 — P 3/14 —, AVN. 14 S. 124 Nr. 8. Hat ein Angestellter einen Vertrag mit einer ausländischen, am 5. Dezember 1911 im Inland zum Geschäftsbetrieb nicht zugelassenen Lebensversicherungsgesellschaft abgeschlossen, so steht ihm ein Anspruch auf Befreiung von der eigenen Beitragsleistung auch dann nicht zu, wenn sich die Gesellschaft nachträglich mit einer der deutschen Aufsicht unterstellten anderen Gesellschaft vereinigt. E. v. 23. I. 15 — P 30/14 —, AVN. 15 S. 54 Nr. 27. Der Abschluß eines Versicherungsvertrags mit einer ausländischen privaten Lebensversicherungsunternehmung, die nach älterem Rechte zum Geschäftsbetrieb im Inland zugelassen war, aber seit dem Inkrafttreten des Gesetzes über die privaten Versicherungsunternehmungen vom 12. Mai 1901 neue Versicherungsverträge im Deutschen Reiche nicht mehr abschließt und deshalb vom Kaiserlichen Aufsichtsamt für Privatversicherung nicht beaufsichtigt wird (§ 104 des Gesetzes vom 12. Mai 1901), gewährt keinen Anspruch auf Befreiung von der Beitragsleistung zur Angestelltenversicherung. E. v. 28. X. 14 — P 22/14 —, AVN. 15 S. 19 Nr. 20.

Der Abschluß einer reinen Sparversicherung begründet keinen Anspruch auf Befreiung gemäß § 390 AVG. E. v. 29. IV. 14 — P 4/14 —, AVN. 14 S. 219 Nr. 11. Desgleichen nicht der Abschluß eines Unfallversicherungsvertrags mit Prämienrückgewähr für den Fall des Todes oder der Erreichung eines bestimmten Lebensalters. E. v. 10. II. 14 — P 3/13 —, AVN. 14 S. 102 Nr. 4. Auch die freiwillige Fortsetzung der Invaliden- und Hinterbliebenenversicherung nach der Reichsversicherungsordnung steht einem Lebensversicherungsvertrag im Sinne des § 390 AVG. nicht gleich. E. v. 29. IX. 14 — P 21/14 —, AVN. 14 S. 266 Nr. 18.

Sind die Rechte aus einem Lebensversicherungsvertrag an die Ehefrau des Versicherungsnehmers abgetreten, so kann der letztere Befreiung von der eigenen Beitragsleistung nach § 390 AVG. nicht verlangen. E. v. 8. X. 19 — P 100/19 —, AVN. 19 S. 197 Nr. 365.

Eine rechtskräftige Entscheidung über die Befreiung von der eigenen Beitragsleistung (§ 390 AVG.) kann nicht auf Grund des § 393 AVG. mit der Behauptung angefochten werden, daß die Voraussetzungen der Befreiung nicht vorlagen. E. v. 28. IX. 20 — P 69/20 —, AVN. 21 S. 12 Nr. 441.

Ein Arbeitgeber, der Beitragshälften von der Reichsversicherungsanstalt für Angestellte in der irrtümlichen Annahme zurückerhalten hat, daß der Versicherte nach § 390 AVG. von der eigenen Beitragsleistung befreit sei, ist zur nochmaligen Zahlung verpflichtet. E. v. 19. III. 19 — P 70/18 —, AVN. 19 S. 68 Nr. 342.

Ist der Versicherte von der eigenen Beitragsleistung nach § 390 AVG. befreit, so ist weder ein Erstattungsanspruch nach § 60 AVG. noch nach § 62 AVG. noch ein solcher nach § 398 AVG. gegeben. E. v. 26. XI. 19 — P 123/19 —, AVN. 20 S. 27 Nr. 376, und E. v. 26. III. 19 — P 27/19 —, AVN. 19 S. 70 Nr. 343; E. v. 10. II. 21 — P 267/20.

Ein versicherter Angestellter, der gemäß § 390 AVG. von der eigenen Beitragsleistung befreit ist, ist beim Ausscheiden aus der versicherungspflichtigen Beschäftigung berechtigt, im Rahmen des § 18 AVG. die vollen Beiträge zu entrichten. Ein Verzicht auf die Befreiung liegt hierin nicht. E. v. 9. XII. 20 — P 227/20 —, AVN. 21 S. 77 Nr. 467.

Einem Angestellten, der Ende April 1920 die damalige gesetzliche Höchstgrenze der Versicherungspflicht (7000 ℳ) überschritten hat, steht nicht das Recht zu, gemäß § 5 des Gesetzes vom 31. Mai 1920 Befreiung von der eigenen Beitragsleistung zu verlangen E. v. 3. II. 21 — P 1/21.

Ein Angestellter, dessen Gehalt nachträglich mit rückwirkender Kraft für eine Zeit vor dem 1. Mai 1920 über 7000 ℳ hinaus erhöht worden ist, kann auf Grund des § 5 des Gesetzes vom 31. Mai 1920 nicht Befreiung von der eigenen Beitragsleistung beanspruchen. E. v. 3. II. 21 — P 2/21.

§ 49.

Wegfall der Befreiung (§ 393.)

Die auf Grund mehrerer Lebensversicherungen gemäß § 390 AVG. ausgesprochene Befreiung von der eigenen Beitragsleistung fällt nach § 393 weg, sobald eine dieser Versicherungen durch Auszahlung der Versicherungssumme aufgehoben ist und die Prämien für die in Kraft bleibenden Versicherungen unter die zur Angestelltenversicherung zu leistende Beitragshälfte herabgesunken sind. E. v. 17. V. 16. — P 51/16 —, AVN. 16 S. 218 Nr. 142.

Die Auszahlung der Versicherungssumme ist eine Aufhebung des Versicherungsvertrags im Sinne des § 393 Satz 1 AVG. E. v. 29. IV. 14 — P 2/13 —, AVN. 14 S. 221 Nr. 12.

Dagegen bedeutet die Umwandlung einer Lebensversicherung mit Vorbehalt der Ermäßigung der versicherten Summe in eine gewöhnliche Lebensversicherung mit gleicher Versicherungssumme und Prämie keine Aufhebung der Versicherung im Sinne des § 393 AVG., auch dann nicht, wenn die Umwandlung von dem freien Ermessen des Versicherers und dem Ausfall einer neuen ärztlichen Untersuchung abhängig ist. E. v. 30. III. 18 — P 1/18 —, AVN. 18 S. 208 Nr. 299.

Bei einer Altersrentenversicherung bewirkt die Fälligkeit der Rentenzahlungen nicht die Aufhebung der Versicherung im Sinne des § 393 AVG. E. v. 11. II. 20 — P 101/19 —, AVN. 20 S. 77 Nr. 400.

Ist eine Befreiung nach § 390 AVG. durch rechtskräftige Entscheidung festgestellt, so kann nicht auf Grund des § 393 AVG. nachträglich geltend gemacht werden, daß die Voraussetzungen der Befreiung nicht vorlagen. E. v. 28. IX. 20 — P 69/20 —, AVN. 21 S. 12 Nr. 441.

Beim Wegfall der Befreiung von der eigenen Beitragsleistung aus § 390 AVG. ist der Arbeitgeber zur Nachentrichtung der vollen Beiträge auch dann verpflichtet, wenn ihm von dem Wegfall der Befreiung nichts bekannt geworden ist und er zufolge Ausscheidens des Angestellten aus der Beschäftigung keine Möglichkeit hat, von diesem die auf ihn entfallenden

Beitragsteile wieder einzuziehen. E. v. 16. VI. 20 — P 40/20 —, AVN. 20 S. 222 Nr. 434, und E. v. 22. IV. 20 — P 10/20 —, AVN. 20 S. 195 Nr. 416.

§ 50.
Die Fälle des § 392 AVG.

Streit über die Abführung des Arbeitgeberanteils an die Reichsversicherungsanstalt für Angestellte aus § 392 Abs. 1 AVG. wird nach § 210 AVG., also im Beitragsstreitverfahren, entschieden. Beschwerdeberechtigt ist nicht nur der Arbeitgeber, sondern auch der Versicherte. E. v. 9. XII. 20 — P 151/20 —, AVN. 21 S. 88 Nr. 468.

Die Reichsversicherungsanstalt für Angestellte ist zur Weiterzahlung der an dem Zuschuß des Arbeitgebers gekürzten Beiträge an die Lebensversicherungsunternehmungen aus den Arbeitgeberbeiträgen (§ 392 Abs. 3 AVG.) auch dann verpflichtet, wenn der Angestellte in der Zeit zwischen dem 5. Dezember 1911 und dem 1. Januar 1913 den Arbeitgeber gewechselt hat. Dabei nahm das Oberschiedsgericht an, daß Streit aus § 392 Abs. 3 AVG. nach § 210 zu entscheiden sei. E. v. 12. V. 17 — P 239/16 —, AVN. 17 S. 247 Nr. 247.

Dagegen sind die Instanzen der Angestelltenversicherung nicht berufen, die Reichsversicherungsanstalt für Angestellte dazu anzuhalten, die Bedingungen mit der Lebensversicherungsunternehmung zu vereinbaren, unter denen die Arbeitgeberbeiträge von der Reichsversicherungsanstalt an die Lebensversicherungsunternehmung gemäß der zu § 392 Abs. 4 AVG. ergangenen Bekanntmachung des Bundesrats vom 11. Januar 1913 unter Nr. VI (RGBl. S. 19) weiterzuzahlen sind. E. v. 9. II. 17 — P 292/16 —, AVN. 18 S. 4 Nr. 261.

Der Anspruch auf Erstattung des nach § 392 Abs. 3 Nr. 3 AVG. abgetretenen Betrags an die Hinterbliebenen von Kriegsteilnehmern (§ 10 der Bekanntmachung, betreffend die Angestelltenversicherung während des Krieges, vom 26. August 1915, RGBl. S. 531) ist nur insoweit begründet, als der Reichsversicherungsanstalt für Angestellte nicht die im Interesse der Versicherten für die Aufrechterhaltung der Privatversicherung gemachten Aufwendungen verloren gehen dürfen. E. v. 29. X. 19 — P 92/19 —, AVN. 20 S. 9 Nr. 370.

Kap. 8.
Ordnungsstrafrecht.

§ 51.
Allgemeines.

Gegen juristische Personen ist die Verhängung von Ordnungsstrafen auch nach dem AVG. unzulässig. E. v. 16. VI. 20 — P 102/20 —, AVN. 21 S. 4 Nr. 435.

Hat eine juristische Person mehrere gesetzliche Vertreter, so kann sich die Festsetzung der Ordnungsstrafe auf Grund des § 343 Nr. 1 AVG. auf den schuldigen gesetzlichen Vertreter beschränken. E. v. 18. V. 21 — P 72/21.

Über die Frage, ob nach Lage der Umstände eine Bestrafung nach § 339 AVG. angemessen ist*), kann auch im Beschwerdeverfahren von den Schiedsgerichten oder dem Oberschiedsgericht entschieden werden. E. v. 22. X. 19 — P 126/19 —, AVN. 20 S. 8 Nr. 369.

Die Verordnung der Volksbeauftragten über die Gewährung von Straffreiheit und Strafmilderung vom 3. Dez. 1918 (RGBl. S. 1393) gilt auch für Ordnungsstrafen des Versicherungsgesetzes für Angestellte. E. v. 6. V. 20 — P 6/20 —, AVN. 20 S. 203 Nr. 424.

---

*) Für das Ordnungsstrafrecht gilt nach dem AVG. das sogen. Opportunitätsprinzip, wonach der Inhaber der Strafgewalt Ordnungsstrafen nach Lage der Umstände verhängen kann, aber nicht zu verhängen braucht, wenn der strafbare Tatbestand gegeben ist (im Gegensatz zu dem auf dem Gebiete des kriminellen Strafrechts als Regel geltenden Legalitätsprinzip).

§ 52.
Auferlegung eines Prozentsatzes der Rückstände.

Nach § 340 Abs. 1 Satz 2 AVG. kann die Reichsversicherungsanstalt unabhängig von der Strafe und der Nachholung der Rückstände dem Bestraften die Zahlung des Ein- bis Zweifachen dieser Rückstände auferlegen.

Zu dieser Vorschrift ist folgende Entscheidung ergangen: Die Verfügung der Reichsversicherungsanstalt für Angestellte, durch die gemäß § 340 AVG. dem Bestraften die Zahlung des Ein- und Zweifachen der Rückstände auferlegt wird, ist hinsichtlich der Rechtsmittel als Strafverfügung im Sinne § 358 AVG. anzusehen. E. v. 15. XI. 19 — P 150/19 —, AVN. 20 S. 14 Nr. 374.

Kap. 9.
Verfahren.

§ 53.
Allgemeines.

Die Rechtsmittelfrist gilt als gewahrt, wenn sich der Tag der Zustellung der angefochtenen Entscheidung nicht ermitteln läßt. E. v. 30. VI. 15 — P 41/15 —, AVN. 15 S. 192 Nr. 51.

Ein Schriftsatz, der die Unzufriedenheit des Einsenders mit einer Entscheidung erkennen läßt, ist als Rechtsmittel auch dann anzusehen, wenn darin der Wille, ein solches einzulegen, nicht ausdrücklich erklärt wird. E. v. 26. X. 18 — P 87/18 —, AVN. 19, S. 23 Nr. 324.

Telegraphische Einlegung von Rechtsmitteln ist zulässig. In diesem Falle genügt als Unterschrift die Bezeichnung der Behörde, die das Rechtsmittel einlegt. E. v. 30. VI. 15 — P 27/15 —, AVN. 15 S. 191 Nr. 50.

Als Ziel des vorbereitenden Verfahrens gilt, die Sache soweit aufzuklären und Beweis zu erheben, daß in dem ersten Termine vor dem Oberschiedsgericht voraussichtlich die Entscheidung getroffen werden kann. Es soll möglichst vermieden werden, erst in der Sitzung Beweis zu erheben. Kollegiale Vereinbarung des OSchG. v. 29. IX. 14 — O 337.

Ein wesentlicher Mangel des Verfahrens liegt vor, wenn der Vorsitzende des Schiedsgerichts die Beweiserhebung in die Hände einer Partei legt. E. v. 23. III. 21 — P 269/20.

Für eine Aussetzung des Verfahrens, für welche das Gesetz und die Verordnungen über das Verfahren keine Vorschriften enthalten (die §§ 16, 42 der Verordnung vom 21. Juni 1913 regeln nur die „Unterbrechung" des Verfahrens), ist für das Verfahren in Sachen der Angestelltenversicherung ein Bedürfnis vorhanden. Gegen eine entsprechende Anwendung des § 247 der Zivilprozeßordnung in dem Verfahren vor den Instanzen der Angestelltenversicherung bestehen keine Bedenken. Die Aussetzung des Verfahrens wird in solchen Fällen, in welchen die Gegenpartei keine Bedenken äußert, durch Anordnung des Vorsitzenden unter Zustimmung des Berichterstatters angeordnet. In Zweifelsfällen hat das Kollegium zu entscheiden. Kollegiale Vereinbarung des OSchG. v. 23. I. 15 — O 47.

Ein Grund zur Wiederaufnahme des Verfahrens kann nicht daraus hergeleitet werden, daß das Oberschiedsgericht für Angestelltenversicherung einen gleichartigen Fall anders beurteilt hat. E. v. 15. XII. 17 — P 25/17 —, AVN. 18 S. 169 Nr. 285.

Die Voraussetzungen für die Einleitung eines Verfahrens aus § 79 AVG. sind nicht gegeben, wenn die Reichsversicherungsanstalt für Angestellte erklärt, von einer mit Unrecht erfolgten Ablehnung der Leistungen nicht überzeugt zu sein, und ihr Antrag auf Einleitung eines neuen Feststellungsverfahrens nur dazu dienen solle, eine ungeklärte Rechtsfrage zu entscheiden. E. v. 1. XII. 20 — P 206/20 —, AVN. 21 S. 69 Nr. 461.

Die Instanzen der Angestelltenversicherung sind nicht berechtigt, den ursächlichen Zusammenhang eines Leidens mit einer durch den Krieg herbeigeführten Dienstbeschädigung auf Grund eines ärztlichen Gutachtens abzulehnen, wenn die oberste Militärbehörde diesen Zusammenhang anerkannt hat (Bekanntmachung, betr. Erstattung von Beiträgen zur Angestelltenversicherung an berufsunfähige Kriegsteilnehmer, vom 26. Mai 1916, RGBl. S. 116). E. v. 26. XI. 19 — P 84/15 —, AVN. 20 S. 28 Nr. 377.

Wiedereinsetzung in den vorigen Stand. Körperliche Krankheit, die dem Versicherten die Möglichkeit freiläßt, seine Rechte durch Dritte zu wahren, bildet keinen Grund zur Wiedereinsetzung in den vorigen Stand. E. v. 28. V. 19 — P 58/19 —, AVN. 19 S. 165 Nr. 351.

Als unabwendbarer Zufall im Sinne des § 331 Abs. 1 AVG. kann auch ein Versagen der postalischen Beförderung gelten. E. v. 23. III. 21 — P 252/20.

Eine Wiedereinsetzung in den vorigen Stand auf Grund des § 331 AVG. kann wegen Versäumung der im § 398 AVG. bestimmten Frist nicht erteilt werden, da diese Frist eine Ausschlußfrist ist. E. v. 26. II. 20 — P 160/19 —, AVN. 20 S. 83 Nr. 406.

Wird in einem Verfahren über einen Anspruch auf Leistungen die Versicherungspflicht streitig, so ist hierüber in diesem Verfahren zu entscheiden; ein besonderes Verfahren nach § 210 AVG. ist unstatthaft. E. v. 5. III. 20 — P 214/19 —, AVN. 20 S. 158 Nr. 409.

Das Oberschiedsgericht veröffentlicht seine Entscheidungen gemäß § 294 AVG. nur insoweit, als es ihnen grundsätzliche Bedeutung beigelegt hat. Der nicht veröffentlichte Teil einer Entscheidung ist nicht grundsätzlich. E. v. 25. IX. 18 — P 49/18 —, AVN. 19 S. 12 Nr. 319.

§ 54.

Spruchverfahren.

Eine Ehefrau bedarf zur Geltendmachung von Ansprüchen auf Leistungen aus der Angestelltenversicherung und zur Verfügung darüber der Zustimmung des Ehemannes nicht. E. v. 30. XI. 18 — P 197/17 —, AVN. 19 S. 42 Nr. 330.

Streitigkeiten über Hausgeld werden im Spruchverfahren entschieden. E. v. 18. V. 21 — P. 108/21.

Die Reichsversicherungsanstalt kann ein Rechtsmittel auch zugunsten von Personen einlegen, die auf Grund des Versicherungsgesetzes für Angestellte einen Anspruch erheben. E. v. 2. XII. 19 — P 109/19 —, AVN. 20 S. 29 Nr. 378.

Die Revision ist bei Ansprüchen auf Erstattung von Beiträgen gemäß § 398 AVG. unzulässig. E. v. 10. II. 14 — P 9/13 —, AVN. 14 S. 95 Nr. 1. Das gleiche gilt für Ansprüche berufsunfähiger Kriegsteilnehmer auf Erstattung von Beiträgen gemäß der Bek. vom 26. Mai 1916 (RGBl. S. 425). E. v. 19. I. 18 — P 122/17 —, AVN. 18 S. 190 Nr. 291.

Handelt es sich um das Ruhen der Rente, so ist die Revision nach § 282 Nr. 1 AVG. nicht ausgeschlossen. E. v. 19. II. 20 — P 140/19 —, AVN. 20 S. 78 Nr. 401.

Ein Zwischenbescheid des Rentenausschusses, der den erhobenen Anspruch dem Grunde nach anerkennt, ist nur ausnahmsweise zulässig. E. v. 5. VII. 19 — P 81/19 —, AVN. 19 S. 192 Nr. 362.

Die Entscheidung des Rentenausschusses über die Zustimmung zum gewöhnlichen Aufenthalt des Versicherten im Ausland (§ 76 AVG.) kann nicht selbständig durch Beschwerde angefochten werden. E. v. 26. II. 20 — P 198/19 —, AVN. 20 S. 83 Nr. 407.

Ist ein Versicherter lediglich bei einer Versicherungseinrichtung versichert, deren Zulassung als Ersatzkasse beantragt, aber noch nicht bewilligt ist, so ist zur Entscheidung über den Antrag auf Hinterbliebenenrente der Rentenausschuß der Angestelltenversicherung nicht zuständig. E. v. 8. IV. 20 — P 213/19 —, AVN. 20 S. 196 Nr. 417.

Wird in einem Verfahren über einen Anspruch auf Leistungen die Frage der Versicherungspflicht streitig, so ist hierüber im Spruchverfahren zu entscheiden. Ein besonderes Verfahren nach § 210 AVG. über diese Frage ist unstatthaft. E. v. 5. III. 20 — P 214/19 —, AVN. 20 S. 158 Nr. 409; E. v. 3. III. 21 — P 135/20.

§ 55.

Beschlußverfahren.

Gegen Beschlüsse des Schiedsgerichts, die in der Beschwerdeinstanz ergangen sind, ist eine weitere Beschwerde an das Oberschiedsgericht nicht zulässig. E. v. 24. III. 14 — P 21/13 —, AVN. 14 S. 123 Nr. 7.

Das Beitragsstreitverfahren gemäß § 210 AVG. findet auch dann Anwendung, wenn Streit über die Abführung des Arbeitgeberanteils an die Reichsversicherungsanstalt für Angestellte aus § 392 Abs. 1 AVG. entsteht. Beschwerdeberechtigt ist in diesem Verfahren auch der Versicherte. E. v. 9. XII. 20 — P 151/20 —, AVN. 21 S. 88 Nr. 468.

In einem Streite über die Befreiung von der Versicherungspflicht aus § 397 AVG. ist auch der Arbeitgeber zur Einlegung der Beschwerde berechtigt. E. v. 28. IX. 20 — P 105/20 —, AVN. 21 S. 10 Nr. 440.

In den Fällen des § 210 Abs. 2 AVG. hat das Oberschiedsgericht zu prüfen, ob es sich um eine noch nicht feststehende Auslegung gesetzlicher Vorschriften von grundsätzlicher Bedeutung handelt. Ist dies zu verneinen, so ist der Abgabebeschluß des Schiedsgerichts aufzuheben und die Sache an das Schiedsgericht zurückzuverweisen. E. v. 7. IV. 16 — P 169/15 —, AVN. 16 S. 183 Nr. 126.

Beitragsstreitigkeiten aus § 210 des AVG. können beim Vorliegen der Voraussetzungen des § 52 der Verordnung über Geschäftsgang und Verfahren der Schiedsgerichte für Angestelltenversicherung vom 21. Juni 1913 (RGBl. S. 329) in der Fassung der Verordnung zur Ergänzung der genannten Verordnung vom 13. Januar 1919 (RGBl. S. 42) auch von Amts wegen an das Oberschiedsgericht abgegeben werden. E. v. 29. X. 19 — P 107/19 —, AVN. 20 S. 10 Nr. 371.

Ist über die Versicherungspflicht bereits nach § 210 AVG. rechtskräftig entschieden, so kann diese Frage nicht durch ein Verfahren über Beitragsleistung nach § 210 a. a. O. von neuem zur Entscheidung gebracht werden. E. v. 13. X. 20 — P 82, 83/20 —, AVN. 21 S. 24 Nr. 445.

Die Rechtskraft einer Entscheidung über die Versicherungspflicht eines Beschäftigungsverhältnisses gemäß § 210 AVG. läßt eine neue Entscheidung nur bei einer wesentlichen Änderung dieses Verhältnisses zu. E. v. 9. VI. 17 — P 266/16 —, AVN. 17 S. 261 Nr. 251.

Wird in dem Verfahren nach der Reichsversicherungsordnung festgestellt, daß eine Person zu den im § 1226 Abs. 1 oder 6 RVO. bezeichneten Personen gehört, so ist diese Entscheidung für das Verfahren nach dem AVG. bindend (§ 210 Abs. 4 Satz 2 AVG.). Die Anwendbarkeit dieser Vorschrift setzt indessen voraus, daß in dem Verfahren nach der Reichsversicherungsordnung die Versicherungspflicht nach dem

AVG. in dem entscheidenden Teile (Tenor) des Beschlusses rechtskräftig festgestellt wird. E. v. 18. XII. 15 — P 62/15 —, AVN. 16 S. 56 Nr. 92.

Die Vorschrift des § 210 Abs. 3 AVG. findet nur dann Anwendung, wenn die Versicherungspflicht einer Person verneint wird, weil sie nicht zu den Angestellten im Sinne des § 1 AVG., vielmehr zu den Arbeitern, Gehilfen usw. im Sinne des § 1226 Abs. 1 Nr. 1 der Reichsversicherungsordnung gehört. Danach ist das Oberschiedsgericht nicht gezwungen, zu der Frage der Versicherungspflicht nach der Reichsversicherungsordnung Stellung zu nehmen, wenn es dahin gestellt bleiben kann, ob eine Person selbständig und deshalb überhaupt nicht versicherungspflichtig ist oder als Arbeiter usw. dem § 1226 Abs. 1 Nr. 1 der Reichsversicherungsordnung unterliegt. Kollegiale Vereinbarung des Oberschiedsgerichts vom 15. November 1916 — O 2108.

Wegen Entscheidungen des Rentenausschusses steht einer Landesversicherungsanstalt das Beschwerderecht nicht zu, wenn festgestellt worden ist, daß jemand zu den in § 1 Abs. 1 AVG. bezeichneten Personen gehört, also die Versicherungspflicht bejaht ist. E. v. 27. III. 17 — P 14/17 —, AVN. 18 S. 8 Nr. 264.

Zur Entscheidung darüber, ob eine Anwartschaft auf Hinterbliebenenfürsorge im Falle des § 11 AVG. (Befreiung von der Versicherungspflicht auf Antrag) gewährleistet ist, sind die im § 9 Abs. 3 bezeichneten Stellen (Reichskanzler bzw. obersten Verwaltungsbehörden) zuständig. Ihre Entscheidung ist für die Instanzen der Angestelltenversicherung (§ 12 AVG.) bindend. E. v. 19. I. 16 — P 132/15 —, AVN. 16 S. 70 Nr. 96.

Zur Entscheidung der Frage, von welchem Zeitpunkt an für einen Angestellten Versicherungsfreiheit nach § 9 AVG. eingetreten ist, sind nicht die Instanzen der Angestelltenversicherung, sondern die im § 9 Abs. 3 a. a. O. bezeichneten Stellen zuständig. E. v. 31. V. 19 — P 57/19 — AVN. 19 S. 181 Nr. 356.

Ein Anspruch auf Entscheidung der Spruchbehörden der Angestelltenversicherung darüber, ob eine Person an sich versicherungspflichtig sein würde, wenn sie nicht auf Grund des § 9 AVG. befreit wäre, besteht nicht. E. v. 1. V. 15 — P 39/14 —, AVN 15 S. 154 Nr. 36.

Streit über die Feststellung der Gehaltsklasse für die freiwillige Versicherung aus § 394 Abs. 2 AVG. wird nach § 210 entschieden. E. v. 3. V. 16 — P 145/15 —, AVN. 16 S. 212 Nr. 137. Das gleiche gilt bei Streit aus § 392 Abs. 1. E. v. 9. XII. 20 — P 151/20 —, AVN 21 S. 88 Nr. 468, sowie bei Streit aus § 392 Abs. 3 AVG. E. v. 12. V. 17 — P 239/16 —, AVN. 17 S. 247 Nr. 247.

Die Anordnung einer mündlichen Verhandlung in Beschlußsachen kann für die späteren Abschnitte des Verfahrens widerrufen werden. Geschieht dies, so muß den Beteiligten die Änderung vor der Entscheidung mitgeteilt werden. Ebenso sind den Beteiligten rechtzeitig die Ergebnisse einer Beweisaufnahme mitzuteilen, so daß ihnen vor der Entscheidung Gelegenheit zur Äußerung verbleibt. E. v. 14. IV. 16 — P 166/15 —, AVN. 16 S. 198 Nr. 135.

Bei Beschwerden gegen Strafverfügungen der Reichsversicherungsanstalt für Angestellte (§§ 339 ff. AVG.) ist das Verfahren auf diejenige Straftat zu beschränken, wegen der die Strafverfügung ergangen ist. Es ist nicht zulässig, die Strafverfügung wegen einer anderen Straftat des Beschwerdeführers aufrecht zu erhalten. E. v. 8. XI. 19 — P 132/19 —, AVN. 20 S. 12 Nr. 372.

Im übrigen wird wegen des Ordnungsstrafverfahrens auf die oben im Kap. 8 §§ 51, 52 erörterten Grundsätze verwiesen.

Kap. 10.
Kosten.

§ 56.
Gerichtliche Kosten.

Nach § 261 AVG. werden dem Antragsteller, der auf Anordnung des Vorsitzenden in der mündlichen Verhandlung erschienen ist, auf Verlangen bare Auslagen und Zeitverlust vergütet. Sie können vergütet werden, wenn er ohne Aufforderung erscheint und die Spruchbehörde das Erscheinen für erforderlich hält (zu vgl. §§ 274, 291 AVG.). Solche Kosten gelten als gerichtliche Kosten, nämlich als Kosten der Beweiserhebung.

Das Oberschiedsgericht hat hierzu ausgesprochen, daß bare Auslagen und Zeitverlust dem Antragsteller vergütet werden können, wenn die Voraussetzungen des § 261 AVG. vorliegen. E. v. 15. IV. 20 — P 72/19 —, AVN. 20 S. 200 Nr. 421.

§ 57.
Außergerichtliche Kosten.

In dem Verfahren nach dem AVG. sind außergerichtliche Kosten des Verfahrens, die im Zivilprozeß der obsiegenden Partei von der unterliegenden zu erstatten sind, nur in sehr beschränktem Umfang zu ersetzen (zu vgl. § 261 AVG., §§ 28—33 der Verordnung über Geschäftsgang und Verfahren der Rentenausschüsse vom 14. Februar 1913, RGBl. S. 103; §§ 37—40, § 46 Abs. 1 der Verordnung über Geschäftsgang und Verfahren der Schiedsgerichte für Angestelltenversicherung, vom 21. Juni 1913, RGBl. § 329; § 34 Satz 2, § 42 der Verordnung über Geschäftsgang und Verfahren des Oberschiedsgerichts für Angestelltenversicherung vom 21. Juni 1913,

RGBl. S. 341). Weitere Kosten werden einer Partei auch im Falle des Obsiegens nicht erstattet. Dies gilt namentlich von weiteren Kosten, die einer Partei durch Zuziehung eines Vertreters oder Beistandes entstanden sind. Bescheid des Vorsitzenden des OSchG. v. 25. III. 16 — P 62/17.

Im Verfahren nach dem AVG. werden der obsiegenden Partei außergerichtliche Kosten nicht erstattet. E. v. 15. IV. 20 — P 72/19 —, AVN. 20 S. 200 Nr. 421.

Sachregister.

(Die Zahlen verweisen auf die Seiten.)

A.

Abfindung 162, 166—168.
Abführung des Arbeitgeberanteils aus § 392 AVG. 195, 196, 201.
Abkürzung der Wartezeit 160, 164, 173.
Abnehmerinnen 26, 102.
Adoption 19, 165.
Agenten 10, 73, 189.
Alter 17.
Amnestieerlaß 196.
Amtliche Vertretung 3.
Amtsanwalt 21, 119, 141, 144.
Amtsgericht 120, Hilfsschreiber 65, Kanzleigehilfe 66, 120, 121.
Anerkenntnis 163, 188.
Angestellte, Begriff 3, 4 ff., in leitender Stellung 24.
Ankörner 94.
Annahme an Kindestatt 19, 165.
Anstellung auf Probe 23.
Antragstellung 163.
Anwartschaft 142, 156, **158**, **159**; auf Erstattung 168, 170, 172, 174; auf Leibrente 166; Zuschuß 183; Ersatzkasse 184.
Appreturmeister 26, 111.
Arbeiterverband 30.
Arbeitgeber 176—179; mehrere 177; eines Orchesters 77, 78, 178, 179.
Arbeitsbereitschaft 63.
Artist 5, 6, 77.
Arzt, Empfangsfräulein 49.
Assistent an Hochschule 5, 134; an techn. Versuchsanstalt 26, 136.
Aufhebung der Versicherung nach § 393 AVG. 194.
Aufrechnung 172, 186.
Aufseher einer Stadt 26; Aufseherin i. Kinderheim 45, 82, 128; i. Gefängnis 45, 123.
Aufsichtsdamen 27, 124, 127.
Ausbildung i. Schuhmacherei 81.
Ausdehnung der Versicherungspflicht 153.
Ausfertigung von Urteilen 66
Aushilfsrevisor 27, 121.
Auslagen 205.
Ausland 2, 3, 87, 119; 156, 162, 191, 200.
Ausnahmen von der Versicherungspflicht 139 ff.
Ausscheiden aus der versicherungspfl. Beschäftigung 168—172.
Ausschlußfrist 173.
Aussetzung des Verfahrens 198.

B.

Bäcker i. Fabrik 27.
Badekuren 131 (Sanatorium)
Badewärter 45, 46, 131.
Bahnagenten 46.

Bandwirkerei 98.
Bankkontrolleur 74.
Bare Auslagen 205.
Baugeschäft 92—94.
Bauingenieur 145.
Bauleiter 92, 93, 146.
Bauwesen 92—94.
Bauzulagen 14, 93.
Beamte, Versicherungsfreiheit 141 ff.
Beanstandungsrecht 161, 162, 167, 184.
Befreiung auf Antrag 143 bis 145, Widerruf 144.
— von der eigenen Beitragsleistung 156, 168, 172, 173, 185, 188—195.
— von der Versicherungspflicht 139 ff., 201, nebenhergehende Beschäftigungsverhältnisse 141.
Beiträge, Abführung 175; irrtümlich geleistete 180; Rückerstattung 147, 181; Unwirksamkeit 179; Zurückforderung 141, 180.
Beitragsentrichtung, nachträgliche 167, 168, 175, 194; rechtswirksame 157, 179, zur Erhaltung der Anwartschaft 158.
Beitragserstattung 166–175; in den Fällen des § 60 AVG. 166—168; in den Fällen des § 62 AVG. 168—172; in den Fällen des § 398 AVG. 172 bis 174; an berufsunfähige Kriegsteilnehmer 174, 175; in den Fällen des § 390 AVG. 193.
Beitragsfreiheit 143, 176.
Beitragspflicht des Arbeitgebers 1, 176–179.
Beitragsstreitigkeiten besonderer Art 175–182.
Beitragsstreitverfahren 201 ff.
Beitragszeiten, Anrechnung 145—148, 160, 181.
Bergbau 97, 98.
Bergwerk 97, Förderaufseher 46, Markenkontrolleur 35, Maschinenaufseher 35, Pulveraufseher 59, Verwiegeaufseher 41.
Berichterstatter 6, 27.
Berufsunfähigkeit 24, Begriff 164, dauernde und vorübergehende 164.
Beschaffungsbeihilfe 15.
Beschäftigung, ohne Entgelt 14, während der Kriegsdauer 148—152.
Beschäftigungsverhältnis 23, nebenhergehendes 141, vorübergehendes 139, 140.
Beschlußverfahren 201–204.
Beschwerdeberechtigung 145, 195, 203.
Betriebsbahn 95.
Betriebsbeamte 25 ff.
Betriebsschreiber i. Munitionsfabrik 64, 122.
Beweiserhebung 198, 204.
Bezirksaufseher 26, 27.
Bezirkshebammen 9, 127.
Bibliothek, Hilfsarbeiter 5 133.
Bierbrauerei 98—100; Bierfahrer 46, Bierverleger 69, 87, 99.
Bierfahrer 46.
Bierverleger 69, 87, 99.
Bindung der Instanzen 144, 174, 199, 202, 203.
Binnenschiffahrt 83, 84, 96, 97.
Brandkassenkommissär 11.
Brauerei 98—100; Braumeister 28, 98; Futter-

meister 47, 99; Kellermeister 27, 46, 99; Portier 58, 100.
Braumeister 28, 98.
Bremsberichte, Ordnen u. Zusammenstellen 64.
Brennerei 100.
Brennmeister 28, 100.
Brezelfabrik 100.
Buchdruckerei 101; Aufseher 28; Faktor 47; Korrektor 47; Schweizerdegen 101.
Bücherrevisor 8, 87.
Buchführer 7, 8, 69, 140.
Buchhandlung 87, 88; Verkäufer 72, 75.
Büffetfräulein 47, 48.
Bühnenmitglieder 76, 77.
Bürgermeister 24, 125.
Büroangestellte 63—68, vom Heeresdienst beurlaubt 65, 147.
Büroarbeiten 22, ausnahmsweise Stenographieren 67, nebensächliche durch Haustochter 68, Vorarbeiten für Registratur 67, wörtliche Übertragung 67.
Bürogehilfe e. Handwerkskammer 65, 121; e. Sparkasse 65, 125.
Bürolehrling 65.

C.

Choralist 48, 137.
Chormitglieder 28, 29.

D.

Damenkleideratelier 29.
Damenkleidergeschäft 101, 102.
Dekorationsmaler s. Skizzenzeichner 39, 135.
Detektiv 38.
Devotionalienfabrik, Modelleur 36, 135.
Diakonisse 17, 132.
Dienstbereitschaft 63.
Dienstbeschädigung 174, 199.
Diplomatische Vertreter 3.
Direktrizen 29, 69, 89, 101, 102, 109, 114.
Dubliermeister 29, 30, 111.

E.

Ehe 18, 168.
Ehefrau 2, 18, 21, 22, 151, 162, 200.
Ehegatte 18, 150.
Ehrenamt 20.
Einkassierer 30; e. Krankenkasse 48, 129; e. Theaters 70, Kartenausgeber 49, 50, s. auch Kassierer.
Einnehmer 21, 48, 74, 92.
Einrichter 30, 106.
Eisenbahn 94—96; Büroangestellter 63, 64; Bahnagent 46; Betriebsbahn 95, Hoch- u. Untergrundbahn 95, Straßenbahn 96.
Eisenhüttenwerk 102, 105.
Elektriker 83, 97.
Elektrizitätswerk 56, 102.
Eltern 163.
Empfangsfräulein bei Arzt 49, 131.
Entgelt 12, 14 ff., 150.
Entlassung aus dem Dienst 23.
Entschädigung 15.
Entwerfer 36, 113.
Erbfolge (Erbrecht) 2, 163, 167, 173.
Erlöschen der Anwartschaft 158, 159.
Ermittler b. Krankenkassen 33, 127.

Ersatzgendarm 120, 142.
Ersatzkasse 146, 147 (Kriegsdienstzeiten), 158 (Anwartschaft), 165 (Zuständigkeit), 172, 174 (§ 382 AVG.), **184—188.**
Ersatztatsachen 160.
Erstattung von Beiträgen s. Beitragserstattung.
Erwerbs- und Wirtschaftsgenossenschaft 88.
Erzieher 78, 79, 81, 82.
Erziehungsgehilfe 30, 81, 132.
Ewerführervize 30, 84, 88, 97, 119.
Expedient 92.
Expedientinnen 49, 69, 74, 88, 89, 113, Wiegemeister 68, 72, 92.

F.

Fabrik, Brezel 100, Gas u. Wasser 103, Glas 104, Hut 105, Kleider 106, Linoleum 107, Malzkaffee 107, Mäntel 107, Maschinen 108, Öl 108, Schirm 110, Schuh 110, Spielwaren 111, Straußfeder 113, Tapeten 113, Uhren 113, Wäsche 114, Zentralheizung 117, Zigarren 117, Zucker 118.
Fahrkartenausgaben 49, 95.
Fahrmeister 49, 96.
Fahrscheinverkäuferin 50, 96.
Faktor 47, 101.
Fakturistin 70, 89.
Farbenmischer 50, 107.
Färberei 61, 103.
Fassonieren 108.
Fechtlehrer 50, 80, 134.
Feldhüter 50, 84.
Fernsprechgehilfin (Telephonistin) 31, 66, 67, 123.
Feststellungsklage 144.
Feuerversicherungsanstalten 119, 120.
Fischmeister 31, 84.
Flaschenkellermeister 27, 99.
Flaschner 50, 111.
Fleischbeschauer 9, 31, 124.
Förderaufseher 46, 98.
Formal-juristische Betrachtung 1.
Forstpolizei 41, 42, 86.
Forstverwaltung 120.
Forstwirtschaft 84—86.
Fortbildungs- u. Fachschule 79, 134.
Fortifikation 36, 121, 145.
Fortsetzung der Versicherung s. Weiterversicherung.
Frauenheim 30, 81, 132.
Frauenverein 2 130.
Freiwillige Beiträge 157, 158, 160, 165, 170, 171.
Freiwillige Versicherung 154—158, 204.
Friedhof 32, 125.
Friedensschluß, Zeitpunkt 152.
Frist nach Bek. v. 25./5. 20: 152.
Fürsorgeeinrichtung, landesgesetzliche 142.
Futtermeister 47, 99.

G.

Garderobengeschäft 103.
Garnausgeber 31, 115.
Gärtner 32, 50, 85, 125.
Gas- und Wasserwerke 70, 103.
Gasthof, Oberkellner 52, Hotelbetrieb 104.
Gefälleinnehmerin 51, 68, 120.
Gefangenschaft 19, 20.

Gefängnis-Hilfsaufseherin 45, 58, 123.
Gehaltsgrenze für Versicherungspflicht 12—14, 153, 154.
Gehaltsklassen 12—17, bei freiwilliger Versicherung 155, Streit 155.
Gemeindebeamte 141.
Gendarmerie 120, 142.
Generalagent 10, 73, 91.
Genossenschaft 6, 88, Genossenschaftsbank 74, Verkäuferinnen 75.
Geometer (Landmesser) 54, 66, 122.
Gerichtsassessor 22, 24, 120.
Gerichtsbehörden 120.
Gesanglehrer 79.
Geschäftsführer 24, 32.
Gesetzeslücken 2.
Gewinnanteile 13.
Glasfabrik 8, 104.
Glasmalermeister 8, 32, 104.
Gratifikationen 13.

H.

Haltekinderwesen 27, 124, 127.
Haltestellenaufseher 32, 96.
Handarbeitslehrerin 4, 79, 125.
Handel 87—92.
Handlungsagent 10, 11, 86 (Landwirt), 91.
Handlungsgehilfe 68—75, Handlungsgehilfin 17, 19.
Handwerker 42, 128.
Handwerkskammer 65, 121.
Hauptberuf 20—23, 150.
Hausfräulein 51, 137.
Hausgeld 163, 200.
Hauskinder 19, 22.
Häuslicher Dienst 137, 138.
Hebammen 9, 127.
Heeresverwaltung 121, 122.
Heilgehilfe 32, 45 (Badewärter), 127, 131.
Heilstätte 53, 128, 131 (Sanatorium).
Heilverfahren 163, 167.
Heirat 168—172.
Herrschaftsköchin 51, 138.
Hilfsschreiber 65, 121, 126.
Hilfsschutzmann 51, 123.
Hinterbliebenenrenten 165.
Hochbahnen 95, 96.
Hochschulen 134.
Hofmeister 51, 85.
Hotelbetrieb 104; Küchenchef 34, Oberkellner 52, Pförtner 52.
Hugheskontrolleur 33, 127.
Hutfabrik 58, 105.
Hüttenbahn 55, 95, 105.
Hüttenwerk 102, 105.

J.

Jagdgenossenschaft 6, 85.
Jahresarbeitsverdienst 12 ff., Erhöhung der Versicherungsgrenze 153, 154.
Industrie 97 ff.
Industrielehrerin 4, 79, 80.
Inspektor 72, 91.
Invalidenversicherung 192.
Irrenanstalt 128; Pflegerin 37; Werkmeister 42.
Irrtümlich geleistete Beiträge 180.
Juristische Person 196.

K.

Kantine 9.
Kanzleigehilfe 66, 120.
Kapellmeister 77, 78, 179.
Kapitän 82, 83, 96.
Kapitulantenentschädigung 15.
Kartenausgeberin 52.
Kartograph 52, 106.

Kartographenlehrling 68, 106.
Kartographische Anstalt 106.
Kartothek 66.
Kassierer 30, 48, 49, 52 (Kartenausgeber) 70; Einnehmer 48, 129.
Katastergeometer (Landmesser) 66, 122.
Katastergehilfe 178.
Kaufleute 87 ff.; Kleinkaufleute 89.
Kellermeister 27, 46, 47, 99.
Kellner 52, 104.
Kinder 19, 172.
Kinderbewahranstalt 132.
Kinderfräulein 33, 52, 81, 138.
Kindergärtnerin I. Kl. 33, 81, 138; II. Kl. 52, 138.
Kinderheilstätte 128.
Kinderheim 45, 128, 129.
Kinderpflegerin 53, 128, 138.
Kinderschwester 17, 81, 132.
Kinderzulagen 15.
Kirchendienst 137; Choralist 46, Küster 54.
Klavierspieler 59, 76.
Kleideratelier 29, 101.
Kleiderfabrik 106.
Köchin 51, 138.
Kolonien 2.
Kommissär 11, 21.
Kommissionswerkmeister 7, 118.
Konfektion 89, 106; Direktrizen 29, Einrichter 30.
Konfektionsgeschäft 106.
Konkurs 178.
Kontrolleur, Straßenbahn 40, 96; Strom 60, 96; Transformatoren 60, 108.
Kontrolleurin 49, 53, 69 (Expedientin), 73, 88, 89, 90 (Mustersendungen).
Korrektor 47, 101.
Kosten 205.
Krankenbesucher 53, 129; Ermittler 33, 127.
Krankenhaus 129, Oberwäscherin 56.
Krankenkasse 129; Ermittler 33, 127; Krankenbesucher 53, Einkassierer 48.
Krankenkontrolleur s. Krankenbesucher.
Krankenpfleger 10, 130.
Krankenschwester 10, 130; Lehrschwester 54.
Krankheitszeit 160.
Kreishebamme 9, 127.
Krieg, Beschäftigung während des Kriegs 148 bis 152.
Kriegsdienstzeit 145—148, 187, 188.
Kriegsgefangene 19.
Kriegs-Sanitäts- oder ähnliche Dienste 145—148, 174, 175, 181.
Kriegsteilnehmer 147, 177.
Kriegsverschollenheit 162.
Kriegszulagen 15.
Kriminalpolizeisergeant 34, 123.
Krüppelheim 60, 132.
Küchenbetrieb 34, 104; Herrschaftsköchin 51.
Küchendienst i. Irrenanstalt 37 (Pflegerin), 138.
Kulturaufseher 54, 85.
Künstler 5, 54, 80, 135.
Kunstmalerei 135.
Kunstschule 5, 54, 80.
Kurzschrift s. Stenographie.
Küster 54, 137.

L.

Laborantin 34, 130.
Lageristin 70, 114.
Lagermeister 34, 108.

Lagerverwalter 34, 118.
Landwirtschaft 84—86.
Landmesser 66, 122.
Landmessergehilfe 54, 122.
Lebensalter 17.
Lebensversicherungsunternehmungen 188—196; Befreiung von der eigenen Beitragsleistung 188—193; Wegfall der Befreiung 193—195; Fälle des § 392 AVG. 195, 196.
Lehranstalt 4, 5.
Lehrer 4, 5, 35, 45, 50, 54, 60, 61, 78—81, 134.
Lehrschwester 54, 130.
Leibrente 166.
Leihhaus 6, 57.
Leistungen der Ang.Vers. 158 ff.
Leitende Stellung 24, 25.
Leser 35.
Liefermeister 35, 115.
Linoleumfabrik 107.
Lithograph 80.
Lokomotivaufseher 55, 95, 105.
Lokomotivführer 35, 55, 95, 105, 118.
Lücken im Gesetz 2.

M.

Mahnung 181.
Maler 40 (Theatermaler), 135; Farbenmischer 50.
Malzkaffeefabrik 107.
Mamsell 51, 138.
Mäntelfabrik 107.
Markenkontrolleur 35, 97.
Markenverkäuferin 22, 140.
Maschinenaufseher 35, 97.
Maschinenfabrik 108.
Maschinenmeister 35, 108,
Maschinenschreiberin 66. 126.
Maschinist 36, 121.
Masseur 45, 46, 131.
Materiell-ökonomische Betrachtung 1.
Meistergehilfe 36, 122.
Meßgehilfe (Landmessergehilfe) 54, 122.
Milchhallen 132.
Milchverkäuferin 55, 132, 133.
Militärkantine 9.
Mise 191.
Modelleur 36, 109, 135; Schuhmodelleur 111.
Modezeichnerin 38, 116.
Molker 55, 86.
Monteur 55, 59, 102.
Mühlen 108.
Mündliche Verhandlung 204.
Munitionsfabrik 121.
Musikunterricht 22, 140.
Mustermacher (Flaschner) 50, 111.
Mustersendungen, Zusammenstellung 73, 90.
Musterungstermin 160.
Musterzeichnerinnen 38, 116
Musterzeichnergehilfen 36, 113.

N.

Näherin 80, 125.

O.

Oberkellner 52.
Obermonteur 56.
Obersäger 37, 110.
Oberwäscherin 56, 136.
Ökonomiebaumeister 56, 57, 86.
Ölfabrik 108.
Orchester 76.
Orchestermitglieder 77, 78. Arbeitgeber eines Orchesters 178, 179.
Ordnungsstrafrecht 196, 197.

P.

Pächter 9.
Packerin 49, 70, 88, 89, 90.
Patentanwaltschaft 122.
Patroneur 57, 98.
Pensionierter Beamter 21, 122.
Pensionskasse 15, 143 (der Preuß.-Hess. Eisenbahn).
Pfändersammler 6, 57.
Pfändervermittler 57.
Pflegerin 37, 128, 129; Krankenpfleger 130, Krankenschwester 130.
Pförtner 52, 58.
Photograph 57, 108, 110.
Pianist 76.
Polier 37, 58, 93.
Poliermeister 8, 37, 104.
Polizeiverwaltung 9, 26, 123, 124; Aufseherin i. Polizeigefängnis 45, Feldhüter 50, Diener 58, Waldhüter 41, Waldschütz 42, Schutzmann 51, Kriminalpolizeisergeant 34, Sergeant 58.
Portier 52, 58.
Porzellanmanufaktur 109.
Postverwaltung 124, 178; Versagen der Post 199.
Postaushelfer 66, 124.
Postgehilfin 22, 124.
Pressemeister 38, 58, 109.
Privatlehrer 4, 80; s. Lehrer.
Probeanstellung 23.
Prokura 8, 91.
Prokurist 74, 91.
Propagandistin 71, 90, 107.
Provision 13.
Pulveraufseher 59, 98.
Pulverfabrik 122.
Putzdirektrize s. Direktrizen.
Putzgeschäft 109.

R.

Rechenmaschine 63.
Rechercheur 38, 123; e Versicherungsgesellschaft 59, 91.
Rechtsanwaltschaft 124.
Rechtsanwalts-Stenotypistin 64, 124.
Rechtsauskunftsstelle 22.
Rechtskraft 23, 202.
Rechtsmittel 197, 200.
Redakteur 27 (Berichterstatter).
Referendar 150.
Registratur 63, 67, 92.
Regleur 59, 113.
Reichsbeamte 141.
Reisender 14.
Rendant 6, 85.
Reporter 64, 65.
Restaurant 109, Geschäftsführer 32, Büffetfräulein 47.
Revision 174, 175, 200.
Revisor 27, 121.
Rezitator 59, 76.
Risikoversicherung 191.
Rittergutsbesitzer 21, 119.
Rückerstattung von Beiträgen 147, 181.
Ruhegeld 143, 164. [200.
Ruhen der Rente 143, 162,

S.

Sägemeister 38, 109.
Sägewerk 109, 110.
Sanatorium 131.
Sanitätsdienste 145—148, 174, 175.
Schachtmeister 59, 93, 103.
Schalterschreiber 60, 68.
Schauspieler 14, 76, 77.
Scheidung 151.
Schiff, Fahrscheinverkäuferin 50, Elektriker 83.
Schiffahrt 96, 97.

Schiffsbesatzung 82—84.
Schiffsführer 82, 83, 93.
Schiffsoffiziere 82.
Schiffswerft 110.
Schirmfabrik 110.
Schleppdampferführer 83.
Schleppkahn 84.
Schneidermeisterin in Zuschneideschule 38, 80.
Schnittmusterzeichnerin 38, 116.
Schuhfabrik 110, 111.
Schuhmacher 60.
Schuhmodelleur 38, 110, 111.
Schüler 150.
Schutzgebiete 2.
Schutzmann 51, 123.
Schweizerdegen 27 (Berichterstatter), 111.
Schwestern, Lehrschwester 54; Krankenschwester 10, 130; Kinderschwester 17, 81.
Selbständigkeit 4—11.
Selbstversicherung, freiwillige 154, 155.
Selfaktormeister 39, 111, 112.
Sicherheitsdienst s. Polizeiverwaltung.
Skizzenzeichner 39.
Soldat 142.
Sortiermeister 39, 112, 117.
Sparkasse 125.
Sparversicherung 192.
Spesen 14.
Spielwarenfabrik 111.
Spinnerei 111, 112.
Spinnmeister 39, 111.
Spruchverfahrer 200, 201.
Staatsbeamte 141.
Stadt (Städtische Verwaltungen) 125, 126; Gefälleinnehmerin 51, 68, 120.
Stadtbezirksaufseher 26, 27, 124.
Steinbruch 113.
Stellenlosigkeit 169.
Stenograph 63, 64, 67.
Stenographieren, regelmäßiges 63, 64; ausnahmsweises 67.
Stenotypistin 64.
Steuermann, 84.
Steuerverwaltung 126.
Stiller Gesellschafter 8, 9, 90.
Strafverfügung 196, 197, 204.
Straßenbahn 96, Kontrolteniour 40, Stromkontrolleur 60, Fahrmeister 49.
Straußenfederfabrik 113.
Stuhlmeister 40, 60, 61, 115.
Strauenbuchhalter 8, 87.
Steuerung v. Beiträgen 157, 179.

T.

Tapetenfabrik 113.
Taschengeld 16, 17.
Technische Versuchsanstalt 136.
Telegraphenverwaltg. 127.
Telegraphische Einlegung von Rechtsmitteln 197.
Telephonistin 31, 66, 67.
Teuerungszulagen 15; Bauzulagen 14
Theater 76 (Bühnen), 5, 6; Chormitglieder 28; Maler 40, 135; Kassierer 70; Arbeitgeber 77, 179.
Transformatoren - Kontrolleur 60, 61, 108.
Treu und Glauben 1.
Trichinenbeschauer 41, 126.
Tropfsteinhöhle 52 (Kartenausgeberin).
Turnlehrerin 61, 81.

U.

Uhrenfabrik 113.
Umtauschversicherung 191.
Uneheliche Kinder 19, 172, 173.
Unfallstation eines Hüttenwerks 32, 128.
Unfallversicherungsvertrag [192.
Unfreiheit 19.
Uniformgeschäft 113, 114.
Universität 5, 56, 134 (Hochschule); Bibliothek 133; Krankenhaus 136.
Unterbrechung der Verjährung 181, 182; des Verfahrens 198.
Untergrundbahn 95, 96.
Unterhalt, freier 16, 17, 22; wesentlicher 167.
Unterpächter 9.
Unterricht 78—81 (Lehrer).
Unwirksamkeit von Beiträgen 162, 179.
Ursächlicher Zusammenhang zwischen Verheiratung u. Ausscheiden aus versicherungspflichtiger Beschäftigung 168 bis 172.

V.

Verbandsangestellter 30 (Einkassierer).
Verfahren 197—204; Allgemeines 197—200; Spruchverfahren 200, 201; Beschlußverfahren 201 bis 204; Verfahren bei Beitragsstreit 175.
Verfall von Beiträgen 180, 182.
Verheiratung, Beitragserstattungen 168—172.
Verjährung von Beiträgen 141, 142, 180—182; der Leistungen 163, 166.
Verkäufer 71, 89 (bei Kleinkaufleuten); 72, 87, 88 (in Bahnhofsbuchhandlungen); 75 (v. Zeitungen).
Verkehrswesen 94—97.
Verlobung 151.
Vermessungstechniker 66, 122 (Landmesser).
Vermittler 11.
Veröffentlichung von Entscheidungen 199, 200.
Verschollenheit 172.
Verschulden 178.
Versicherungsagent 73, 91.
Versicherungsfall bei vorübergehender Berufsunfähigkeit 24, 164; der Leibrente 166.
Versicherungsfreiheit 139 ff., 141 ff.; nach Bek. v. 30. 9. 16: 148—152.
Versicherungsgesellschaft 91, 92.
Versicherungsinspektor 11, [72, 91.
Versicherungspflicht 3 ff.; Ausnahmen 139 ff.; nach einzelnen Verordnungen 145 ff.; Ausdehnung der Versicherungspflicht 153, 154.
Versicherungspflichtig „an sich“ 142, 149, 150.
Vertrauensspesen 14.
Verwandtschaft 18, 19.
Verwiegeaufseher 41, 98, 105.
Verzicht auf Befreiung 144, 156, 193.
Völkerrechtliche Vertretung 3.
Volksküche 25, 133.
Volksschule s. Lehrer.
Vorarbeiter 60.
Vorzeichner 41, 94.
Vorsteherin einer Wohltätigkeitsanstalt 16, 17, 23, 133.

Vorübergehende Dienstleistungen 139, 140, 150.

W.

Wäger 61, 68, 75, 126.
Waisenrente 165.
Waldhüter 41, 86.
Waldschütz 42, 86.
Warenabnehmerin 72.
Warenhaus 29, 88, 89, 90, 114.
Warenkontrolleur 61.
Wartegeld 143.
Wartezeit 159, 160, 164, 167, 177.
Wäschefabrik 114.
Waschmeister 42, 112.
Weberei 115, 116.
Webmeister (sog.) 61, 115.
Wegfall der Befreiung nach § 393 AVG. 193—195.
Weitere Beschwerde 201.
Weiterversicherung, freiwillige 155—157, 166, 171, 180, 182, 185, 193.
Werkmeister 25 ff., 42, 128 (in Irrenanstalt).
Werkmeisterähnliche Stellung 25 ff.
Werkpensionskasse 15.
Werkstätten 116.
Werkstattschreiber 66, 67, [68.
Wert der freien Wohnung 13, 14.
Widerruf der Befreiung 144.
Wiederaufleben der Anwartschaft 158.
Wiederaufnahme des Verfahrens 198.
Wiedereinsetzung in den vorigen Stand 173, 199.
Wiegemeister 70, 72, 92.
Witwe 22.
Witwenrente 165.
Witwerrente 165.
Wohnung, freie 13, **14**, 22.
Wohltätigkeitsanstalt 133.
Wollkämmerei 111, 112.

Z.

Zahnarzt, Empfangsfräulein 49, 131.
Zahnheilkunde 131.
Zahntechniker 62, **131**.
Zeichenunterricht 80, **134**.
Zeichnen, hydro-kartographisches 68.
Zeichner 38, 39, 41 (Vorzeichner) 136.
Zeitungsgewerbe 116, **117**; Berichterstatter **6**, 27, 116; Leser 35; Musterzeichnerin 38; Patroneur 57; Reporter **64**, 65; Verkäufer 75.
Zentralheizungsfabrik 117.
Ziegeleien 117.
Ziegelmeister 7, 8, 43, 44, 117.
Zigarrenfabrik 7, **117**, 118; Sortiermeister 39.
Zinszuschüsse 15.
Zuckerfabrik 118.
Zuckerkocher 62, 118.
Zulagen 14, 15.
Zuschneidekunst 35, 45, 106, 137.
Zuschneider 44, 45, 106, 107, 113, 114; sog. Zuschneider 62, **110**.
Zuschneideschule 38, 80.
Zuschußkassen 183, 184.
Zuständigkeit der im § 9 Abs. 3 AVG. bezeichneten Stellen 142, 144, 203, 204; bei Ersatzkassen 201. [119.
Zweigniederlassung 2, 3,
Zwischenbescheid 200.

GPSR Compliance

The European Union's (EU) General Product Safety Regulation (GPSR) is a set of rules that requires consumer products to be safe and our obligations to ensure this.

If you have any concerns about our products, you can contact us on ProductSafety@springernature.com

In case Publisher is established outside the EU, the EU authorized representative is:

Springer Nature Customer Service Center GmbH
Europaplatz 3
69115 Heidelberg, Germany

Batch number: 10844675

Printed by Printforce, the Netherlands